Hans Sebald

Hexenkinder

Das Märchen
von der
kindlichen Aufrichtigkeit

Aus dem Amerikanischen
von Elke vom Scheidt

S. Fischer

Die amerikanische Ausgabe mit dem Titel
»Witch-Children; From Salem Witch-Hunts
to Modern Courtrooms« erschien 1995
im Verlag Prometheus Books, New York
© 1995 Hans Sebald

Für die deutsche Ausgabe:
© 1996 S. Fischer Verlag GmbH, Frankfurt am Main
Alle Rechte vorbehalten
Gesamtherstellung: Clausen & Bosse, Leck
Printed in Germany
ISBN 3-10-072509-3

Inhalt

Einführung

Ein schrilles Echo hallt durch die moderne westliche Zivilisation. Es ist der Lärm, mit dem man diejenigen verfolgt, die angeblich *erneut* geheiligte Ikonen geschändet haben – einst waren die Ikonen religiöser Natur, und die Schänder wurden Hexen genannt; heute sind die Ikonen Kinder, und die Täter werden Kinderschänder genannt.

Die Öffentlichkeit sieht ein gemeinsames Element bei beiden Formen von Vergehen: Abscheulich Böses bedroht die Gemeinschaft der Menschen. Der verblüffende Aspekt ist die Parallelität der Rollen, die Kinder damals gespielt haben und heute spielen – eine Parallelität, die über bloße Ähnlichkeit hinausgeht und an soziale und psychologische Identität heranreicht.

Damit stellt sich die Frage nach den Schlüsselfaktoren dieser Identität. Um sie zu beantworten, müssen wir uns ausführlich mit der nur zu oft tödlichen Rolle befassen, die Kinder während der großen Hexenjagd vergangener Jahrhunderte spielten, und dann die unerfreulichen Details mit der Verwicklung von Kindern in die heutigen legalen wie auch illegalen Kämpfe vergleichen.

Das vorliegende Buch betrachtet zunächst eingehend gewisse Bestandteile der Hexenverfolgung in der frühmodernen westlichen Zivilisation. Die Verfolgung erstreckte sich über mehrere Jahrhunderte, vom Mittelalter bis in die frühe Moderne. Obwohl gelehrte Anstrengungen unternommen wurden, um diese Massenmorde zu verstehen, und man gewisse gültige Erkenntnisse gewonnen hat, bleiben viele Aspekte noch immer Geheimnisse, die ihrer Klärung harren.

Das vorliegende Buch beleuchtet einige der Fragen, indem es 1. historische Berichte untersucht, die Hexenprozesse und die katalytischen Rollen beschreiben, die Kinder in einer Mehrheit von ihnen spielten; 2. den bislang unbekannten Fall des Hexenknaben analysiert, um das intime und detaillierte Beispiel eines Kindes anzuführen, das in der Maschinerie der inquisitorischen Hexenjagd gefangen war; 3. das kindliche Verhalten aus der Sicht der Kinderpsychologie und im Lichte moderner Forschungsergebnisse zeigt; 4. historische Geschehnisse mit heutigen Ereignissen vergleicht und deren identische Natur aufzeigt. Hier wird der Begriff Hexenjagd in seinem metaphorischen Sinne benutzt und auf die heutige Epidemie von Anklagen und Denunziationen durch Kinder angewandt, die behaupten, belästigt oder verführt worden zu sein – mit oder ohne die Beigabe satanischer Kultpraktiken. Kurz, das Buch präsentiert das Thema als historisches Geschehen, als Fallstudie und als Analyse.

Die Rollen, die Kinder spielten, entweder als Beschuldigte oder als Beschuldiger, waren Dreh- und Angelpunkte zwischen der Macht des Inquisitors und den Schicksalen der verschiedensten Menschen – Menschen, die oft unglückselige Opfer waren und von einer mörderischen Inquisition verschlungen wurden. Diese Verflechtung ist der Brennpunkt der Untersuchung; ihre Funktionsweise wird erkundet, indem wir einen Blick auf eine Reihe historischer Hexenprozesse werfen, darunter solche im kolonialen Neuengland (Salem), in England, Schweden, Österreich und besonders in den deutschen Ländern.

Es ist beunruhigend, daß das klassische Salem-Syndrom alles andere als vergangene Geschichte ist; es ist ein fortdauerndes Potential und wird im modernen Gerichtssaal häufig als altehrwürdige Tradition neu aufgeführt. Wir beobachten Kinder, wie sie die Verflechtung zwischen Strafverfolger und Angeklagtem ausspielen (aufrichtig oder unaufrichtig, wie es der Fall sein mag). Wieder spielt das Kind die mächtige Rolle als Dreh- und Angelpunkt. Ein mythomanisches Kind, das von den Autoritäten nicht als solches erkannt wird, ist in der Lage, die Leben unschuldiger Personen zu ruinieren. Dabei spielt es kaum eine Rolle, ob die Autoritäten Richter, Geschworene und Inquisitoren oder die Anwälte, Berater und Therapeuten [1] neuerer Zeiten sind. Teil I, *Kleine Akteure des Bösen*, wird dafür Beispiele liefern.

Die Literatur hat sich ausführlich mit der Opferrolle von Frauen während der Hexenjagd und der ihr zugrunde liegenden Misogynie beschäftigt; die Erforschung dieses Problems war mehr als gerechtfertigt. Doch nur wenige Forscher haben sich mit den zahllosen Kindern befaßt, die ebenfalls in die Hexenjagd verwickelt waren[2]. So versäumt es beispielsweise eines der bekanntesten Werke über die Geschichte der Kindheit in Europa, Philippe Ariès' *Geschichte der Kindheit* (1962), die Verletzlichkeit von Kindern zu berühren, die in den Hexenkessel dieser Prozesse hineingezogen wurden.

Doch die Verletzlichkeit von Kindern ist von einer besonderen Art und ganz anders als die von Frauen: Im Szenario der Verfolgung sind Kinder häufiger Täter als Opfer. Ein klassisches Beispiel ist der Fall des *Hexenjungen*, der im zweiten Teil des Buches vorgestellt wird.[3] Das »Geständnis« des neunjährigen Knaben ist reich an einer Qualität, die Kindern häufig eigen ist: Mythomanie, obsessives Erzählen phantastischer Geschichten, vor allem, wenn eine Zuhörerschaft genau diese Art von exotischer Geschichte erwartet und ihre Darbietung belohnt. Das Geständnis des Hexenknaben übertrifft an Phantasmagorie jedes andere der vielen Geständnisse, die der Autor untersucht hat. Dennoch glaubten die Inquisitoren dem Jungen jedes Wort. Sie glaubten auch die Denunziationen, die er anbot und die für vollkommen unschuldige Personen tragische Konsequenzen hatten.

Zusätzlich eröffnet der Knabe zahlreiche Perspektiven auf das Leben im frühmodernen Europa, beschreibt Spiele und Scharaden, die er und seinesgleichen im Franken des 17. Jahrhunderts spielten. Detailliert schildert er seine Beteiligung an Bandenabenteuern, die oft unverhüllt delinquenter Art waren; er legt Zeugnis davon ab, wie Kinder während einer verheerenden Periode der europäischen Geschichte lebten, brutalisiert vom Dreißigjährigen Krieg und gegeißelt vom Schwarzen Tod; er spiegelt wider, wie die sozioökonomischen Bedingungen verfielen, was zur Bildung von Banden heimatloser und verwaister Kinder führte, die sich in Schmutz und Elend herumtrieben und alle nur denkbaren Verbrechen begingen. Weiter sehen wir, wie Denken und Verhalten eines Kindes die metaphysischen Überzeugungen der Zeit wiedergeben, Überzeugungen, welche die meisten von uns heute als naiv und abergläubisch definieren würden. Ein bedeutender Teil dieser Überzeugungen war die Vorstellung von der Hexe und ihren ruchlosen Taten – eine Vorstellung, die oft tödliche Folgen hatte. Und da gab es natürlich die zentrale Figur des Bösen und des Herrn der Hexen: den Teufel. Der Bericht des Hexenknaben vermittelt ein überraschend umfassendes Bild von der Kosmologie seiner Zeit, und sein phantasievolles »Geständnis« ist ein exzellentes Medium, um die christliche Weltsicht des siebzehnten Jahrhunderts zu verstehen. Indem er die Vorstellungen von Hexenwerk mit seinem abenteuerlichen Leben als Straßenjunge verwebt, vermittelt der Knabe nicht nur Informationen über seine Zeit, sondern stürzt den Leser auch in eine emotionale Erfahrung.

Es gibt noch ein weiteres Phänomen, das wir bei der Analyse nicht übersehen können, und zwar in seiner zynischsten Perversion, nämlich, daß Macht den menschlichen Geist korrumpiert. Unter den Hauptdarstellern des Dramas befanden sich die Kirchenfürsten, und zwar die Fürsten einer Kirche, die als oberste Tugenden Liebe und Vergebung predigte. Wie wir sehen werden, genossen die Kirchenfürsten ihre Macht und teilten nicht Liebe aus, sondern Tod. Sie verwandelten sich in grausame Handlanger, die kaum zögerten, kleine Kinder in dunkle Kerker zu werfen oder sogar hinrichten zu lassen, die aber vor allem deren mythomanische »Geständnisse« als Instrumente benutzten, um immer weitere Opfer zu verfolgen und so die Inquisition in Gang zu halten.

Es gibt noch mehr Lektionen zu lernen, wenn man sich die Rolle von Kindern innerhalb des Rahmens der Verfolgung ansieht. Es scheint, daß die Aktivitäten von Kindern, besonders im Kontext mit Gleichaltrigen, während der ganzen Geschichte eine Konstante darstellen. Ihre Spiele, ihr Herumziehen, ihre Neugier, ihre prahlerischen Taten und ihr delinquentes Verhalten haben sich im Laufe der Zeitalter wenig verändert. Stark verändert dagegen hat sich die Art, wie die Menschen diese Aktivitäten sehen und interpretieren. Während der totalitären Herrschaft der Inquisition oder der Kirche im allgemeinen wurde die Bedeutung eines breiten Spektrums von jugendlichem Verhalten in eine Kosmologie übersetzt, die von Teufeln und Dämonen nur so wimmelte. Die heutige Wissenschaft würde das gleiche Verhalten innerhalb eines sozialpsychologischen Rahmens interpretieren. Während die alte Interpretation Bestrafung verlangte, darunter auch die Todesstrafe in ihren grauenhaftesten Formen, ruft die neue Sicht nach Therapie und Rehabilitation. Die vorliegende Untersuchung will Kinder weder als Inbegriff von Unschuld darstellen noch sie in einen idealistischen Rahmen à la Rousseau pressen, der annimmt, sie seien mit einem angeborenen Sinn für Fairneß, Ehrlichkeit und Freundlichkeit begabt. Tatsächlich können einige kindliche Eigenschaften für unschuldige Personen verheerende Folgen haben. Eine solche Eigenschaft ist das schier grenzenlose Talent zur Mythomanie, besonders in Situationen, in denen Kinder spüren, was Erwachsene hören möchten und was geeignet ist, ihnen Billigung und sogar Lob einzubringen. Während der Zeit der Hexenjagd hielten sie an ihren erfundenen Geschichten auch dann noch fest, wenn sie wußten, daß ihre Geschichten völlig unschuldige Personen in Gefahr und möglicherweise auf den Scheiterhaufen brachten. Wir werden Gelegenheit haben, die tödlichen Zeugenaussagen von Kindern in verschiedenen Szenarios der Hexenverfolgung zu lesen. In Teil III, *Fragen zur Persönlichkeit*, werden Fragen der Kinderpsychologie untersucht werden, damit wir die Persönlichkeitsdynamik von Kindern in außergewöhnlichen Situationen besser verstehen können; die spezifische Art, wie Mythomanie funktioniert, wird gründliche Beachtung finden.

Es ist interessant, daß die gegenwärtige Epidemie mythomanischer Manifestationen von Kindern nicht auf die Vereinigten Staaten beschränkt ist, sondern sich ausgebreitet zu haben und ein Phänomen der westlichen Zivilisation geworden zu sein scheint. So erlauben zum Beispiel neue, liberale Gesetze in Deutschland Zeugenaussagen von Kindern vor Gericht, ja, ermutigen sogar dazu. Diese Zeugenaussagen sind zu entscheidenden Punkten im Kontext von Scheidungs- und Sorgerechtsschlachten geworden. Daß Kinder tendenziöse Geschichten fabrizieren, ist inzwischen so weit verbreitet und hat so viele Eltern ernsthaft zu Opfern gemacht, daß sie es ratsam fanden, sich in Selbsthilfeorganisationen zusammenzuschließen. Es sieht so aus, als sei der Einfluß von Rechtsanwälten und Richtern für die Verstärkung der Suggestibilität von Kindern in einem solchen Maße verantwortlich, daß sich inzwischen im deutschen Gerichtswesen Verwirrung breitmacht.[4]

Bemerkenswert ist, daß unter den Kindern, die Erwachsene magischer oder sexueller Perversion bezichtigen, Mädchen im Teenageralter überrepräsentiert sind. Das galt während der Hexenverfolgung im 16. und 17. Jahrhundert und gilt auch für die heutige Welle von Anschuldigungen, Erwachsene hätten sexuellen Mißbrauch begangen. Die Analyse von Gerichtsprotokollen zeigt, daß ältere Kinder eher zum Lügen neigen als jüngere Kinder. »Nahezu alle falschen Behauptungen stammten von Mädchen im Teenageralter« und waren gegen Erwachsene gerichtet, zu denen sie belastete Beziehungen hatten, etwa Lehrer, Stiefväter, den Freund der Mutter[5] – und, wie es in der Salem-Episode typisch ist, puritanische Nachbarn.

Es besteht eine auffallende Parallele zwischen der historischen Behauptung »spirituellen« Mißbrauchs durch Hexen und der neuen Behauptung sexuellen Mißbrauchs durch Erwachsene: Im Unterschied zu vielen anderen Verbrechen hinterlassen sexueller Kindesmißbrauch sowie übernatürlicher Mißbrauch (»Verhexen« etc.) in den meisten Fällen keine physischen Beweismittel und schließen andere Zeugen aus, so daß das Wort des Kindes gegen das des Angeschuldigten steht.

Schließlich sehen wir auch auf der politischen Ebene, daß das Wesen der frühmodernen Hexenjagd alles andere als antiquiert ist. Obwohl sich die spezifische Nomenklatur verändert hat, haben neue Arten von Hexenjagden die Annalen des 20. Jahrhunderts mit erschreckenden Geschichten gefüllt. Einige der mächtigen Herrscher, so ephemer ihr Regime auch ist oder war, haben neuen Gruppen menschlicher Wesen den Status von Satansanhängern zugeteilt – es waren oder sind noch immer die Juden, die Roten, die Kurden, die Kroaten, die Serben, die Muslime oder, aus der Sicht fanatischer Iraner, die Amerikaner.

Der Wahrheitsgehalt der neuen und alten Hexenjagden wird besonders evident, wenn wir eine neue Art von Hexenjagd betrachten, bei der die zentrale Figur der alten Jagd unverändert – und in genau dem gleichen theologischen Rahmen – bis in unsere Zeit überlebt hat: der Teufel. Den wahren Gläubigen zufolge ist der Teufel real und kann Mitverschwörer haben – heute nennen sie sie Satanisten, aber sie könnten genausogut weiterhin von Hexen reden, denn in ihrer Grundbedeutung sind beide identisch. Daher können wir zutreffender von einem Wiederaufleben als von einer Ähnlichkeit sprechen.

Es scheint, als weise beim Eintritt ins 21. Jahrhundert das soziale Klima in den Vereinigten Staaten eine seltsame Hartnäckigkeit in bezug auf die Wiederbelebung des Begriffs eines realen Teufels und seiner Helfer auf. Menschen, die der traditionellen dualistischen Theologie des Christentums anhängen, haben wenig Schwierigkeiten, an die Realität des Teufels zu glauben. Sie finden es logisch akzeptabel, daß der Teufel über ein Heer von Dämonen, gefallenen Engeln und bösen Geistern herrscht. So ergab beispielsweise eine Yankelovich-Umfrage aus dem Jahre 1993, daß etwa die Hälfte aller erwachsenen Amerikaner an die Existenz von gefallenen Engeln oder Teufeln glauben.[7] Gläubige finden es ebenso logisch, daß diese Wesenheiten böswillige Helfer unter den Menschen zu rekrutieren vermögen. Wie man sie nennt, spielt kaum eine Rolle. Man kann ohne weiteres von Hexen oder Satanisten reden. Daher sind jene Christen, die weiterhin an die Existenz von Hexen und deren zerstörerischen Werken glauben, alles andere als grotesk – sie setzen eine logische Deduktion von Grundprämissen ihres Glaubenssystems in die Praxis um.

Es ist daher nicht überraschend, daß die Departments of Public Security (Polizeibehörden) vieler Gemeinden Vorlesungen und Seminare anbieten, in denen vor dem gewarnt wird, was sie als epidemische Verschwörung satanischer Kulte im ganzen Land wahrnehmen.[8] So hielten zum Beispiel allein in Virginia im Jahre 1988 mit Kultverbrechen befaßte Beamte mindestens 50 Seminare ab.[9] Ich beobachtete einen Vortrag dieser Art, in dem der vortragende Polizeibeamte vor einem Publikum aus besorgten Eltern über die »Blut-und-Urin«-Initiationsrituale sprach, die angeblich in der Gemeinde stattfanden (Mesa, Arizona). Dabei konnte nicht der Hauch eines faktischen Beweises dafür geliefert werden, daß diese tatsächlich vorkamen. 1991 wurde im prominentesten Institut für Verhaltensgesundheit von Arizona eine ähnliche Veranstaltung abgehalten. Unter der Leitung eines Bewährungshelfers für Jugendliche und eines klinischen Psychotherapeuten fand ein Seminar über »Satanische Kulte und jugendliche Subkulturen« statt. Dabei wurde die gleiche unbewiesene Behauptung einer weitverbreiteten satanistischen Verschwörung vorgetragen, zusammen mit einem Paket von Beschreibungen satanistischer Terminologie, Rituale, Kalendarien und Verbrechen. Die Fernsehsender des Staates gingen diesen Suggestionen nach und nahmen in ihre täglichen Nachrichtenprogramme am 27. und 28. Februar 1992 Warnungen auf, in denen berichtet wurde, daß »über 15 satanistische Gruppen im Staate operieren«. Anonyme und visuell unkenntlich gemachte »Zeugen« bestätigten den Wahrheitsgehalt der Behauptung: »Kinder müssen zusehen, wie ihre Brüder und Schwestern gefoltert, vergewaltigt und getötet werden.« Zu all diesen Behauptungen gibt es keine identifizierten Zeugen, keine dokumentierten Beweise oder offiziellen Berichte über die vermißten oder verletzten »Brüder und Schwestern«.

Seminare, die den Glauben an die neue Große Verschwörung von Satanisten erkennen lassen, werden im ganzen Land abgehalten. Der Soziologe Jeffrey S. Victor beschrieb ein sechsstündiges Seminar unter der Schirmherrschaft des Harding Hospital in Worthington, einem Vorort von Columbus, Ohio. Das Seminar, »Kultur, Kulte und Psychotherapie: Erforschung satanistischen und anderen Kultverhaltens«, wurde von einem Sozialarbeiter und einem klinischen Psychologen abgehalten, denen zufolge »organisierte Satanskulte als geheime ›gegenkulturelle Religion‹ seit alten Zeiten existieren« und ihre bösen Taten in unseren Tagen mit besonderer Inbrunst begehen.[10] Sie berichteten, halbwüchsige »Dilettanten« in Schwarzer Magie würden für Hexenkulte rekrutiert, aus denen wiederum »Hardcore«-Satanisten würden, die sich auf Verbrechen wie Kinderpornographie, »sadistische Pornographie« und den internationalen Drogenhandel spezialisierten. Das letzte Ziel dieser geheimen Satanisten ist, den Vortragenden zufolge, »die Infiltration der höchsten Ebenen der Machtstruktur in allen Gesellschaften, um die moralische Ordnung zu unterminieren... (und) internationales Chaos zu erzeugen, damit Satan die Welt übernehmen kann«.[11] Als es darum ging, Beweise zu liefern, wurden höchst fragwürdige »Indizienbeweise« vorgetragen, im wesentlichen begründet auf Behauptungen von MPD-Patienten (MPD = *Multiple Personality Disorder*, Multiple Persönlichkeits-Störung) in der Obhut des klinischen Psychologen.

Zugegeben, es sind Fälle von satanistischem Symbolismus beobachtet worden, viele in Form von Graffiti oder in Verbindung mit delinquentem Verhalten. Doch der Gebrauch solcher Symbole ist kein Beweis dafür, daß tatsächlich eine organisierte satanistische Verschwörung existiert. Viele der Symbole haben sich kommerziell ausgezahlt – was von den verschiedensten Einrichtungen ausgenutzt wird, von der Filmindustrie bis zur Plattenindustrie, die Hitalben auf den Markt bringt – und sind leicht von gestörten oder fehlangepaßten Individuen zu imitieren, die keinerlei kultische Bindung haben.

Dennoch hat das »Exposé« der Großen Verschwörung durch einen Professor, der ein bestätigendes Buch verfaßt hat, akademische Referenzen erhalten. Carl Raschke, Professor für religiöse Studien an der Universität von Denver, schrieb *Painted Black: From Drug Killing to Heavy Metal; The Alarming True Story of how Satanism is Terrorizing our Communities* (1990), worin er die Leser glauben zu machen versucht, daß eine große Verschwörung des Satanismus am Werk ist, um die amerikanische Gesellschaft zu zerstören.

Die Massenmedien legen sich bei diesem Thema tüchtig ins Zeug, wie das Beispiel von Fernsehprogrammen wie NBCs von dem Sensationsreporter Geraldo Rivera moderierte Sendung *Devil Worship: Exposing Satan's Underground* im November 1988 beweist. Zwar wird der skeptische Zuschauer die Behauptungen als die oberflächliche Sensationshascherei erkennen, die sie sind, doch viele Zuschauer werden jedes Wort davon glauben. Das soll jedoch nicht heißen, daß sich nicht anschließend solche kultischen Gruppen entwickeln und die Beschreibungen der Massenmedien nachahmen. Aber das ist eine andere Geschichte und eine ironische noch dazu.

Die Angst vor dem Satanismus hat internationale Dimensionen angenommen. Der Soziologe James T. Richardson fand auffallende Ähnlichkeiten zwischen Paniken in England, Neuseeland und Australien. Für diese Ähnlichkeiten gibt es einen interessanten

17

Grund: In allen Fällen entdeckte der Forscher eine von Amerika übernommene moralische Panik und stellte fest, daß prominente amerikanische »Experten« für Satanismus in diese Länder eingeladen worden waren, um professionelle Sozialarbeiter über die aufsteigende Gefahr des Satanismus aufzuklären. Regelmäßig »wurden nach Besuchen amerikanischer Spezialisten von den neu ausgebildeten Sozialarbeitern, die nach Anzeichen für das Vorkommen von rituellem Mißbrauch in ihrem Heimatort Ausschau hielten, solche Fälle auch ausgemacht«. [12]

Oft erweisen sich nicht nur Laien als beeindruckbar; bei mehreren Gelegenheiten haben mich Justizbehörden von Arizona um Hilfe bei der Aufklärung von Ereignissen gebeten, von denen vermutet wurde, es handele sich um Akte von Hexerei oder Verbrechen durch satanistische Kulte. In allen Fällen mußte ich die leichtgläubigen Beamten enttäuschen und ihnen berichten, daß meine Nachforschungen zu weit weniger exotischen und esoterischen Erklärungen geführt hatten – Erklärungen, die normalerweise keiner akademischen Referenzen hätten bedürfen sollen. Ein Fall beispielsweise ging um etwas, das ursprünglich als »ein Altar in der Wüste nahe Phoenix« beschrieben wurde, »auf dem die Kadaver von einem Dutzend gestohlener und hingemetzelter Windhunde gefunden worden waren, offensichtlich bei einer Art Satansverehrung geopfert; der Ort war durch okkulte, in den Wüstenboden gemeißelte Zeichen markiert«. Bei näherem Hinsehen ergab sich eine andere Geschichte. Zunächst einmal gibt es keinen Kult, der für rituelle Zwecke mehr als nur ein einziges Tier benötigen würde. Zweitens war der »Altar« nichts weiter als eine schlichte Felsplattform, auf der die Diebe die langwierige Arbeit des Häutens der Hunde verrichtet hatten. Drittens hatte das Häuten der großen Hunde einen sehr einfachen kommerziellen Zweck, nämlich den Verkauf der Häute südlich der Grenze, um damit Lederwaren herzustellen, die letztlich an ahnungslose, über die Schnäppchenpreise entzückte amerikanische Touristen zurückverkauft werden sollten. Und die okkulten Zeichen auf dem Wüstenboden schließlich waren nichts anderes als die Fußabdrücke arbeitender Menschen.

Der leiseste Verdacht, ein bestimmtes Verhalten könne kultischen Ursprungs sein, scheint für viele Leute Grund genug, voreilige Schlüsse zu ziehen – die Beweise basieren auf Vermutungen und oft auf Panik. Die Massenmedien haben ein Sperrfeuer von Berichten über Kindesmißbrauch losgelassen, der angeblich von Anhängern von Satanskulten begangen worden sein soll, und die Strafverfolger, von der breiten Öffentlichkeit ganz zu schweigen, haben nur zu oft den abstrusen Zeugenaussagen von Kindern ungeprüft Glauben geschenkt.

Beim Übergang ins dritte Jahrtausend zeigen Daten aus landesweiten Gallup-Umfragen, daß ein erheblicher Prozentsatz der Amerikaner an gewisse übernatürliche Phänomene glaubt. So glauben beispielsweise 55 Prozent fest an die Realität des Teufels, acht Prozent sind sich nicht sicher, und die restlichen 37 Prozent glauben nicht daran. Tatsächlich glauben zehn Prozent der erwachsenen Amerikaner, daß sie persönlich »mit dem Teufel gesprochen hätten oder dieser zu ihnen«. 49 Prozent glauben (und 22 Prozent sind unsicher), daß »Menschen auf dieser Erde manchmal vom Teufel besessen sind«. 29 Prozent glauben (und 17 Prozent sind unsicher), daß »es in Häusern spuken kann«. 25 Prozent glauben (und 19 Prozent sind unsicher), daß Geister existieren und daß die Geister von Toten an bestimmten Orten und in bestimmten Situationen zurückkehren können; 17 Prozent haben das Gefühl, daß sie persönlich »mit einem Verstorbenen Kontakt hatten«. 14 Prozent glauben (acht Prozent sind unsicher), daß Hexen wirklich existieren; wenn man Teenager zwischen 16 und 17 Jahren gesondert befragt, so steigt der Anteil derer, die daran glauben, auf 34 Prozent. [13]

Es gibt keinen Grund, mit einer signifikanten Veränderung dieser Statistiken in den kommenden Jahrzehnten zu rechnen. Tief verwurzelte religiöse Überzeugungen, das Erbe Hunderter, wenn nicht Tausender Jahre, besitzen eine unvergleichliche Langlebigkeit und werden von der Wandelbarkeit des technologischen Sektors der menschlichen Unternehmungen fast nicht berührt.

Dies beschwört ein *déjà vu* von großer Originaltreue herauf, bei dem die Umrisse mittelalterlicher und moderner Wahrnehmungen verblüffend miteinander verschmelzen, und zeigt, daß ein erstaunlicher Prozentsatz moderner Menschen die dämonisierte Kosmologie vergangener Jahrhunderte beibehalten hat. Der zuvor erwähnte Hexenknabenbericht hat zahlreiche moderne Gegenstücke. Eines der auffallendsten war der jüngste Aufruhr in der Gemeinde von Olympia, Washington, wo die Illusionen von Kindern über vergangene Ereignisse zu »Erinnerungen« an vergangene Ereignisse wurden. Unter Druck und wiederholter Befragung »erinnerten« sich Kinder an das, was Autoritätspersonen ihnen suggerierten. Am Ende zerstörte eine verheerende Mischung aus Behauptungen über inzestuösen und mit satanistischen Ritualen verbundenen Mißbrauch eine ganze Familie.[14] In einem anderen Fall ruinierten unbewiesene Beschuldigungen, darunter Behauptungen über sexuellen und mit Satanskult verbundenen Mißbrauch, die Vorschule McMartin in Kalifornien. Die Denunziationen bewirkten die Persönlichkeitszerstörung von Lehrern und der Managerin und brachten die Managerin für mehrere Jahre ins Gefängnis, ehe der Prozeß überhaupt *abgeschlossen* war. Am Ende wurde sie aus Mangel an Beweisen freigelassen. Der Prozeß erwies sich als der längste Kriminalprozeß, den es bisher in den Vereinigten Staaten gegeben hat.[15] Bemerkenswert ist, daß sich unter den »Autoritäten«, von denen die Kinder der McMartin-Schule während der Kriminaluntersuchung befragt wurden, auch Berater mit besonderem Eifer für das Vermuten satanistischer Geschehnisse befanden.

Dies fördert eine unangenehme Erkenntnis zutage: Das Ende der Hexenjagd wurde *nicht* durch die Aufgabe einer psychotischen Denkstruktur oder humanitäre Gefühle bewirkt, sondern lediglich durch die Trennung der staatlichen von der kirchlichen Macht. Bürgerrechte, darunter auch das Recht, an Religionen zu glauben oder auch nicht, wurden allmählich von säkularen Gesetzen geschützt. Dies und nichts anderes löschte die Flammen der Hexenverfolgung.

Es gab noch einen Grund, weshalb die Verfolgung ein Ende fand: Die Maschinerie der Inquisition geriet außer Kontrolle. Gegen Ende des 17. Jahrhunderts wurde es zunehmend schwierig, zwischen echten Hexen und bloß diffamierten Personen zu unterscheiden, unschuldigen Opfern oft unter der Folter ausgesprochener Denunziationen. Nachdem mehr und mehr gefolterte Personen auch Priester, Inquisitoren und sogar die Bischöfe selbst beim Hexensabbat gesehen haben wollten, blieben die Räder der Maschinerie stecken. Die Industrie der Hexenjagd drohte sich selbst zu verschlingen.

Einige der Herausforderungen, die sich aus dieser Untersuchung ergeben, drehen sich um Elemente von so immenser Langlebigkeit und Universalität, daß sie weiterhin zwingende Folgen für das moderne Leben haben werden. Diese Elemente verdienen mehr als akademische Aufmerksamkeit, sie erfordern öffentliche Untersuchung, wenn wir Licht auf lebenswichtige Prozesse in unserer Zivilisation werfen und die menschliche Würde voranbringen wollen. Wenige von ihnen, wenn überhaupt welche, sind erfreulich. Doch der Erforscher historischer und soziologischer Daten ist verpflichtet, über das zu berichten, was tatsächlich da ist, nicht über das, was wir uns wünschen würden.

Dieses Buch wendet sich insbesondere an Leser, die sich weigern, demjenigen zuzustimmen, der bestreitet, daß »dies bloß die Zeitbedingungen waren«. Es flüchtet sich nicht einfach in historischen Relativismus, sondern geht von einem Ansatz aus, dessen Leitlinien Respekt und Würde für alle menschlichen Wesen sind.

Schließlich muß noch gesagt werden, daß das Buch die dramaturgische Metapher schätzt, da sie die Klarheit der Beschreibung und vielleicht sogar die Tiefe der Erklärung erleichtert. Shakespeares Aussage, die ganze Welt sei eine Bühne, und Männer und Frauen seien bloß Schauspieler, ist weit mehr als eine schickliche Phrase, sie dringt in den Kern der menschlichen Persönlichkeit vor und erinnert uns an die Etymologie des Wortes *persona* – eine von Schauspielern in der Antike getragene Maske. Der menschliche Geist hat sich immer in Personen enthüllt und die ununterdrückbar soziale Natur menschlicher Wesen manifestiert. Wir können Trost in der Tatsache finden, daß wir an die Persona gebundene Kreaturen sind, da dies bedeutet, daß wir nicht schicksalhaft dazu bestimmt sind, unwandelbares Verhalten zu wiederholen, sondern unsere Masken wechseln und solche wählen können, die eine edlere Form von Menschlichkeit darstellen. Die Sprache der Bühne symbolisiert die menschliche Fähigkeit, immer neue Personae hervorzubringen, mit denen neue Gelegenheiten geschaffen, Reformen in Gang gebracht und die Banner der Hoffnung hochgehalten werden können. Kultureller

Fortschritt ist nichts anderes als das Einbringen neuer Personae in ein kreativeres Spiel. Und das ist vielleicht der einzige Lichtblick, den wir bei einem Ausflug in eine bedrückende Ära der Geschichte erhaschen können.

In summa versucht das Buch, eine holistische Sicht auf eine dunkle Seite der Menschheit zu präsentieren, indem es folgendes untersucht:

1. *Historische Daten* über die Hexenjagd im allgemeinen und die Rolle von Kindern im besonderen;

2. die farbige *Fallstudie* des Hexenjungen;

3. *Forschungsergebnisse der Kinderpsychologie*, die Kinder zu Opfern und zu Tätern erklären;

4. *Folgen für das moderne Leben* insofern, als eine Wiederbelebung der Hexenjagd im Gange ist, bei der Kinder erneut eine prominente Rolle spielen.

Teil I
Kleine Akteure des Bösen

Hans Schäuffelein, Die Schadenzaubertaten der Hexen. Holzschnitt aus:
Ulrich Tengler, Der neü Layenspiegel, Augsburg 1511.

1. Wie ein Drama entstand

Eine besessene Kultur

Die Bühne dieses Dramas war eine Kultur, heimgesucht von der Furcht, die bösesten Kräfte des Universums verbündeten sich, um sie zu zerstören. Sie schloß sich zusammen, um sich zu wehren, und einer der größten Massenmorde der westlichen Zivilisation nahm seinen Lauf: die Hexenverfolgung. Die glühendste dieser »heiligen Schlachten« wurde im christlichen Europa ausgefochten, verwandelte die Gesellschaft in einen schäumenden Kessel der Massenhysterie und zerstörte innerhalb von nahezu 300 Jahren Glück oder Leben von Hunderttausenden unschuldiger Opfer. Es war eine Zeit, in der die Menschen sich lebhaft vorstellten, von einer vom Teufel [1] initiierten Verschwörung ginge abscheuliches Übel aus, das durch seine Dämonen und seine menschlichen Helfer, die niederträchtigen Hexen, verübt werde. Dieser Glaube wurde zu einem wesentlichen Anliegen, nicht nur der Behörden, der weltlichen und der kirchlichen, sondern auch des gewöhnlichen Volkes.

In der christlichen Kosmologie wimmelt es von Geistern und Erscheinungen, einige gut, einige böse. Die Angst vor dem Angriff der bösen spiegelt sich in der Verkündigung eines katholischen Exorzisten aus dem Jahre 1697: »... die Mehrzahl aller Geschöpfe wird von Dämonen bedrückt, und von zehntausend (Geschöpfen oder Menschen) sind mehr als neuntausend davon betroffen.« [2]

Neben der Bedrohung durch Legionen von ruchlosen übernatürlichen Wesenheiten gab es spezifische zeitgenössische Sozialprobleme, die gewichtige Rollen bei der Entstehung der frühmodernen Hexenverfolgung spielten. Allerdings würde eine zufriedenstellende Diskussion der kausalen Konstellation den Rahmen dieser Arbeit sprengen. Daher sei hier nur gesagt, daß der religiöse und politische Aufruhr des postreformatorischen Europa vielleicht weitgehend die Beschäftigung mit bösen Kräften erklärt. Auf theologischer Ebene

25

herrschte eine Projektion der Gefährdung durch rivalisierende Religionen, welche die Angst vor dem Teufel und seinen Dämonen verstärkte. Damit zusammenhängende Faktoren waren Religionskriege wie der Dreißigjährige Krieg (in diese Zeit fällt die Episode des Hexenjungen, die später im Buch diskutiert werden wird). Johann Looshorn, der Chronist der Geschichte des Bistums Bamberg, weist darauf hin, daß in einigen Ortschaften die Herrschaft binnen weniger als vier Generationen fünfmal wechselte und damit auch die religiöse Zugehörigkeit des Volkes aufgrund des Prinzips *cujius regio, ejius religio*, das die Menschen zwang, die Religion ihres Herrschers zu übernehmen.[3]

Im Hinblick auf die Hexenjagd spielte die Abfolge von Konversion und erneuter Konversion allerdings keine große Rolle. Alle christlichen Splittergruppen verfolgten Hexen; diese Verfolgung durchzog das gesamte Christentum einschließlich der katholischen, der protestantischen und der reformierten Kirche.[4] So war beispielsweise der Herrscher von Genf und einer der Begründer der reformierten Kirche, Johann Calvin, vermutlich ein ebenso fanatischer Hexenjäger wie nur irgendein katholischer Bischof.

Es gibt jedoch Gründe dafür, sich auf die Inquisition als Epitome der Hexenjagd zu konzentrieren: 1. Die katholische Kirche stellte die größte und einigste Organisation dar, die an dieser Jagd beteiligt war, während das protestantische Lager sehr viel breiter gefächert war, allein schon aus dem Grund, daß der Protestantismus von dem Begriff ausgeht, religiöse Autorität sei eher in unserem individuellen Gewissen zu finden als in einer kirchlichen Hierarchie. 2. Die Katholiken gingen mit unvergleichlicher Gnadenlosigkeit und Grausamkeit vor. Keine einzige katholische Rechtsprechung entschied sich dafür, auf die Folter zu verzichten, während zum Beispiel die anglikanische Kirche und das englische Gesetz ganz allgemein diese nicht zulassen wollten. 3. Katholische Behörden begannen mit der Verfolgung lange vor der protestantischen Reformation, obwohl katholische Apologeten gern Luther und anderen Reformern vorwerfen würden, sie hätten die Hexenverfolgung »verursacht«, indem sie in der angeblich ungestörten Vorreformationszeit Unruhe stifteten.[5] Diese Verteidigung ist ebenso zynisch wie lächerlich, da die Inquisi-

tion Häretiker und Hexen schon vor Luthers Zeit folterte und verbrannte. So wurde beispielsweise nach Jahrzehnten der Hexenpanik
und kirchlicher Debatten über das Thema der *Malleus maleficarum*
(»Der Hexenhammer«), der als Handbuch zur Bekämpfung von
Hexen diente, 1487[6] veröffentlicht (Luther wurde 1483 geboren).
4. Welche theologischen Annahmen auch immer den Geist der Verfolgung aufrechterhielten und welche Methodologie auch entwik-
kelt wurde, katholische Autoritäten schufen die Modelle, die von
Protestanten nachgeahmt wurden. 5. Die grundlegenden theologi-
schen Annahmen, die den Glauben an die Existenz satanischer
Hexen möglich machten, waren tief in katholischem Dogma und
Tradition verwurzelt und gingen rücksichtslos über irgendwelche
Prinzipien humanistischer Erwägungen hinweg.

Manche Leute mögen dazu neigen, die Hexenjäger mit dem Argument zu entschuldigen, sie seien Opfer des Zeitgeists gewesen. Doch
der Versuch, die Hexenjagd schlicht als unglückseliges Element des
Zeitgeistes abzutun, ist eine feige Flucht in historischen Relativismus, die der Verantwortung sowohl für individuelles wie auch für
organisatorisches Verhalten ausweicht. Tatsächlich vermeidet sie
jede historische Analyse und läßt die Dinge im wesentlichen so, wie
sie waren und sind, wobei sie ignoriert, daß, wie der Philosoph Paul
Kurtz es ausdrückte, es auch »einen Fundus von erprobten *prima
facie* ethischen Prinzipien und Regeln gibt, der vielleicht auf alle
menschlichen Gemeinschaften anwendbar ist«.[7]

Jedenfalls lebten die Menschen in großer Furcht vor den Hexen,
bald jedoch in noch größerer Furcht vor den Autoritäten, die sie
jederzeit verhaften und beschuldigen konnten, Komplizen des Teufels zu sein. Letztlich konnte niemand sich völlig sicher davor fühlen,
in den Schmelztiegel des Hexenwahns zu geraten – und so traurig
dieser Kommentar zur menschlichen Situation auch sein mag, es
waren nicht humanitäre Rücksicht oder irgendein Fortschritt in der
Aufklärung, die das Ende der Hexenverfolgung auslösten, sondern
eher die zunehmende Schwierigkeit, zwischen den Schuldigen und
den Unschuldigen zu unterscheiden, sowie die Unmöglichkeit, eine
tobsüchtig gewordene Monsterindustrie zu kontrollieren.

In einigen Fällen führte Massenhysterie zu so glühender Verfol-

gung, daß ganze Gemeinden dezimiert wurden. So war beispielsweise die Ortschaft Zeil, ein Außenposten der Hexenjagd der Fürstbischöfe von Bamberg, nach Jahren der Verhaftungen und Hinrichtungen so entvölkert, daß 1630 der Notar Einwag, Doktor der
Rechte, eine Petition an den Fürsten richtete, ihn von seinem Amt
zu entbinden, da es nicht mehr viel zu tun gebe, er »sehr gelangweilt«
sei und sich angesichts der unheimlichen Leere, die aus so vielen
Häusern gähne, unwohl fühle. Ein weiteres Beispiel war die kleine
Stadt Oppenau im Westen Deutschlands. Zwischen Juni 1631 und
März 1632 fand eine Reihe von Hexenprozessen statt, die fünfzig
Opfer forderte, die bei acht getrennten Verbrennungen hingerichtet
wurden. In der gleichen Zeit wurden weitere 170 Mitglieder der
Gemeinde der Hexerei angeklagt. »In einer Stadt von nur 650 Ein-
wohnern kann man sich leicht vorstellen, was Argwohn in diesem
Ausmaß für die sozialen Vertrauensbindungen bedeutet.«[9] Es muß
jedoch angemerkt werden, daß diese Beispiele extreme Bedingungen repräsentieren und nicht auf alle Jurisdiktionen verallgemeinert
werden sollten, in denen Hexenverfolgungen stattfanden.

Eine besondere Organisation, die Inquisition, wurde geschaffen
und damit beauftragt, den Kampf gegen Ketzer und andere Feinde
des Christentums zu führen. Eingesetzt durch päpstliches Dekret im
Jahre 1232, war die Inquisition ursprünglich hauptsächlich gegen
häretische Bewegungen gerichtet, die innerhalb des Heiligen Römischen Reiches (das damals praktisch ganz Europa umfaßte) aufzu-
blühen drohten. Im 15. Jahrhundert schuf die Inquisition den Begriff
der Großen Perversion, angeblich einer häretischen Organisation
von Hexen. Ein Meilenstein für die Hexenjäger in ihrem Kampf gegen die eingebildete Verschwörung war ihr Handbuch *Malleus maleficarum*. Die Verantwortung für die Durchführung der Verfolgung
wurde in erster Linie dem Orden der Dominikaner übertragen. Die
Inquisition hatte jedoch regional unabhängige Hauptquartiere, wie
etwa die spanische *Suprema* und die zahlreichen Fürstbistümer, die
andere heilige Orden und zusätzliche Methoden zur Ausübung der
Hexenjagd einsetzen konnten.

Die Organisation entwickelte sich bald zu einer richtigen Industrie, in der ein ganzes Netzwerk von Funktionen und Positionen zu

besetzen war. Geriet ein Verdächtiger einmal in die Maschinerie dieser Industrie, so gab es kein Entkommen mehr. Der Prozeß führte mit großer Wahrscheinlichkeit zur Verurteilung, und diese konnte mit dem grausamsten aller Tode enden – dem Verbrennen bei lebendigem Leib. Nach ihrer Verhaftung wurden Verdächtige in Gefängnisse gesperrt, von denen die meisten mit Folterkammern ausgestattet waren, und in diesen wurden fast immer Geständnisse erzielt.[10] Die Menschen konnten den Schmerzen einfach nicht standhalten, die ihnen von den Folterern zugefügt wurden; deren Arsenal von Folterinstrumenten war ebenso einfallsreich wie barbarisch. Es reichte von Daumenschrauben über Verbrennungen mit ungelöschtem Kalk bis zum Streckbett. Obwohl diese Verallgemeinerung ziemlich zutreffend ist, kann man leichte Modifikationen hinzufügen insofern, als die Inquisition gewisse regionale Unterschiede aufwies. So hat beispielsweise John Tedeschi darauf hingewiesen, daß die römische Inquisition (beauftragt mit der Erledigung inquisitorischer Aufgaben im Gebiet Italien) ein wenig behutsamer vorging als die Inquisitionen vieler anderer Gebiete. Man sorgte für verteidigende Beratung, für Grenzen bei der Folterung und für eine Regulierung bei der Beschlagnahme von Besitz. Doch die römische Vorgehensweise, die insgesamt eine Art ordentlichen Prozeß ergab, wurde vielerorts mißachtet. Am schlimmsten verstießen dagegen die fränkischen Fürstbistümer, unter anderem Bamberg. Es ist die Bamberger Rechtsprechung, die als Forschungsgrundlage für einen großen Teil dieses Buches diente und daher den Tenor der vorliegenden Darstellung wesentlich beeinflußte.[11]

In jedem Fall war die Denunziation ein wesentlicher Teil des Geständnisses. Dies bedeutete, andere als Teilnehmer an diabolischer Hexerei anzuschwärzen. Die Hexenmanie schloß die Vorstellung des sogenannten Hexensabbats ein, einer Zeit und eines Ortes, wo sich die Hexen versammelten, um ausgelassen zu feiern und mit dem Teufel Unzucht zu treiben.[12] Groteske Beschreibungen dessen, was angeblich bei diesen Treffen geschah, veranlaßten gelehrte Geister zur Abfassung von Büchern[13], zum Schreiben von Geschichten und zu einschüchternden Predigten. Bambergs Suffraganbischof Förner hielt mit solcher Leidenschaft flammende Predigten gegen Hexen, daß sein Fürstbischof, Johann Georg II., der wegen seines Fanatismus bei der Hexenjagd den Beinamen *Hexenbischof* trug, einer Sammlung davon das *Imprimatur* zur Verteilung im ganzen Reich gewährte.

Es war die Idee des Hexensabbats, die zu den Fragen führte: Wer war sonst noch dabei? Wen hast du unter den Mitfeiernden erkannt? Die Folter führte in der Regel zu Antworten, und Dutzende von unschuldigen Menschen wurden genannt. Berichte zeigen, daß die meisten der Folteropfer anfänglich versuchten, Unschuldige zu schützen, und solche Mitglieder der Gemeinde benannten, die bereits tot oder als Hexen hingerichtet worden waren.[14] Doch die Inquisitoren kamen schnell hinter diese Schutzmanöver und begannen so erneut mit Folterungen, um neue Denunziationen zu erhalten, wodurch die Liste der Verdächtigen gewöhnlich mit Erfolg erweitert wurde. Dann wiederholte sich der Vorgang: Die neu Verhafteten wurden wiederum gefoltert und zu Denunziationen gezwungen. So versorgten sich die Hexenjäger mit einem *perpetuum mobile*, das mehrere hundert Jahre wirksam war, ungefähr vom 15. bis zum 18. Jahrhundert. Dies galt insbesondere für die deutschen Länder, und dort wiederum waltete der größte Fanatismus in der Provinz Franken, wo die Fürstbischöfe von Würzburg und Bamberg so heftig wüteten, daß sie vom Kaiser Ermahnungen erhielten[15] – obwohl dieser selbst an Hexen glaubte und die Kirchenführer nur aufforderte, die gebührende Verfahrensweise einzuhalten.

Identität und Charakter der Opfer der Inquisition sind noch immer ein Forschungsthema für Historiker, Soziologen und Psychologen. Wir wissen jedoch, daß keinerlei Status oder Alterskategorie immun dagegen war, der Hexerei angeklagt zu werden; es spielte keine Rolle, ob der Angeklagte ein kleines Kind oder ein seniler Greis war, ein Mann oder eine Frau, reich oder arm. Wir können also nicht von der typischen Hexe sprechen; gewisse Kategorien von Personen allerdings wurden eher angeschuldigt. In erster Linie Frauen. In ganz Europa scheint das Verhältnis von Frauen zu Männern acht zu zwei gewesen zu sein. Man muß jedoch regionale Unterschiede beachten. In Bamberg etwa lag das Verhältnis wohl bei sieben zu drei, wobei es so aussieht, als habe das Motiv des Bischofs darin gelegen, daß bei Männern mehr Besitz zu beschlagnahmen war als bei den gewöhnlich besitzlosen Frauen. Doch Bamberg war auch bekannt für einen Konflikt zwischen Bürgerschaft und Klerus, und der höher als übliche Anteil von Männern unter den Angeschuldigten und Verurteilten ist möglicherweise auf politische Intrigen zurückzuführen. Besitz und politische Rivalität als Motivationen für die Strafverfolgung ergaben häufig eine praktische Kombination. Eine weitere wichtige Überlegung waren der Ruf und die Streitbereitschaft einer Familie.[16]

Die Freizügigkeit, mit der angeklagt werden konnte, sowie die Angst davor, selbst beschuldigt zu werden, waren wesentliche Gründe dafür, daß die Hexenjagd aufgegeben werden mußte. Die Amtsträger begannen zu erkennen, daß die Anschuldigungen nicht mehr zu kontrollieren waren und es zunehmend schwierig wurde, »Schuldige« von Unschuldigen zu unterscheiden. Nachdem die Fürstbischöfe miterlebt hatten, daß Amtsträger ihrer Kirche und sogar Mitglieder ihrer eigenen Familien beschuldigt, ihre Priester denunziert und ihre Richter verdächtigt wurden, dämmerte ihnen langsam, daß die Industrie der Jagd begann, sich selbst zu verschlingen.[17]

Wie man einräumen muß, gab es während der Jahre der Verfolgung Stimmen, die für Humanität und Rationalität plädierten.[18] Zu diesen gehörte der Arzt Johannes Weyer, der meinte, die meisten der sogenannten Hexen seien geistesgestörte, unter Wahnvorstellungen leidende Frauen.[19] Diesen Stimmen gelang es jedoch nicht, das Denken über das Hexenphänomen zu verändern, weil sie aus ihrer Argumentation nicht ein schicksalsschweres »Trojanisches Pferd« zu entfernen vermochten, nämlich den fortdauernden Glauben an einen personifizierten Teufel, der nach der christlichen Kosmologie fähig war, für seine üblen Werke Menschen zu rekrutieren.

Soviel zu den Umrissen der größeren Bühne, auf der sich das Drama entfaltete, einer Bühne, die die gesamte westliche Zivilisation umfaßte. (Leser, die sich eingehender mit der Geschichte der Hexenverfolgung und ihren Verzweigungen befassen möchten, finden eine Liste mit verläßlichen Quellen am Ende des vorliegenden

Buches.[20]) Ein enger umgrenzter Schauplatz wird in Kapitel 6 beschrieben (*Die Bühne*), in dem die Umgebung des Hexenknaben, nämlich die Diözese Bamberg, geschildert wird.

Kinder in einer dualistischen Weltsicht

»Die Unschuld der Kleinen« ist ein Ausdruck von zweifelhaftem Wahrheitsgehalt, da die historischen Ereignisse auf etwas anderes hindeuten. Nirgends traf dieser Optimismus auf hartnäckigere Hindernisse als während der großen Hexenjagd des 16. und 17. Jahrhunderts. In dieser gar nicht so weit zurückliegenden Zeit ließen zahlreiche Kinder ihrer Phantasie freien Lauf. Sie gaben die Vorstellung von der Hexe wieder, wie sie in der Kosmologie ihrer Zeit bestand, und trugen erheblich zur Hexenjagd bei. Übereinstimmend mit übernatürlichen Glaubensinhalten der christlichen Weltsicht denunzierten Kinder unzählige unschuldige Menschen und brachten sie so auf den Scheiterhaufen, darunter Nachbarn, Gleichaltrige und sogar Mitglieder ihrer eigenen Familien.

Zweifel an der Unschuld von Kindern sind nicht beliebt. In einer Welt, die unter ewigem Verrat, Grausamkeit, Krieg, Massenschlächtereien und anderem Versagen der Menschlichkeit leidet, sehnen wir uns verzweifelt nach Beispielen makelloser Güte – und wie eine geweihte Ikone wird traditionell das Kind auf einen imaginären Altar erhoben, damit wir Tugenden verehren können, die uns selbst fehlen. Dies ist der Höhepunkt der Romantik: Tugend und Schönheit in Gruppen, an Orten und in Zeiten zu suchen, die fern und relativ unbekannt sind.

Ironischerweise hat diese verehrte Kategorie menschlicher Wesen, wenn ihr Verhalten die geheiligten Erwartungen enttäuscht, von den Romantikern die schlimmste Strafe zu gewärtigen. Zu Recht sind viele Kommentare darüber geschrieben worden, wie Frauen in den Händen männlicher Romantiker zu Opfern wurden. Kinder haben ein ähnliches Schicksal erlitten. Wenn Erwachsene sie für schuldig befanden, von dem romantischen Modell abzuweichen, wurden sie mit ziemlicher Wahrscheinlichkeit schwer bestraft;

schließlich befleckten sie den Altar, auf den man sie als Symbole für das Beste an der menschlichen Spezies gestellt hatte – einer Spezies, die wir gern als edel und gut ansehen würden. Es liegt in hohem Maße an der Enttäuschung der Romantiker, daß viele Kinder verwundbar, als böse etikettiert und als Hexen verfolgt wurden. In den meisten Fällen war ihre Bestrafung nicht weniger barbarisch als die, die Erwachsenen zuteil wurde.

Die Ambiguität Kindern gegenüber führte zu wechselnden Reaktionen auf sie. Ein Kind konnte eine reine, unschuldige Seele oder ein korrupter Kollaborateur des Teufels sein, und so ergab sich häufig das Problem, wer was war. Die Inquisition mit ihrer angemaßten Unfehlbarkeit beharrte darauf, sie könne den Unterschied erkennen. Notfalls war die Wahrheit ja auch durch Folter ans Licht zu bringen.

Auf diese Weise stärkte die christliche Lehre eine dualistische Art, Kinder zu betrachten. Sie ließ nicht nur die Kategorie des unbefleckten und unschuldigen Kindes zu, sondern auch eine dämonologische Interpretation kindlichen Verhaltens. Infolgedessen wurde ein Kind, das man heute als lerngestört oder delinquent diagnostizieren würde, als böse bezeichnet, als Komplize bei dem Plan Satans, Gottes Schöpfung zu ruinieren.

Auf die Spitze getrieben wurde der Dualismus, indem man die Möglichkeit einräumte, als *Hexe geboren* zu sein, als Produkt dämonischen Geschlechtsverkehrs. Ein weiteres mögliches Szenario bestand darin, daß der Teufel oder eine böse Hebamme das Kind gleich nach der Geburt durch einen dämonischen Säugling ersetzte. »Gelehrte Doktoren« der Kirche wie Thomas von Aquin und der heilige Hieronymus haben gründlich über diese Möglichkeiten nachgedacht. Unter denen, die ihnen am glühendsten glaubten, waren die Inquisitoren, die vorgaben, sie könnten erkennen, wer was war.

Infolgedessen liefen problematische Kinder Gefahr, als teuflische *Wechselbälge* bezeichnet zu werden, wie die deutschen Inquisitoren sie nannten. Zustände wie etwa Hydrozephalie wurden häufig als Zeichen angesehen, daß das Kind eine satanische Kreatur und nicht wirklich das seinen Eltern Geborene war. Vielmehr hatte – wie so berühmte Prediger wie Geiler von Kaisersberg bekanntgaben – der Teufel bei der Geburt das richtige Kind gestohlen und durch das mißgebildete ersetzt.[21] Die Moral der Theorie lautete, daß man nicht jedem Kind trauen oder es nach seinem Äußeren beurteilen könne. Eltern, die tief in der dualistischen Kosmologie befangen waren, hatten zuzeiten auf diese Weise sogar eine Entschuldigung dafür, ihr »Wechselbalg«-Baby im Stich zu lassen.

Manchmal sahen Eltern in einer Mißbildung oder Behinderung des Kindes das Zeichen des Bösen und mißhandelten das Kind oder fühlten sich berechtigt, es zu verlassen. Im allgemeinen tat die Kirche wenig, um solchem Mißbrauch entgegenzuwirken. Im Gegenteil, einige Historiker sind der Meinung, daß während der Zeit der Hexenverfolgung die Kirche großes Unrecht an zahlreichen behinderten oder lerngestörten Kindern beging, an Kindern, die man verdammte, statt ihnen zu helfen. Die Professorin für Religionsgeschichte Uta Ranke-Heinemann schreibt in ihrem provozierenden Buch *Eunuchen für das Himmelreich*: »Wohl in keinem anderen Kulturkreis der Menschheitsgeschichte dürfte den Behinderten jemals ein größerer Schaden, eine Mißachtung, Intoleranz und Inhumanität zuteil geworden sein als im Christentum.« Sie bezieht sich insbesondere auf taubstumm geborene Kinder, denn diese können St. Augustinus zufolge »niemals den Glauben empfangen; denn der Glaube kommt aus der Predigt, aus dem, was man hört«.[23]

Es wäre jedoch irreführend, irgendeine spezifische Gruppe von Kindern als alleiniges Ziel inquisitorischen Argwohns aussondern zu wollen. Das genaue Gegenteil trifft zu: Kinder jedes Aussehens, Geschlechts, Alters und sozialen Hintergrundes konnten in die Maschinerie der Verfolgung geraten. Es war das Kind als Kind, das gewöhnlich die Aufmerksamkeit der Inquisition auf sich zog. Kindliches Verhalten, das wir heute als durchaus noch normal und kindlich begreifen würden, lief große Gefahr, im Rahmen einer dämonologischen Weltsicht interpretiert zu werden. Zu solchem Verhalten gehörten unter Umständen das Prahlen mit realen oder imaginären Dingen oder Leistungen, das Spielen von Streichen, die Zugehörigkeit zu einer Bande; am meisten aber, wie wir später sehen werden, die Neigung von Kindern, unglaubwürdige Geschichten zu erzählen.

Vor der Präsentation historiographischen Materials, das die Beteiligung von Kindern an Hexenpanik und Prozessen beschreibt, sind zunächst zwei Bedingungen zu beachten: die Zeitdimension und regionale Unterschiede.

Geographie und Chronizität von Kinderprozessen

Schwere und Dauer der Hexenjagden waren territorial unterschiedlich. In südeuropäischen Ländern, darunter Spanien und Italien, herrschten starke, aber kurze Anfälle von Verfolgungshysterie. Während beispielsweise viel über die Gefährlichkeit der spanischen Inquisition geschrieben worden ist, wurden vermutlich nicht mehr als 100 Hexen hingerichtet, und zwar von 1498 bis 1611, als die Suprema, der souveräne spanische Zweig der Heiligen Inquisition, auf die aufgeklärten Ansichten ihres prominenten Inquisitors hörte, des Jesuiten Alonso de Salazar y Frias, und der Verfolgung ein Ende setzte, indem sie Hexerei zur bloßen Illusion erklärte. (Allerdings wurde ein Unterschied zwischen Hexen und Renegaten – einschließlich Mauren und Juden – gemacht. Die Inquisition setzte die gnadenlose Verfolgung letzterer fort.)

Diese spanische Periode kontrastiert mit einem der deutschen Gebiete, wo die Verfolgung schleppend begann, aber bis ins 18. Jahrhundert andauerte, wobei sie ihren Höhepunkt im ersten Drittel des 17. Jahrhunderts erreichte. Die fränkischen Fürstbischofe Mitteldeutschlands zeichnen sich dadurch aus, daß sie die wütendsten und dauerhaftesten Flammen der Hexenverfolgung entfacht haben; so ließ beispielsweise der *Hexenbischof* während seiner Regentschaft von 1623 bis 1633 600 Hexen verbrennen.

Die ansteckende Hexenpanik verbreitete sich sogar bis in die Neue Welt, und die bekanntesten Hexenprozesse des kolonialen Nordamerika waren die berühmten Salem-Prozesse von 1692. Nordamerika war ein Nachzügler in der Familie der hexenverfolgenden Länder, möglicherweise, weil das Territorium mit anderen Problemen zu tun hatte und ziemlich isoliert war von den Hochburgen der europäischen Hexenverfolgung, vielleicht auch wegen des Einflusses der gemäßigteren Hexenverfolgung in England.

Auf dem europäischen Kontinent dagegen nahm die Verfolgung verheerende Ausmaße an. Es ist nicht möglich, genau festzustellen, wie viele Personen während der Verfolgung als Hexen hingerichtet wurden, während einer Zeit, die Mitte 1400 begann und Mitte 1700 endete. Viele der Gerichtsdokumente sind nicht erhalten, und viele sind noch nicht ausgewertet worden. Außerdem gibt es noch immer Archive, die den akademischen Gelehrten verschlossen sind, etwa solche im Besitz von Bischöfen, die verständlicherweise wenig Interesse daran haben, weitere Zahlen und Informationen über die Rolle der Kirche zu liefern. Ein derartiger Fall ist das Archiv, das der Erzdiözese Bamberg gehört und zu dem nicht nur Akademiker, sondern sogar Priester keinen Zugang erhalten, es sei denn, sie hätten die persönliche Erlaubnis des Erzbischofs. Ein anderes Beispiel wird von John Tedeschi erwähnt, der beschreibt, welche Schwierigkeiten er hatte, als er versuchte, Zugang zu den Archiven des Heiligen Stuhls in Rom zu erlangen.[24]

Die Schätzungen über die Anzahl der hingerichteten Hexen sind daher unsicher und sehr unterschiedlich. Einige gehen von Millionen aus; andere reduzieren sie auf einige Hunderttausend. Zu den konservativsten Schätzungen, die vermutlich das absolute Minimum annehmen, gehört eine des Historikers Brian P. Levack, der von einer Zahl unter 100000 ausging.[25] Wir dürfen dabei jedoch nicht vergessen, daß diese Schätzung von offiziellen Berichten abgeleitet ist, sich nur auf Hinrichtungen bezieht und keine Opfer einschließt, die im Gefängnis oder unter der Folter starben oder über die es schlicht keine Berichte gibt.[26] Manche Experten, wie beispielsweise der katholische Priester Hans Küng, sprechen dagegen von neun Millionen Opfern.[27] Wegen dieser Aussage und anderen Fällen von »Verrat« an der Kirche wurde Küng später das Recht aberkannt, an katholischen Schulen zu unterrichten. In Anbetracht der Umstände ist es vermutlich realistisch, die Anzahl der Opfer des Hexen-Holocaust auf etwa eine Million zu schätzen.

Leser, die an einer gelehrten Einschätzung der *gesamten* Zahl an Opfern der Verfolgungen und Kreuzzüge des Christentums interessiert sind – Juden, Häretiker, Moslems und andere Gruppen eingeschlossen –, sollten die kühne Arbeit von Karlheinz Deschner konsultieren, *Kriminalgeschichte des Christentums*, der noch weitere Bände folgen sollen. [28]

Der Brennpunkt der Hexenverfolgung in ihrem sehr frühen Stadium im 14. und 15. Jahrhundert richtete sich weniger gegen Individuen, sondern eher gegen ketzerische Organisationen wie beispielsweise den Templerorden. Mit der Zeit jedoch breitete sich die Angst vor Ketzern aus und drang in das private Leben der Bürger ein, wo es die zwischenmenschlichen Beziehungen vergiftete. Anschuldigungen entwickelten sich aus den unvermeidlichen Reibungen im alltäglichen Umgang zwischen Familienmitgliedern, Nachbarn und anderen Menschen in der Gemeinde. Normale menschliche Zustände und Emotionen wie Ignoranz, Furcht, Gier, Rache und häufig pure Bosheit wurden zu wesentlichen Katalysatoren von Anschuldigungen. Und damit wurde die Hexenvorstellung zu einem Phänomen von Familie und Nachbarschaft, und Kinder erhielten eine wichtige Rolle.

Im 15. und zu Anfang des 16. Jahrhunderts, als die Prozesse allmählich zunahmen, traten nur in wenigen Verhandlungen Kinder auf. Welche Rollen ihnen auch immer zugeschrieben wurden, es waren passive; gewöhnlich erschienen sie als unschuldige Opfer, die von Hexen geopfert, die hingeschlachtet und zu einer Brühe Schwarzer Magie verarbeitet wurden. Derart makabre Geschichten wurden im *Hexenhammer* oder *Malleus maleficarum* (1487) dargestellt, im vermutlich berüchtigtsten Handbuch der Inquisition.

Mit dem *Malleus* jedoch öffnete sich die Tür zu einer aktiveren Rolle von Kindern insofern, als sie durch Mütter oder Hebammen, die als Hexen galten, mit dem Teufel und seinen Dämonen bekannt gemacht werden konnten. Tatsächlich konnte Hexerei eine ganze Familie anstecken. Erst im späten 16. Jahrhundert jedoch wurde ein bemerkenswerter Wendepunkt erreicht. Beginnend um 1580, wurde die Rolle von Kindern aktiv und erreichte epidemische Ausmaße. Von da an bis Mitte des 18. Jahrhunderts waren Kinder an der großen Mehrzahl der Hexenprozesse beteiligt, entweder als Opfer oder als Täter oder als beides. Bei weitaus den meisten dieser Prozesse bezogen Kinder nahe Verwandte ein, insbesondere Mütter. Im Mittelpunkt einiger der letzten Prozesse, die mit Hinrichtungen endeten, standen Mädchen im Alter zwischen neun und 17 Jahren, die entweder sich selbst oder enge Familienangehörige anklagten.[29] So war beispielsweise das letzte Opfer der Hexenverfolgung in Bayern ein 14jähriges Waisenmädchen, ein mißhandeltes Kind, das zur Streunerin wurde und behauptete, das verdammenswerteste, verbrecherischste Sakrileg begangen zu haben, das die katholische Kirche sich vorstellen konnte: die Entweihung der heiligen Hostie. Sie wurde 1756 in Landshut hingerichtet.

Ein neuer Status für Kinder: Premiere in Trier

Der Historiker Wolfgang Behringer sieht in den Prozessen in der deutschen Stadt Trier (oder Treves) den Wendepunkt der Prozesse.[30] Traditionell waren dort wie anderswo Kinder als Opfer angesehen worden, die von Hexen benutzt wurden, die manchmal von Dämonen besessen waren und daher als schuldlose Kandidaten für Teufelsaustreibungen galten. Im Jahre 1585 jedoch traten zahlreiche Kinder auf, anscheinend durch die öffentlichen Hexenverbrennungen angeregt und inspiriert, und gestanden, selbst Hexen zu sein, oder behaupteten, am teuflischen Hexensabbat teilgenommen zu haben. So beschrieb etwa ein achtjähriger Junge in allen Einzelheiten, wie er beim Hexentanz die Trommel geschlagen und einige Nachbarsfrauen gesehen habe, die mit dem Teufel tanzten und tranken. Seine Zeugenaussage genügte der Obrigkeit, diese Frauen zu verfolgen und ihnen (mittels Folter) Geständnisse abzupressen, die dazu führten, daß sie zum Tod auf dem Scheiterhaufen verurteilt wurden. Ein anderer Junge, der 15jährige Sproß einer adligen Familie und Page am Hofe des Electors[31] von Trier, gestand, seinen Herrn verhext und krank gemacht zu haben. Während der darauffolgenden Teufelsaustreibung, die von den sehr geschäftigen Trierer Jesuiten vorgenommen wurde, belastete der Junge Dr. Dietrich Flade, den Richter, der den Hexenprozessen vorsaß, und behauptete, ihn beim Hexensabbat gesehen zu haben. Unverzüglich plapperten insgesamt 23 verurteilte Trierer Hexen die Denunziation nach. Nach fünf verschiedenen Foltersitzungen gestand der ehemalige Richter, und seine Hinrichtung wurde zu einem der vielen öffentlichen Spektakel in der alten Stadt.[32]

Diese Beschreibungen und Denunziationen lösten eine Kettenreaktion aus, und binnen weniger Jahre taten sich zahlreiche Kinder mit Anschuldigungen hervor. 1587 berichtete ein 16jähriger Junge, er sei von Hexen und Zauberern verführt worden und habe ihnen bei ihren Tanzereien als Musiker gedient. Unter den Personen, die er diffamierte, waren prominente Bürger, die in rascher Folge vom Fürstbischof verhaftet, ins Gefängnis geworfen und nach Geständnissen unter der Folter auf dem Scheiterhaufen verbrannt wurden.

Von Trier aus breitete sich die Hexenpanik aus wie ein verzehrendes Feuer, das die ganze Gegend verschlang. Im Jahre 1589 waren 300 Hexen verbrannt worden; in einem Dorf waren bis auf zwei alle älteren Frauen hingerichtet worden.[33]

Im Laufe der verbleibenden Jahre der Hexenverfolgung, also noch etwa 100 Jahre, vervielfachten sich die Fälle, in denen Kinder die Hauptakteure oder -akteurinnen waren. Am häufigsten spielten sie ihre entscheidende Rolle während der schlimmsten Verfolgungswelle in Deutschland, etwa von 1600 bis 1633.

Nach dem ersten Drittel des 17. Jahrhunderts änderte sich einiges. Die Anklagen wurden mit etwas größerer Vorsicht gehandhabt, und die Beweise (*indicia*) wurden sorgfältiger abgewogen; ältere Frauen erhielten ein wenig mehr Schutz, und das Verhältnis zwischen Männern und Frauen, die vor den Richter gezerrt wurden, änderte sich von zwei zu zehn auf drei zu zehn. Vor allem galt dies für die fränkischen Fürstbistümer, wo die Herrscher größere monetäre Gewinne erzielten, wenn sie Männer verurteilten statt die gewöhnlich besitzlosen Frauen.[34]

Was sich *nicht* veränderte, war die Beteiligung von Kindern an Hexenpanik und Hexenprozessen. Während die Anzahl der Hexenprozesse im allgemeinen abnahm, blieb die Zahl der Prozesse, in die Kinder verwickelt waren, relativ konstant; daher nahm ihre Bedeutung proportional zu.[35]

Dazu ist eine Erklärung notwendig. Welche Umstände gegen Ende des 16. Jahrhunderts waren es, die Kinder zu aktiven Mitspielern machten und in den Mittelpunkt des Hexendramas rückten?

Ein wichtiger Faktor bei der ätiologischen Konstellation war die protestantische Reformation mit ihrem religiösen Aufruhr und politischen Zwist, die das ganze Jahrhundert durchdrangen und zu Demoralisierung in fast allen Lebensbereichen führten, im religiösen, sozialen und kulturellen. Mehrere Generationen hatten darunter zu leiden: Die Moral verkam, der soziale Zusammenhalt zerbröckelte. Die Hauptkirchen mußten sich ständig bemühen, wieder Maßstäbe für moralisches Verhalten aufzustellen. Lutherische und calvinistische Führer gingen daran, innere und äußere Kontrollen zu errichten, die notwendig waren, um ihre neugewonnene religiöse Identität zu wahren und zu verstärken. Die katholische Hierarchie empfand ähnliche Bedürfnisse, und die Gegenreformation versuchte zu retten, was zu retten war, indem sie theologische Prinzipien klärte, Normen für Rituale definierte und Maßstäbe für moralisches Verhalten förderte.

Ein geeignetes soziologisches Konzept für diese und ähnliche Dynamiken ist die *Aufrechterhaltung von Grenzen*.[36] Die soziale Desorganisation der Zeit mit ihren wirtschaftlichen Verheerungen und psychologischen Spannungen erzwang eine Neudefinition dessen, was angemessenes Verhalten war, wie der korrekte Glaube aussah und wer innerhalb oder außerhalb der angemessenen sozioreligiösen Grenzen stand. Diese intensive Suche setzte den Geistern der postreformatorischen Zivilisation zu. Mit den Worten von Steven Ozment: »Die Beschäftigung mit Moral und Disziplin war ein durchgehendes Merkmal des 16. und 17. Jahrhunderts; nach dem Verständnis der nachdenklichsten Menschen war ein geordnetes das einzig freie und sichere Leben, die Folgen von Anarchie schienen sie mehr zu fürchten als die von Tyrannei.«[37]

Soziale Desorganisation führt stets zu Bemühungen, Grenzen zu ziehen und aufrechtzuerhalten. In diesem Sinne sind historische Umstände wie der Aufruhr und die Unsicherheit des 16. Jahrhunderts als *unabhängige Variablen* zu verstehen, das durch diese Umstände hervorgerufene Verhalten der Massen als *abhängige Variable*. Dies bedeutet, daß Reformation und Gegenreformation eine neue Ordnung schufen, der die Menschen sich anzupassen hatten. Das Anpassungsverhalten beruhte auf einer starken Betonung der Disziplin, einer Disziplin, die mit sich brachte, daß Kinder äußerst hart behandelt wurden. Dies blieb nicht ohne Folgen; Kinder waren nicht unbedingt passiv und wehrten sich gegen das, was ihnen auferlegt wurde. Wir haben es hier mit einem Generationskonflikt zu tun, und wie es für eine so durchgehende Dynamik typisch ist, verlief die Konfrontation auf der unbewußten Ebene, und ihre Symptome wurden von keiner der beteiligten Parteien wirklich verstanden. Statt zu begreifen, reagierten die in Zwietracht Befangenen nur blindlings auf das, was sie als unangenehmes Verhalten anderer wahrnahmen.

Ehe wir mit dieser Interpretation fortfahren, muß eine logische Frage gelöst werden: Da sich das Konfrontationsverhalten über mehrere Generationen erstreckte, fragt man sich, wie die rebellische Jugend einer Generation zu den disziplinierenden Erwachsenen der nächsten wurde. Die soziologische Rollentheorie legt eine Antwort nahe: Der Eintritt in einen neuen Status, etwa das Erwachsenenalter und insbesondere die Elternschaft, führt zu gewissen Veränderungen in der Einstellung und erzeugt eine andere Sicht auf das Leben. Dies ist übrigens ein zeitloser sozialpsychologischer Prozeß, der sich keineswegs auf das 16. Jahrhundert beschränkt, sondern schon zu Aristoteles' Zeit zu beobachten war (er beschwerte sich bitter über das Verhalten der jüngeren Generation) und auch im 20. Jahrhundert erkennbar ist. Die Unterschiede im Status des Kindes und dem des Erwachsenen (Elternteils) umfassen eine neue Autorität, materielle Besitztümer und ein breites Spektrum von Verantwortlichkeiten. Diese Verschmelzung der soziokulturellen Rolle mit der Persönlichkeit und ihren neuen Einstellungen erklärt, warum und wie der delinquente Jugendliche einer Generation der gesetzestreue und die Einhaltung der Gesetze erzwingende Erwachsene der nächsten werden kann. Ein *Déjà vu* des 20. Jahrhunderts beschreibt das so: »Früher oder später wird die große Mehrheit der rebellischen Jugendlichen von der sozialen Struktur der Gesellschaft verschluckt und findet Stellungen, die den Schmerz der Adoleszenz lindern und sie wunderbarerweise all das vergessen lassen. Tatsächlich werden sie bald nach der Verankerung ihrer persönlichen Identität in der erwachsenen Sozialstruktur *selbst* die ältere Generation sein, gegen die sich der Groll der jüngeren Generation (einschließlich ihrer eigenen Nachkommen) richtet.«[38]

Diese Dynamik wird zu einem sich verstärkenden Pendel gegenseitiger Abneigung, das heißt, autoritäre Maßnahmen von Erwachsenen rufen bei der Jugend Groll hervor – und beides schaukelt sich gegenseitig hoch.

Diese soziologische Theorie erhellt die Situation des 16. Jahrhunderts. Während interessanterweise die Autorität der Ehemänner gegenüber ihren Ehefrauen abnahm, erreichte die elterliche Autorität neue Höhen. Die Vernachlässigung von Generationen mußte wiedergutgemacht werden, und die Hauptlast der neuen Moral wurde der Jugend auferlegt. Kirchenführer aller Denominationen führten die Schlacht gegen »sündige« Kinder an, wie die Nürnberger Predigt des Pfarrers Andreas Althamer aus dem Jahre 1527 beleuchtet. Er verglich die »Sündigkeit« kleiner Kinder mit den angeborenen Instinkten von Tieren: Wie ein Fuchs nach Hühnern giert oder eine Katze nach Mäusen, so neigen menschliche Säuglinge im Herzen zu Ehebruch, Unzucht, Lüsternheit, Götzenverehrung, Glauben an Magie, Wut, Feindseligkeit, abweichenden Meinungen, Haß, Mord, Trunksucht, Gefräßigkeit und vielen weiteren Lastern, vor denen der besorgte Pfarrer warnte.[39]

Den meisten modernen Lesern mögen solche Anklagen gegen die Natur kleiner Kinder übertrieben, wenn nicht unerhört erscheinen, doch wir dürfen nicht aus den Augen verlieren, daß die christliche Theologie diese Vorwürfe solide untermauert. Der Theologe Hartwig Weber, ebenfalls auf der Suche nach den Gründen für die Verwicklung von Kindern in Hexenprozesse, meint, die christliche Theodizee beschreibe Gott den Herrn als kindertötend: Gottvater opferte seinen eigenen Sohn, angeblich zum Wohl der bösen Menschheit, und Abraham war bereit, auf Anweisung Gottes seinen Sohn zu töten (Erstes Buch Moses, 22:2 – 10). Diese Geschichten über die Opferung von Kindern mögen nicht ohne Einfluß auf das Denken und Fühlen der Gläubigen geblieben sein – schließlich stammen sie aus der Heiligen Schrift. Weber meint, daß diese von der Bibel sanktionierte Theodizee während der Ära der Hexenjagd

Menschen aller sozialen Schichten beeinflußte: Kinder wurden zu Opferobjekten, die mittels des Rituals der Taufe und später durch kirchliche Erziehung der Jugend von Sündigkeit (»Erbsünde«) gereinigt werden mußten. Der Gedanke der Disziplinierung von Kindern war ein wesentliches Argument des Klerus. Man dachte, nur durch Taufe und religiöse Disziplin könne die Jugend Zugang zur Gemeinde der Geretteten erlangen. Daher konnten Kinder gar nicht streng genug behandelt werden, wenn man sie als ungehorsam oder unbelehrbar empfand; sie konnten sogar getötet werden.[40] Kein Wunder, daß »körperliche Züchtigung ein üblicher und geförderter Teil der Disziplin sowohl zu Hause als auch in der Schule« war.[41]

Ein Aspekt jugendlicher Delinquenz, den der Klerus besonders abscheulich fand, waren Verstöße gegen die sexuelle Moral. Mit voyeuristischer Regelmäßigkeit betraf die erste Frage, welche die Inquisitoren Angeklagten stellten – Kindern wie auch Erwachsenen –, deren Sexualleben, insbesondere ihren sexuellen Umgang mit Hexen, Zauberern, Dämonen oder dem Teufel persönlich. In diesem Kontext war die Beschreibung des Hexensabbats von großer Bedeutung, denn bei dieser Gelegenheit sollten angeblich die wildesten sexuellen Exzesse und Perversionen stattfinden. Kinder berichteten mit mythomanischer Schadenfreude über Einzelheiten, und die Inquisitoren glaubten jedes Wort. Sexuelle Übertretungen wurden mit sadistischer Entschlossenheit bestraft, insbesondere solche, bei denen es um Sodomie oder Bestialität ging. Statuten, die solche Abscheulichkeiten verwarfen, schossen während der Nach- und Gegenreformationszeit geradezu ins Kraut. Jugendliche, die bei Verbrechen nicht Aggressoren oder Täter waren, sondern nur daran teilnahmen, also die Untat »erlitten«, wurden öffentlich ausgepeitscht und mußten die Hinrichtung ihrer aggressiveren Altersgenossen mitansehen. Nachforschungen in schweizerischen Archiven ergaben, daß gegen Ende des 16. Jahrhunderts zahlreiche elf- und zwölfjährige Jungen wegen solcher sexueller Verbrechen hingerichtet wurden.[42]

Hartwig Weber schlug eine psychoanalytische Deutung für die schwere Repression von Sexualität in jeder Form durch die Kirche vor. Er vermutet bei den zölibatären Klerikern eine *Reaktionsbil-*

dung, die sie dazu führte, das zu hassen, was sie sich eigentlich glühend wünschten, was ihnen aber verboten war.[43]

Hier zeigt sich eine einfache psychologische Binsenweisheit: Brutale Behandlung ruft eine gleichartige Reaktion hervor. Bei Kindern stellte sich eine unverhohlene Mißachtung des Wohlergehens anderer ein, vor allem disziplinierender Erwachsener. So wurden Kinder zu Tätern, aber auch zu Opfern, denn der traditionelle Schutz davor, als Werkzeuge des Teufels betrachtet zu werden, wurde im Licht des neuen, harten Stils der Kindererziehung für ungültig erklärt. Die Rache der Kinder manifestierte sich in übertriebenen Denunziationen und Anschuldigungen der Hexerei. Es war kein Zufall, daß der tadellose Bürger, der überzeugte Kirchgänger, die fromme alte Jungfer die Diffamierungen von Kindern auf sich zogen.

In Europa, vor allem in England, gehörten zu den Zielpersonen häufig Eltern, Geschwister und andere nahe Verwandte. Die Anklage der Hexerei war eine bequeme Waffe, mit der man sich rächen konnte, denn sie erforderte wenig bis gar keine empirischen Beweise.

Insgesamt provozierten die Reaktionen der Kinder, die sich oft in Frechheit und Feindseligkeit äußerten, die Erwachsenen zu noch strengeren Methoden der Kindererziehung und religiösen Bußübungen. Im Laufe solcher Konfrontationen wurde die bisherige Immunität von Kindern gegenüber der Anklage der Hexerei schwächer und schließlich ganz aufgegeben.

Ein verschärfender Umstand sollte erwähnt werden. Die Unruhen des 16. und 17. Jahrhunderts führten dazu, daß ganze Horden heimatloser Jugendlicher im Land umherzogen. Sie begingen alle nur denkbaren Vergehen und Verbrechen – von Mord, Brandstiftung und Straßenraub bis zur Ausnutzung des Aberglaubens von Menschen, indem sie vorgaben, zaubern oder hexen zu können, und, was ernster war, indem sie Erwachsene als Hexen und Zauberer denunzierten. (In Teil II, *Der Hexenjunge – eine Fallstudie*, wird diese Art von Verhalten geschildert.) Die Bettlerplage war größtenteils eine Plage von Bettelkindern und wurde als Vorgang beschrieben, bei dem Gruppen von Halbwüchsigen den Frieden brachen, indem sie öffentliche Feste und Zeremonien störten. So stand dieses Thema beispielsweise auf der Tagesordnung des Stadtrates von Nürnberg, nachdem die Bürgerschaft sich darüber beklagt hatte, Bettelkinder verursachten übermäßig viel Lärm und Unsicherheit in Straßen und Gassen.[44]

Entscheidend ist, daß die Jugend *generell* in einen schlechten Ruf geriet und zu einer Randgruppe wurde, welche die Panik und Angst der Bürger vergrößerte. Allmählich entwickelte sich ein neues Stereotyp von Jugend, eines, das man leicht dämonisieren konnte, was bedeutet, daß ihr Verhalten anzeigte, sie stünde mit bösen Geistern im Bunde. Hier verschmolzen theologische Vorstellungen und soziale Mißstände, und das hatte fatale Folgen. Die Manifestationen heimat- und wurzelloser Jugendlicher trugen wesentlich zum Zerfall der Vorstellung von kindlicher Unschuld bei, die Erwachsene früherer Zeitalter gehegt haben mochten.

Echo des neuen Drehbuchs

Daß Kinder plötzlich zu aktiven Teilnehmern an Hexenprozessen wurden, war ein unvorhergesehenes Ereignis, mit dem die Inquisitoren fertig werden mußten. Die theoretische Dämonologie hatte sie auf diese Wendung der Ereignisse nicht vorbereitet. Die neue Schuldfähigkeit von Kindern drängte die Autoritäten auf unbekanntes Gelände, das mit Wegzeichen versehen werden mußte. Es war dem Nachdenken von Bischof Peter Binsfeld, der bei den Trierer Prozessen eine aktive Rolle gespielt hatte, vorbehalten, aus der richterlich-theologischen Sackgasse herauszukommen und Zeichen zu setzen, die zur Legitimierung der Verfolgung von Minderjährigen führten, die der Hexerei beschuldigt wurden. Er kam zu dem Schluß, daß Hexenkinder unter 14 Jahren nicht mit dem Tode bestraft, sondern statt dessen ausgepeitscht werden sollten. Für Kinder unter 16 schlug er Gefängnis vor; sie sollten in Haft bleiben, bis sie 16 Jahre wurden, und dann erneut daraufhin untersucht werden, ob sie bereuten und bereit waren, ein christliches Leben zu führen. Missetäter über 16, meinte der Bischof, sollten nach den gleichen Maßstäben behandelt werden wie Erwachsene.[45]

Wie sich herausstellte, war die Praxis der Gerichtsbarkeiten höchst unterschiedlich, und viele von ihnen, insbesondere Fürstbistümer, mißachteten die Altersgrenzen, was bedeutete, daß Kinder jeden Alters gefoltert und hingerichtet wurden.

Die entscheidende Vorstellung bei Binsfelds Überlegungen war, daß Hexerei ein *crimen exceptum* sei, d. h. ein außergewöhnliches Verbrechen, das die Aufhebung traditioneller Normen der Rechtsprechung und auch die Abänderung dreier signifikanter traditioneller Regeln rechtfertige, nämlich erstens, daß Minderjährige von der Folter, zweitens von der Todesstrafe ausgenommen und drittens Kinderaussagen gegen Erwachsene in Fällen von Kapitalverbrechen unzulässig waren. Diese Sicherheitsmaßnahmen wurden nun aufgegeben; fortan wurden Minderjährige der Folter und der Todesstrafe unterzogen, und ihre Zeugenaussage galt als gültige *indicia*.

Die Verwicklung von Kindern in Hexenprozesse wurde natürlich auch zum Anliegen weltlicher Juristen. Ein Standardwerk, Zedlers *Universal-Lexikon*, schlug Normen der Rechtsprechung vor und riet noch Mitte des 18. Jahrhunderts dazu, Kinder, die an Zauberei und Hexerei beteiligt seien, für strafmündig zu erklären: Obwohl ein Kind unter sieben Jahren, das als Hexe oder Zauberer erkannt worden sei, vom Gericht nicht bestraft werden könne, solle es aber vom Lehrer bestraft und gezüchtigt werden, um es zu besserem Verhalten zu bekehren... Eine 14jährige oder diesem Alter nahe Person dagegen unterliege der regulären (erwachsenen) Strafe nach der *Constitutio Criminalis Carolina*, Artikel 164, besonders, wenn die Person von niedrigem Charakter sei und sich abscheulichen und gefährlichen Verhaltens schuldig gemacht habe. Dies gelte besonders in Fällen, in denen wenig Hoffnung auf Rehabilitierung des Übeltäters bestehe.[46] Zedler repräsentierte die juristische Einstellung in Deutschland um die Mitte des 18. Jahrhunderts; er glaubte beispielsweise, die Hinrichtung von »Hexenkindern« sei ganz vernünftig.

Doch der neue Status setzte Kinder nicht nur drakonischer Bestrafung aus, er gab ihnen auch Macht. Sie besaßen nun juristische Glaubwürdigkeit. Sie konnten nicht nur in laufenden Prozessen als Zeugen aussagen, sie konnten solche Prozesse auch in Gang setzen. Der neue Status erhob sie in eine hohe Machtstellung – aus der sie allerdings auch jederzeit in die Feuer der Inquisition herabstürzen konnten. Jedenfalls bestätigte Binsfelds Manifest von 1591, *Tractat von Bekanntniß der Zauberer und Hexen*, die unbedingte Glaubwürdigkeit der Berichte, Geständnisse und Denunziationen von Kindern.

Das Traktat blieb keineswegs eine lokale Theorie zur Legitimierung der Verfolgung Minderjähriger, d. h. eine Theorie, die sich auf Trier beschränkte, sondern sie wurde zu einem neuen und wohlbekannten Addendum zu den Handbüchern der Hexenjäger überall. Seine Popularität ist ablesbar an einer baldigen zweiten Auflage, die 1692 in München gedruckt wurde. Von da an nahm die Beteiligung von Kindern an Hexenprozessen rasant zu. Noch Mitte des 18. Jahrhunderts wurde Binsfelds Abhandlung als gültige juristische Theorie angesehen, welche die Zeugenaussage von Kindern in Fällen von Zauberei und Hexerei erlaubte.[47] Die Gerichte betonen zunehmend, daß im Falle von »außergewöhnlichen Verbrechen« Eltern verpflichtet seien, ihre Kinder anzuzeigen; umgekehrt waren auch Kinder verpflichtet, ihre Eltern anzuzeigen. Dieses System stand in genauer Übereinstimmung mit den Ermahnungen des *Malleus*, der das Anzeigen außergewöhnlicher Verbrechen von Mitgliedern der eigenen Familie als Christenpflicht bezeichnete.

Verfolgen oder nicht verfolgen: klerikaler Eifer versus weltliche Mäßigung

Die Zeugenaussage von Kindern galt der Inquisition oder den kirchlichen Gerichten allgemein als weitaus glaubwürdiger als den Magistraten oder anderen weltlichen Richtern. So kam es beispielsweise in der entlegenen Gemeinde Bobingen, die der Autorität des Fürstbischofs von Augsburg unterstand, lokal aber von einem Magistrat verwaltet wurde, 1589 zu einer gewissen Unruhe, als ein 14jähriger Junge sich rühmte, er habe den Hexensabbat besucht und kenne eine Anzahl anderer Personen, die auch dort gewesen seien. Er konzentrierte sich auf eine bestimmte Frau aus dem Ort und ließ von seinen Beschuldigungen nicht ab. Schließlich sah der Magistrat sich verpflichtet, einen Bericht an den Fürstbischof zu senden, fügte jedoch hinzu, man solle der Geschichte des Jungen nicht glauben, denn er sei für seine boshafte Veranlagung bekannt. Das Kirchengericht entschied sich, die Bedenken des Magistrats zu mißachten, akzeptierte die Anschuldigungen des Jungen als Beweis und ging so weit, nicht nur die besagte Frau zu verhaften, sondern noch 45 andere. Die Episode endete damit, daß 27 Frauen als Hexen verbrannt wurden.[48]

Redlicherweise muß gesagt werden, daß das Gericht sich nicht ausschließlich auf die Zeugenaussage des Jungen verließ, sondern die Verdächtigen selbst gründlich befragte und erst dann die Urteile erließ. Jedenfalls benutzte Fürstbischof Marquard von Berg (1575 – 1591) die Aussagen des Jungen zur Rechtfertigung einer systematischen Hexenjagd, die in erster Linie gegen Personen gerichtet war, die nicht gut mit der Kirche standen und auf die der Bischof sonst keinen Zugriff gehabt hätte. Im Grunde wurde der Junge zum Werkzeug des Bischofs; sein diffamierendes Verhalten paßte in politische Pläne: Der Bischof und Kanzler Dr. Thomas Seld leiteten Maßnahmen ein, die darauf abzielten, das als Hexen bezeichnete menschliche Ungeziefer auszurotten. Die Diözese Augsburg war einer der Orte, wo der Druck zur Hexenverfolgung von oben kam, d. h. von der Kirche ausging. Diese unerbittliche Haltung war typisch für die Inquisition oder die kirchlichen Gerichte im allgemeinen, wie auch in Bamberg und Würzburg zu erkennen war. Im Gegensatz dazu taten weltliche Regierungen oft ihr Bestes, um Verfolgungen zu vermeiden, und unternahmen sogar Schritte, um Forderungen aus der Bevölkerung zu unterdrücken, wie beispielsweise im Fall Hagenau, der im nächsten Kapitel erörtert wird.

Die Kleriker der Diözese Augsburg ließen keine Zeit verstreichen und erarbeiteten sofort die notwendige Infrastruktur für eine systematische Verfolgung. Dazu gehörte die Einrichtung eines Inquisitionsgerichts in der Stadt Schwabmünchen, denn dort gab es im Unterschied zu Bobingen einen ortsansässigen Henker. Außerdem wurden Geistliche zur Betreuung der Angeklagten und Verurteilten abgestellt, ein ausführlicher Fragenkatalog ausgearbeitet, das

Gefängnis hergerichtet, und es wurden zusätzliche Folterknechte und Henker herangezogen.

Die Rekrutierung führte zu einem makabren Stelldichein professioneller Handlanger, die sich wie Geier beim Aas einfanden, oft mit ihrem gesamten Haushalt, weil sie viel Arbeit und Lohn erwarteten. Behringer zufolge ließen sich mindestens ein Dutzend für ihre Fertigkeiten wohlbekannte Henker in Schwabmünchen nieder, darunter auch der Meisterhenker Hans von Biberach, der im ganzen Reich für seine »Geschicklichkeit« bei der Folter berühmt war. [49]

Gegen Ende des Jahres 1589 war die Bühne für die Prozesse bereit, und das Drama konnte seinen Lauf nehmen.

Die lokalen Magistrate von Schwabmünchen zeigten wie die von Bobingen wenig Interesse an den Prozessen. Noch ehe die erste Hinrichtung stattfand, bat der führende Magistrat um seine Versetzung. Ähnliches Desinteresse zeigte auch der örtliche Richter, zu dessen Amtspflichten es gehörte, viele Stunden im Gefängnis zuzubringen, und der sich bitter über den »Gestank der Kerker« beschwerte. Doch der Fürstbischof und sein Gericht ließen sich nicht beirren und waren begierig, mit der Verfolgung zu beginnen. Das gleiche galt auch für die Henker, die nach Standardtarifen bezahlt wurden, freie Kost und Logis erhielten und nach jeder Hinrichtung ein ausgesuchtes Henkersmahl serviert bekamen; in einem Fall genoß eine Gesellschaft von sieben Henkern ihr Mahl mit 54 Litern kostenlosem Wein. [50]

2. Variationen eines Grundthemas

Verschiedene Versionen von Kinderprozessen

In der frühmodernen Ära waren die europäischen Länder, insbesondere die deutschen, ein verwirrendes Konglomerat aus vielen verschiedenen Jurisdiktionen. Deren Unterschiede spiegelten sich in inkonsequenten und verwirrten Reaktionen auf den neuen Status von Kindern wider. Einige Herrscher fühlten sich ermutigt, jugendliche Übeltäter härter zu behandeln, wie beispielsweise die Bischöfe von Würzburg und Bamberg; andere hielten, zumindest anfänglich, an älteren Maßstäben fest und gewährten Kindern mildernde Umstände. Wieder andere waren unentschlossen und suchten Rat bei Autoritäten, die zu wissen vorgaben, was zu tun sei.

Ein Beispiel für diese letztere Kategorie war die katholische Jurisdiktion der Pfalzgrafschaft Neuburg, in der es zu einer Anzahl von Hexenkinderprozessen kam: 1629 gegen ein zehnjähriges Mädchen, 1699 gegen ein siebenjähriges Mädchen, 1700 gegen einen 13jährigen Jungen. [1] Zur Zeit des ersten Prozesses war der Pfalzgraf unschlüssig, wie er die Situation eines zehnjährigen gefangenen Hexenmädchens handhaben sollte, dessen Mutter, Ursula Zoller, bereits als Hexe verbrannt worden war. Der Kanzler des Grafen, Zeschlin, suchte Rat bei den benachbarten Fürstbischöfen von Würzburg und Bamberg, von denen man wußte, daß sie aus erster Hand Erfahrung mit Hexenkindern hatten. Ironischerweise machte der Prälat von Würzburg, obwohl er selbst Dutzende von Hinrichtungen von Kindern befohlen hatte, den Vorschlag, das Mädchen mit einer gründlichen Auspeitschung zu bestrafen und dann nach Hause zu schicken. Der Bamberger Prälat dagegen schlug vor, Kinder wie dieses Mädchen ins Gefängnis zu werfen, sie dort festzuhalten, bis sie den Erwachsenenstatus erreicht (zwölf Jahre) hätten, und sie dann hinzurichten. [2] Zum Glück entschied sich der Graf für eine andere Vorgehensweise und ließ das Mädchen einer christlichen Erziehung zuführen.

Die Besorgnis spiegelte sich in einem öffentlichen Flugblatt, das 1629 in Aschaffenburg verteilt wurde, der Residenz des Erzbischofs von Mainz, Nachbar des Würzburger Bistums. Der Titel lautete: *Newer Tractat von der verführten Kinder Zauberey.*[3] Der Text begann damit, daß der Autor einräumte, bestürzt darüber zu sein, daß Kinder – die äußerlich so harmlos und unschuldig wirkten – in ein so verdammenswertes Laster wie Hexerei und Zauberei verwickelt seien. Dann warf er die theologische Frage auf, warum Gott so etwas zulassen solle, da in den Schriften nichts zu stehen scheine, was dieses Phänomen erkläre. In Übereinstimmung mit der christlichen Theologie kam der Autor zu dem Schluß, Gottes Ziele und Vorsehung seien für den menschlichen Verstand unergründlich, aber sein Wille müsse geschehen, und die Diener des Teufels, die Hexen, seien sie alt oder jung, müßten ausgerottet werden.

Die wesentlichen Umstände, durch die Kinder in Hexenprozesse verwickelt wurden, lassen sich in vier Kategorien einteilen: Skandale, Besessenheiten, Beschuldigungen und Geständnisse.

1. Es gab zahlreiche *Skandale in Schulen* und ähnlichen Einrichtungen, in denen in enger Gemeinschaft lebende Kinder Hexenhysterien anheimfielen. Rivalität, Eifersucht, Feindseligkeit und andere Arten von Gefühlen erregten die Phantasie, führten zu Hysterie und waren Motive für Anschuldigungen. Eine Umgebung, die sich für solche Ausbrüche von Hysterie besonders eignete, war die Gemeindeschule. Berichte zeigen, daß Jesuitenschulen in Köln, Eichstätt, Hildesheim und Düsseldorf von Gerüchten erschüttert wurden, dort werde Schwarze Magie praktiziert. Wenn die Investigatoren die Schüler dazu befragten, standen die Antworten der Jugendlichen in völliger Übereinstimmung mit dem, was sie in Predigten und Vorträgen von ihren Priestern und Lehrern gehört hatten. Es handelte sich um eine Bestätigung der dämonologischen Annahmen, die tief in der christlichen Theologie verankert sind.

1604 ging in einem Jesuitenkolleg in Hildesheim das Gerücht um, Schüler ließen Mäuse, Kaninchen und anderes Getier durch magische Beschwörungen entstehen, die ihnen, wie sie behaupteten, der Teufel persönlich beigebracht habe. Unter Protestanten löste der Skandal eine schadenfrohe Reaktion aus, denn er verstärkte ihren langgehegten Verdacht, die Jesuiten selbst seien diejenigen, die in Schwarzer Magie dilettierten. Panikausbrüche im Jesuitenkolleg in Eichstätt führten zu Hexerei-Anklagen gegen Dutzende von Jugendlichen und zur Relegation von 40 von ihnen. Hysterie in den Jesuitenschulen in Würzburg und Neuburg endete mit der Hinrichtung mehrerer Schüler.[4] Und die Kinderprozesse in Trier, Wendepunkt in der Definition des kindlichen Status, waren ein weiteres Beispiel für diese Kategorie.

2. Im Banne von *Besessenheit* konnten Kinder ungestraft Hexen identifizieren und sogar Nutzen aus dem Mitgefühl des Inquisitors schlagen, der eifrig jede Form des Exorzismus heranzog, um die Jugendlichen von den Dämonen zu befreien. Besessenheit lieferte den beteiligten Personen psychologischen Trost: Das angeblich gequälte Kind hatte die Erlaubnis, mißliebige Personen, sogar enge Familienangehörige, anzuklagen, und es konnte dies tun, ohne grausam oder undankbar zu erscheinen. Für den Exorzisten war es eine lohnende Herausforderung, den Teufel zu besiegen und die christliche Gemeinschaft zu läutern. So lag beispielsweise dem einzig überlieferten Fall einer Hexenhinrichtung in Wien die Tatsache zugrunde, daß ein 16jähriges besessenes Mädchen seine Großmutter denunzierte, sie habe es in diesen Zustand versetzt.[5]

3. *Beschuldigungen* der Hexerei betrafen gewöhnlich Mitglieder der Gemeinde, gegen die Kinder einen Groll hegten und gegen die sie kein anderes Mittel der Rache und Strafe besaßen. Manchmal mögen Beschuldigungen auch Formen verkleideter Rebellion oder Rache gegen Autorität im allgemeinen gewesen sein.

4. Zahlreiche Kinder lieferten den Gerichten *Geständnisse*, in denen sich die abscheulichen Details der zeitgenössischen Vorstellung von Hexerei widerspiegelten. Viele dieser Kinder zeichneten sich durch die Neigung zu mythomanischer Phantasie aus, durch das Talent, überzeugend und farbig zu fabulieren. Wenn sie vielleicht anfänglich auch wußten, daß sie logen, so glaubten sie doch am Schluß an ihre Behauptungen. Ein klassisches Beispiel ist der

Hexenjunge, eine Fallstudie, die später erörtert werden soll. Ein weiteres Beispiel ist die junge Catalina, die den spanischen Inquisitor Alonso de Salazar y Frias aufsuchte und ihm erklärte, sie sei eine Hexe, habe mit dem Teufel kopuliert und sich während des diabolischen Sexualaktes beinahe zu Tode geblutet. Salazar, umsichtiger als die meisten seiner Kollegen, befahl älteren Frauen aus der Stadt, das Mädchen zu untersuchen. Die Frauen stellten fest, daß sie Jungfrau war. Dies veranlaßte den Inquisitor, das Mädchen vor dem Erfinden solcher Geschichten zu warnen und die Folgen zu erklären, die hätten eintreten können, wenn ein anderer Inquisitor an seiner Stelle gewesen wäre. Dann schickte er sie nach Hause. Catalina war nicht die einzige, die solche Dinge behauptete; zahlreiche andere junge Mädchen gaben vor, die gleichen Ausschweifungen erduldet zu haben.[6]

Die Szenarios zeigen, daß Kinder unterschiedliche Rollen spielten: Sie konnten Opfer oder Täter oder, in vielen Fällen, eine komplexe Mischung aus beidem sein. Die folgenden historischen Episoden veranschaulichen die verschiedenen Versionen. Eine Konstante bei allen ist die Annahme, daß Kinder mit dem Teufel blasphemische und böse Taten aushecken können.

Die Doppelrolle: der Fall von Hagenau

Die Ortschaft Hagenau, etwa 60 Kilometer südöstlich von Trier in der Provinz Elsaß gelegen, erlebte 1627 eine Hexenpanik, welche die sozialpsychologische Dynamik erkennen läßt, durch die ein zum Opfer gemachtes Kind selbst zum Täter wird. Die Schrecken des Dreißigjährigen Krieges hatten die Region verwüstet, und eine Mißernte hatte zu einer Hungersnot geführt. Soziale Ordnung und Zusammenhalt waren zerbrochen, und die verwirrten und hungernden Bürger sahen überall Verschwörer und Übeltäter lauern.

Bei ihrer Suche nach Sündenböcken verfielen sie auf die Hexen, die an den meisten ihrer Schwierigkeiten schuld seien. Drei Frauen und ein 14jähriges Mädchen wurden verdächtigt und nach einem hastigen Prozeß am 16. Juli hingerichtet. Ehe das Mädchen, Marie Niethin, verbrannt wurde, denunzierte sie eine Reihe weiterer Einwohner, darunter den 13jährigen Peter Roller. In den Händen der Inquisition gestand der Junge und beschuldigte weitere Einwohner, darunter fast alle Personen, die er kannte. Sie alle, so behauptete er, hätten den Hexensabbat besucht und seien aktive Übeltäter im Dienst des Teufels. Mit wohlüberlegten Einzelheiten und reicher Phantasie stellte der Junge überzeugend klingende Zusammenhänge zwischen Verheerungen, welche die Gemeinde betroffen hatten, und gewissen diabolischen Verschwörern her. Die übliche Kettenreaktion nahm ihren Lauf: Wenn sie verhaftet und gefoltert wurden, gestanden die Beschuldigten alles, was ihnen vorgeworfen wurde, und nannten wiederum immer neue Komplizen. Der Junge behauptete inzwischen, verhext und somit unschuldiges Opfer der Teufelsdiener zu sein. Er erklärte sich überschwenglich bereit, geheilt zu werden. Hier hatte ein Jugendlicher begriffen, welche Rolle ihm helfen würde zu überleben. Statt in die Todeszelle kam er ins Hospital.

Im 16. und 17. Jahrhundert wurden die meisten Hospitäler von religiösen Orden geführt, vor allem vom Orden der Johanniter, der sich der Krankenpflege widmet. Als solche waren sie der Kirche unterstellt und arbeiteten mit der Inquisition zusammen. Außer um Patienten mit medizinischen Problemen und Nicht-Patienten wie Arme, Pilger oder Landstreicher und die ortsansässigen Mönche oder Nonnen kümmerten sie sich auch um »Patienten« mit spirituellen Problemen. Kurzum, das *Spital* besaß eine Reihe von Funktionen: Es war medizinische Einrichtung, Irrenhaus, Pflegeheim, Armenhaus und religiöses Rehabilitationszentrum.[7]

Als Peter neun Monate später, am 23. März 1628, wieder befragt wurde, berichtete er, er habe im Namen Christi soeben den Teufel vertrieben, der erneut versucht habe, ihn zu rekrutieren. Die Inquisitoren fanden seinen Widerstand tapfer und sahen darin ein Zeichen, daß er sich auf dem Weg der Genesung befand. Um die Wiedereinsetzung in Gottes Gnade zu vervollständigen, wurde er der Fürsorge von zwei Kapuzinermönchen anvertraut. Zwei Monate später hieß es, Peter sei von allen Dämonen geläutert und sei keine

Gefahr mehr für das Himmelreich. Er wurde freigelassen und kehrte nach Hause zurück. »Dieser 13jährige Junge war dafür verantwortlich, daß 24 Menschen verbrannt wurden, drei sich im Gefängnis das Leben nahmen und drei nach der Folter entlassen wurden – für immer verkrüppelt.«[8]

Das Drama von Würzburg

Einer der gefährlichsten Orte für Kinder während der Zeit der Verfolgung war das Fürstbistum Würzburg. Forschungen von Erik Midelfort haben ergeben, daß mehr als 25 Prozent der 160 Hexen, die zwischen 1627 und 1629 hingerichtet wurden, Kinder waren.[9] Eine Liste mit den Namen oder meist namenlosen Hinweisen auf über 200 Personen, die in diesen wenigen Jahren hingerichtet wurden, umfaßt Angaben wie die folgenden:[10]

Ein kleines Mädchen von zwölf Jahren von außerhalb der Stadt.

Ein kleines Mädchen von neun oder zehn Jahren.

Dessen kleinere Schwester.

Ein Junge von zwölf, der die erste Schulklasse besuchte.

Ein Junge von zehn Jahren.

Ein Junge von elf Jahren.

Ein Junge von zehn Jahren.

Ein Schüler der fünften Klasse, der mehrere Sprachen beherrschte und sowohl gesanglich als auch instrumental ein hervorragender Musiker war.

Zwei Jungen, zwölf Jahre alt, aus der neuen Klosterschule.

Ein Junge von außerhalb der Stadt.

Die beiden Söhne des Kochs des Fürstbischofs, der eine 14, der andere zehn Jahre alt und Schüler der ersten Klasse.

Der Büttel des Brennerbacher Hofs und sein Lehrling.

Zwei Jungen aus der Spitalsschule.

Ein blindes kleines Mädchen.

Der zwölfjährige Sohn von David Croten.

Die Hexenverfolgung in Würzburg nahm solche Ausmaße an, daß innerhalb eines Zeitraums von acht Jahren (1623–1631) unter der Herrschaft des Fürstbischofs Philipp Adolf von Ehrenberg 900 Opfer hingerichtet (viele davon auf dem Scheiterhaufen verbrannt) wurden oder unter der Folter starben. Nicht einmal den Blutsverwandten des Bischofs blieben Anklage und Verfolgung erspart. So mußte sich beispielsweise Ernst von Ehrenberg, ein junger Knabe aus der Familie des Prälaten, einem Prozeß stellen. Kurz nach der Hinrichtung des Jungen ergänzte eine Reihe von Personen ihre Geständnisse um die Denunziation des Fürstbischofs selbst sowie seines Kanzlers. Nach den Diffamierungen waren die prominenten Personen tanzend beim Hexensabbat gesehen worden. Aufgrund dieser unvorhergesehenen Anschuldigungen erkannte der Fürstbischof plötzlich die Unzuverlässigkeit der Gerichtsprozeduren, und daraufhin befahl er Mäßigung bei der Hexenjagd.[11]

Unzuverlässigkeit der Anschuldigungen wurde gegen Ende des ersten Drittels des 17. Jahrhunderts zum vorherrschenden Muster. Midelforts Untersuchungen zur Hexenpanik in Regionen rund um die Diözese Würzburg ergaben, daß sie gewöhnlich mit der Beschuldigung sozial abweichender Individuen geringer Klasse begann, dann aber rasch eskalierte und mehr und mehr prominente Personen erfaßte, selbst Personen von hoher Autorität, die bei der Hexenverfolgung führende Stellungen einnahmen.[12]

Obwohl die Reaktion auf den Fall von Ehrenburg das Fieber der Hexenjagd senkte und die größte Verfolgungswelle beendete, war die Verfolgung doch noch nicht völlig vorbei. In Würzburg nahmen die nachfolgenden Kirchenfürsten sie wieder auf und ließen noch 1749 eine Hexe hinrichten.

Moderner Exorzismus: fünf Teufel in Anneliese Michel

Ein berüchtigter Exorzismus in Würzburg im Jahre 1976 läßt die Notwendigkeit erkennen, in Begriffen historischer Kontinuität statt von deutlich unterschiedenen historischen Perioden zu denken. Die Annahme, Besessenheit und Exorzismus seien auf vergangene Jahrhunderte beschränkte Phänomene, darf als falsch gelten. Ein bemerkenswertes Beispiel ist der Fall von Anneliese Michel, einer 22jährigen Studentin an der Würzburger Universität, die Symptome eines Leidens an den Tag legte, das ihre Familie für satanische Besessenheit hielt. Zu diesen Symptomen gehörten Krämpfe, Zittern, das Sprechen in teuflischen Zungen und andere Zeichen, welche die fromm katholische Familie als Besessenheit bezeichnete. Der Erzbischof von Würzburg schloß sich ihrer Diagnose an und beauftragte zwei Priester, die Erfahrung mit dem »Großen Exorzismus« nach dem *Rituale Romanum* aus dem 17. Jahrhundert hatten. Wie sich herausstellte, personifizierte sich der Teufel als fünf verschiedene Dämonen: Kain, Judas, Nero, Hitler und Luzifer. Ein verzweifelter Kampf, der mehrere Monate dauerte, entspann sich zwischen den Exorzisten und den angeblichen Dämonen im Körper der jungen Frau. Am Ende starb das Mädchen. Ein Arzt, den man gerufen hatte, als es bereits zu spät war, stellte die Diagnose, daß die Frau verhungert war. Anneliese, früher kräftig und 1,70 Meter groß, wog bei ihrem Tod nur noch siebzig Pfund, denn die Exorzisten hatten den anderen Mitteln zur Dämonenaustreibung auch noch das Fasten hinzugefügt. (Vielleicht haben sie sich auf Matthäus 4:1–2 verlassen, wo es da heißt, daß Jesus sich durch Fasten darauf vorbereitete, der Versuchung des Teufels zu widerstehen.) Bei diesem Stand der Dinge schaltete sich die Staatsanwaltschaft ein und ordnete eine eingehende Untersuchung an, die dazu führte, daß die Priester und die Eltern des Mädchens 1978 der fahrlässigen Tötung angeklagt wurden. Die Priester wurden zu Haftstrafen verurteilt. Dieses Ende zeigt, daß die moderne Gesellschaft im Unterschied zu denen früherer Zeiten die Trennung von Staat und Kirche beachtet.

Eine nachträgliche psychiatrische Bewertung der Symptome des Mädchens kommt auf physiologischer Ebene zur Diagnose einer Pathologie, nämlich der Epilepsie, und auf sozialpsychologischer Ebene zu der eines ausgeprägten Rollenspiels. Wenn wir noch ein verborgenes Talent zu spontanem Bauchreden annehmen, so war die Vorstellung des Mädchens durchaus überzeugend und der Vorstellung von Linda Blair als Hauptdarstellerin in *Der Exorzist* vollkommen ebenbürtig. Der Film war übrigens kurz vor dem Auftreten von Annelieses Besessenheit in der Würzburger Region gezeigt worden. (*Der Exorzist* ist eine *Bona-fide*-Beschreibung der Symptome, welche die katholische Kirche noch immer als überzeugende Kriterien der Besessenheit akzeptiert.)

Obwohl eine natürliche Ursache für das Leiden des Mädchens naheliegt, und trotz der landesweiten Verbreitung plausibler Erklärungen durch die Massenmedien beharren viele Gläubige weiterhin darauf, die Episode sei als übernatürliches Phänomen zu betrachten. Bemerkenswert unter ihnen ist Felicitas D. Goodman, eine amerikanische Anthropologin, die behauptet, sie könne »beweisen«, daß es sich um einen Fall wirklicher Besessenheit handele und daß gegenwärtig neue Typen von Dämonen aktiv seien. Und wenn sie von Dämonen spricht, meint sie das nicht symbolisch, sondern schildert sie als tätige »Wesenheiten«. Goodman war unter den ersten Autoren, die eine Einschätzung des Michel-Falles veröffentlichten, und beeindruckte die deutschen Leser durch die Darbietung ihrer akademischen Referenzen (darunter eines Ph. D. der *Ohio State University*).[13] Ihre Publikation trug zur Meinungsverschiedenheit und Verwirrung in der deutschen Öffentlichkeit bei, die sich nicht im klaren darüber war, was sie von dem Geschehen halten sollte – und es noch immer nicht ist.

Kinder als Opfer und Täter: Panik in Mora

Die Hexenpanik in Mora, einer Stadt in Nordschweden, ist ein klassisches Beispiel für die Doppelrolle von Kindern.[14] Um 1660 und 1670 verfielen viele schwedische Gemeinden in Hexenangst, und mehr als 200 Personen wurden hingerichtet. Protestantische Geistliche wetterten in ihren Predigten gegen den Teufel und seine menschlichen Mitverschwörer und heizten den öffentlichen Wahn an. Wenig Gedankenarbeit war vonnöten, um die alte nordische Mythologie, derzufolge die Hexen sich an einem Ort namens Blokulla versammelten, mit zeitgenössischen christlichen Ideen zu vermischen und zahllosen Kindern lebhafte Vorstellungen und gefährlichen Unsinn einzuflößen. Sie berichteten den Behörden, sie hätten

ganze Scharen von ortsansässigen Bürgern beim diabolischen Hexentanz gesehen. Um hinter den Denunziationen nicht zurückzu-
stehen, rächten sich viele Erwachsene, indem sie behaupteten, die
Kinder selbst hätten auch teilgenommen. Schließlich brachte der
von beiden Parteien angeheizte Aufruhr ein Szenario hervor, bei
dem Erwachsene die Kinder angeblich zur Teilnahme verführt hatten. Gerüchte und Skandale hatten 1669 solche Ausmaße angenommen, daß König Karl XI. eine Kommission einsetzte, welche die
irrenden Bürger durch Gebete von ihren Sünden erlösen sollte und
nicht durch Trennung der Seelen von ihren Körpern. Doch trotz
königlicher Sorge und inbrünstiger Gebete wurden Furcht und
Panik keineswegs gemildert. Das Ergebnis waren ein strengeres Vorgehen und die Identifizierung von 70 Hexen. Obwohl ein könig-
liches Dekret Folter untersagte, argwöhnen Historiker, daß die
Kommissionsmitglieder sie dennoch anwandten. Wie anders ist es
zu erklären, daß von den 70 angeklagten Personen 23 auf der Stelle
gestanden und binnen Wochen verurteilt und verbrannt wurden?
Die übrigen wurden ins Gefängnis von Falun gebracht, wo man sie
später verbrannte. Auf der Grundlage von Zeugenaussagen Erwachsener wurden 15 Kinder verbrannt; 36 weitere im Alter zwischen
neun und 15 Jahren wurden dazu verurteilt, Spießruten zu laufen
und außerdem ein ganzes Jahr lang einmal wöchentlich Schläge mit
der Rute auf die Hände zu erhalten. 20 weiteren blieben die Spießruten erspart, weil sie jünger als neun Jahre waren, doch sie wurden
einige Wochen lang jeden Sonntag an der Kirchentür mit einem
Stock geschlagen.

Als am 25. August 1669 die Verurteilten von Falun zum Ort der
Hinrichtung gekarrt und, wie die Prozedur es verlangte, aufgefordert
wurden, ihre Verbrechen öffentlich zu gestehen, ehe man sie tötete,
bestätigten fast alle die Einzelheiten der Beschuldigungen. Zuvor
hatten sie, einzeln befragt, beständig geleugnet. Diese Einmütigkeit
dürfte die Macht der Kollektivität und das ansteckende Element
eines Massengeständnisses veranschaulichen.

Die Einzelheiten der Anschuldigungen und der Geständnisse lassen erkennen, wie sich mythomanische Gabe mit traditionellen Vorstellungen verband. Den Geständnissen zufolge trugen Hexen, rot

oder blau gekleidet, die Kinder auf Ziegen, Stöcken oder schlafenden Männern zu den nächtlichen Feiern. Sie hatten keine Schwierigkeiten, ihre Häuser durch Fenster zu betreten oder zu verlassen, denn der Teufel hatte zuvor für ungehinderten Zugang gesorgt, indem er die Scheiben entfernte. Später, als sie der Verschwörung entsagten, ihre Teilnahme bereuten und die Namen von Hexen bekanntgaben, behaupteten die Kinder, sie seien bei den Hexenversammlungen ausgepeitscht worden. Doch so gründlich die Kommissionsmitglieder die Körper der Kinder auch untersuchten, sie konnten keine Spuren von Schlägen finden. Dies wurde rasch als Zeichen für den Scharfsinn der Hexen erklärt: Sie ließen die Male auf magische Weise verschwinden, um Beweise zu vernichten. Blokulla war angeblich eine große Wiese mit einem Haus darauf. Ein Teil der Wiese war eingezäunt und diente als Weide und Pferch für dorthin beförderte Tiere. Die diabolischen Riten, die angeblich dort stattfanden, umfaßten acht Akte: 1. Das Verleugnen Gottes, indem man seinen Namen mit seinem eigenen Blut in das Buch des Teufels einschrieb; 2. Taufe durch den Teufel; 3. Schwören eines Eids, um sich mit dem Teufel zu verbünden; 4. Einnahme eines üppigen Banketts; 5. Musik und Tanz; 6. Unzucht untereinander; 7. Bau eines Steinhauses, das den Hexen am Tag des Jüngsten Gerichts Zuflucht bieten sollte (die Mauern stürzten dauernd ein); 8. Versprechen gegenüber dem Teufel, in der Gemeinde Böses zu tun.

Als Beweis für letzeres führte der Geistliche von Elfdale seine chronischen Kopfschmerzen an, die er der Bosheit der Hexen zuschrieb. Kaum hatte er diese Diagnose ausgesprochen, als auch schon eine der angeklagten Hexen zugab, der Teufel habe sie geschickt, um den Geistlichen zu quälen: In einer Nacht hätte sie sich in seine Schlafkammer geschlichen und versucht, einen Nagel in seinen Schädel zu treiben – daher das Kopfweh!

Die frommen Kommissionsmitglieder bemühten sich, gründlich zu ermitteln, und gaben sich große Mühe, die Hexen zu überreden, ihnen einige ihrer Tricks zu zeigen. Doch das fruchtete nichts, denn die angeklagten Hexen erklärten einmütig, die magischen Kräfte versiegten im Augenblick des Geständnisses.

Mit dem Abschluß der Prozesse hörte die Panik nicht auf, sondern verbreitete sich in den nächsten sechs Jahren in den schwedischsprechenden Provinzen Finnlands und bis nach Stockholm. In der schwedischen Hauptstadt wurde sie im Frühstadium durch den Widerstand eines aufgeklärten Arztes namens Urban Hjärne erstickt, dem der Nachweis gelang, daß die Hysterie von morbiden Phantasien, verworrenen Gedanken, purer Bosheit und dem Wunsch genährt wurde, sich Aufmerksamkeit zu verschaffen. Dennoch flammte die Hexenangst etwa 60 Jahre später erneut auf, als ein 13jähriges norwegisches Mädchen, Siri Jorgensdatter, die Einzelheiten aus Mora zu imitieren versuchte, von denen sie gehört oder gelesen hatte, und mehrere alte Frauen der Hexerei zu beschuldigen begann.

Oberklassenprozeß: ein verirrter angehender Ritter

Ein ganz anderes Szenario als das von Mora hat einen jungen Edelmann zur Hauptfigur, der sich in der Ausbildung zum Ritter befand. Diesmal handelt es sich nicht um die Angelegenheit einer Gemeinde, sondern um eine ganz private Familientragödie: um den obenerwähnten Fall des Ernst von Ehrenberg, eines Mitglieds der Familie des Würzburger Fürstbischofs. Der Fall zeigt, daß Anschuldigungen in Ausbildungseinrichtungen blühten, daß ein Minderjähriger Opfer werden konnte, ohne seinerseits andere zu Opfern zu machen, daß keine sozioökonomische Klasse ausgenommen war und daß Prozeß und Hinrichtung vertuscht werden konnten.

Der Fall ist salbungsvoll und ausführlich von dem Jesuiten beschrieben worden, der mit der physischen wie geistigen Sorge für den angehenden jungen Ritter beauftragt war. Der Jesuit ahnte nicht, daß diese Verantwortung ihn zum Henker des jungen Mannes machen würde.[15] Der Stil der Erzählung läßt sich also aus der Sicht des priesterlichen Tutors des Jungen verstehen. Während wir heute die Probleme des Jungen als adoleszente Verwirrung und Rebellion diagnostizieren würden, betrachteten seine Zeitgenossen, Geistliche wie Laien, sein Verhalten als Ergebnis eines Bundes mit dem Teufel und hielten eine Verurteilung wegen Hexerei für gerechtfertigt.

Der Jesuit beginnt seine Geschichte mit der Versicherung, der junge Ernst sei früher ein fleißiger und frommer Knabe gewesen – bis zu der Zeit, als er ein intimes Verhältnis mit einer älteren Kusine begonnen habe. Sie verführte ihn offenbar, und von da an vernachlässigte er seine Studien, versäumte es, Gottesdienste zu besuchen, und interessierte sich mehr für Mädchen als für schulische oder religiöse Dinge. Zufällig hörten Würzburger Richter, die mit einigen nicht damit in Verbindung stehenden Hexenprozessen beschäftigt waren, Erklärungen für das unfromme Verhalten: Mehrere von Ernsts Altersgenossen gestanden (unter der Folter), aufgrund übler List der Kusine habe Ernst sich dem Teufel verschrieben, seine Feinde mit Zauber belegt und seine Freunde verführt. Als er das hörte, übergab der Fürstbischof den Jungen den gelehrten Jesuiten und befahl ihnen, den Renegaten auf den rechten Weg zurückzubringen. Dem Jungen wurde bedeutet, die *indicia* seien ausreichend, um ihn zum Tod auf dem Scheiterhaufen zu verurteilen, doch die Gnade des Prälaten gewähre ihm Gelegenheit, zu bereuen und Buße zu tun. Um sein Leben zu retten, müsse er jedoch zunächst gestehen.

Die unerwartete Konfrontation war für den Jungen ein Schock; er war zutiefst erschrocken, gestand bereitwillig und versprach, zur christlichen Lebenweise zurückzukehren. Er wurde in das Haus der Jesuiten gebracht, wo man ihn streng überwachte und mit allen Sakramenten der Kirche sowie liturgischen Gerätschaften wie gesegneten Amuletten, Heiligenreliquien und Weihwasser versah. Am Anfang arbeitete Ernst bereitwillig, beinahe eifrig mit, doch sein hastiges Streben nach Rettung und mönchischem Lebensstil schwand bald wieder, und er begann, in seine Nachlässigkeit zurückzufallen. Die Jesuiten argwöhnten, daß Ernst in der Nacht all die geweihten Paraphernalia beiseite lege, den Teufel in seine Zelle einlasse und mit ihm zum Hexentanz aufbreche. Nichts sei schwieriger, so glaubten seine Tutoren, als die Übel der Hexerei zu bekämpfen.

Wieder wurde der Junge zur Rede gestellt. Schluchzend gestand er, er erlebe noch immer wundersame Dinge, und erneuerte bereitwillig das Versprechen, sich zu bessern. Das hielt nicht lange vor, und bald ertappte man ihn erneut bei Abweichungen von der christlichen Lebensweise. Jetzt begannen die Jesuiten Zweifel an ihren pädagogischen Fähigkeiten zu hegen und beschlossen, den gestörten jungen Mann den Franziskanern zu übergeben, in der Hoffnung, diese würden bessere Arbeit leisten.

Unglücklicherweise bewirkte deren Behandlung ebensowenig wie die der Jesuiten. Daraufhin wurde dem Fürstbischof ein Bericht vorgelegt, in dem es hieß, der junge Adlige biete keinerlei Hoffnung auf Besserung. Daraufhin ließ der Prälat den Jungen durch einen Richter zum Tode verurteilen. Den Jesuiten wurde befohlen, die Hinrichtung vorzubereiten. Eine Delegation von Jesuiten – darunter der Erzähler – begab sich zur Zelle des Jungen und sprach in ziemlich zweideutigen Worten von einem besseren Leben, das ihn erwarte. Sie baten ihn, ins Schloß mitzukommen, und da er den Sinn hinter den frommen Phrasen nicht begriff, begleitete Ernst sie und teilte ihnen einige heitere Kindheitserinnerungen mit, während sie durch die vertrauten Flure des Schlosses gingen. (An dieser Stelle schien der Erzähler eine gewisse Rührung an den Tag zu legen.)

Schließlich drängten seine erfolglosen Lehrer Ernst in eine Halle, deren Wände schwarz verhängt waren und in deren Mitte ein Schafott stand. In diesem Augenblick verstand der Junge die Situation, und als der Henker Hand an ihn legen wollte, begann er zu wimmern, zu schluchzen und so aufrichtig um Gnade zu flehen, daß alle Anwesenden Mitleid mit ihm hatten. Sie beschlossen, die Prozedur zu unterbrechen und dem Fürstbischof eine Petition vorzulegen, in der sie um Gnade und eine weitere Gelegenheit zur Rettung baten.

Der Würzburger Kirchenfürst gewährte eine Gnadenfrist und schickte seinem jungen Cousin einen persönlichen Abgesandten, um ihm mitzuteilen, er sei bereit, ihm zu vergeben, falls der Junge ein heiliges Versprechen ablege, zu einem christlichen Leben zurückzukehren. Es ist nicht sicher, was genau in der Zelle des Jungen geschah und wie das Gespräch verlief; jedenfalls war der Bericht des Abgesandten ganz und gar negativ: Ernst hätte sich geweigert, irgend etwas zu versprechen, und hätte die Stirn besessen, zu erklären, er wolle so bleiben, wie er sei, und zu behaupten, wenn er nicht schon so wäre, so würde er gewiß wünschen, so zu werden. Kurz, der Delegierte berichtete, der Teufel habe Ernsts Herz so verhärtet, daß er nicht mehr zu erreichen sei.

Damit war die Geduld des Würzburger Hierarchen am Ende. Wütend befahl er die Hinrichtung und bestand darauf, daß die Gerechtigkeit ohne Verzögerung ihren Lauf nehme. Die Jesuiten schleppten den halbwüchsigen Jungen in die schwarz verhängte Halle; zwei Jesuiten gingen neben ihm und flehten ihn an, er solle bereuen, doch Ernst wies ihre Ermahnungen zurück und antwortete, er habe nichts zu bereuen. Wieder weinte er, bat um sein Leben, schluchzte und flehte und versuchte die ganze Zeit, den Henker abzuwehren, der seiner habhaft zu werden versuchte. Das würdelose Handgemenge endete, als der Henker, die Erschöpfung des Jungen ausnutzend, rasch sein Schwert schwang und ihn enthauptete.

Der jesuitische Erzähler schloß mit der Bemerkung, der Junge sei ohne Äußerung von Reue gestorben, und er hoffe, dem verirrten angehenden Ritter werde das ewige Höllenfeuer erspart bleiben.

3. Amerikanische Version: Der Teufel in Salem

Das Umfeld

Die amerikanischen Lesern am besten bekannten Hexenprozesse sind natürlich die Salemer Prozesse von 1692, bei denen Kinder unter dem Deckmantel der »Besessenheit« andere zu Opfern machten. Da diese Erörterung sich stark auf die Rolle der Kinder konzentriert, kann den vielen und komplexen Verzweigungen der Salem-Episode hier nicht im einzelnen nachgegangen werden. Einige kurze Kommentare müssen ausreichen, um das weitere Umfeld zu skizzieren.

Es scheint, daß die Puritaner Neuenglands mehr teufels- als gottesfürchtig waren. Sie hatten in der Neuen Welt außerordentliche Härten und Gefahren erlitten und waren daher besonders anfällig für Ängste und abergläubische Überzeugungen. Es muß jedoch betont werden, daß die entscheidenden Faktoren der Hexenpanik immanente Teile der Kultur waren, welche die Puritaner aus der Alten Welt mitgebracht hatten, speziell aus England, wo es damals eine Fülle typischer Geschichten, schriftlicher oder mündlich erzählter, über die Übel der Hexerei gab. Fast der gesamte übernatürliche Symbolismus, der in Salem zu beobachten war, hatte einen englischen Hintergrund[1] – ungeachtet der Tatsache, daß die letzte englische Hexe 1684 hingerichtet worden war.[2]

Charakterisiert wird die Salem-Episode von einer Reihe von Merkmalen, die bei der europäischen Verfolgung unüblich waren:

1. Die Verfolgung kam so plötzlich auf wie ein Tornado, fuhr durch die Gemeinde und war nach etwa einem Jahr wieder verschwunden. Ihre Kurzlebigkeit ist bemerkenswert im Vergleich zur europäischen Hexenjagd, die sich buchstäblich über mehrere Jahrhunderte erstreckte. 2. In ihrem Kielwasser hinterließ sie ein auffälliges soziologisches Phänomen: Die Institutionen Kirche und Gericht führten den Bruch zwischen Religion und Magie zu Ende; fortan galt Hexerei nicht mehr als bürgerliche Abweichung und strafbares Ver-

brechen. 3. Nachdem die Gemeinde wieder zu Verstand gekommen war, wurden den Opfern oder den Familien der Opfer offizielle Erklärungen des Bedauerns und Wiedergutmachungen übermittelt – ein einzigartiges Vorgehen in den Annalen der Hexenverfolgung in der westlichen Zivilisation. Ein Fall von Bedauern erfolgte reichlich spät, nämlich nach genau 300 Jahren. Erst im September 1992 stimmten Mitglieder der *First Church of Salem* dafür, Rebecca Nurse und Giles Corey, während der Hexenhysterie 1692 exkommuniziert, wieder aufzunehmen. Das Votum der unitarischen Pfarrei war Teil des 300. Jahrestags der Prozesse. Nurse wurde gehängt, Corey durch aufgeschichtete Steine zerquetscht – ein Unfall, denn man hatte ihn nur zum Geständnis *erpressen* wollen.[3] 4. Die Angeschuldigten hatten nicht den Ruf von Abweichlern und gehörten auch nicht niedrigeren Schichten an wie in den meisten Teilen Europas (ausgenommen gewisse Gegenden in Deutschland). Im Gegenteil, sie waren eher Vorbilder christlichen Lebensstils und geachtete Mitglieder der Dorfgemeinschaft. 5. Die Personen, denen der Prozeß gemacht wurde, galten als überaus individualistische Persönlichkeiten, nicht nur nach den sorgfältig angelegten Gerichtsakten zu urteilen, sondern weil sie insgesamt ausdrucksfähige, selbstsichere Individuen waren – ganz im Gegensatz zu den meist sprachlosen europäischen Leidensgenossen. 6. Die Episode war Grundlage des zweifellos am gründlichsten analysierten und dokumentierten Berichts über irgendeinen Hexenprozeß, wohingegen die Prozesse in europäischen Regionen vergleichsweise wesentlich weniger intensive Beachtung fanden.[4] Die Geschichte von Salem ist in wesentlich höherem Maße zum Gegenstand der amerikanischen nationalen Identität geworden, als man dies von Hexenprozessen in anderen Ländern behaupten kann.[5]

Einige Merkmale waren definitiv *nicht* ungewöhnlich: 1. Die Hysterie der Kinder und die von ihnen vorgebrachten Anschuldigungen. 2. Die unbedingte Glaubwürdigkeit, die man den Zeugenaussagen von Kindern beimaß. 3. Die kurzfristige Verhängung von Todesurteilen, obwohl die Zahl der Opfer (14 Männer und fünf Frauen wurden gehängt; vier weitere starben im Gefängnis) im Vergleich zu europäischen Statistiken verschwindend klein ist. 4. Die Rolle von Nachbarschaftsstreitigkeiten und Denunziationen.

Kinder als klassische Täter

Die Hexenpanik begann mit Reaktionen suggestibler junger Mädchen auf gewisse Geschichten, welche die Sklavin Tituba im Hause von Reverend Samuel Parris erzählte. Seine Tochter Elisabeth (Betty), neun Jahre alt, und ihre Kusine Abigail Williams, elf, wurden zu regelmäßigen und gierigen Zuhörerinnen und reagierten außerordentlich emotional auf die Erzählungen. Bald entwickelten sie Symptome, als stünden sie unter einem Bann, denn sie waren aufgrund der Geschichten, die sie gelesen oder gehört hatten, gründlich mit der Symptomatologie vertraut.

Eine dieser Geschichten berührte sie offenbar zutiefst. Darin wurde geschildert, was vier Jahre zuvor in Boston den Goodwin-Kindern geschehen war. In der Familie des gottes- und teufelsfürchtigen Baumeisters John Goodwin hatten vier Kinder qualvolle Anfälle, Verhaltensstörungen und Ausbrüche von Blasphemie entwickelt, so ungeheuerlich und so in aller Öffentlichkeit, daß sich im Bostoner Viertel North End, das damals unter der spirituellen Obhut von Reverend Cotton Mather stand, allgemeine Angst breitmachte. Schon bald wurde dieses Leiden einem bösen Bann zugeschrieben, verhängt von einer irischen Waschfrau, die als die Hexe Glover bekannt war. Da die gemeinsamen Gebete von vier Geistlichen das Leiden der Kinder nicht zu lindern vermochten, wurden radikalere Schritte unternommen – die Hexe Glover wurde angeklagt und gehängt. Wie vorauszusehen, sprachen sich die Einzelheiten der Episode im ganzen Land herum und wurden auch im Dorf Salem allenthalben bekannt. Tatsächlich hatte Reverend Mather einen Bericht über seine Beobachtungen des Teufelswerks veröffentlicht, der den Titel *Memorable Providences Relating to Witchcraft and Possession* trug; das Buch fand weite Verbreitung und hinterließ einen tiefen Eindruck. Im Haus der Familie Parris gab es ein Exemplar des Berichts. Tatsächlich ist es durchaus möglich, daß die ganze Familie unmittelbar Zeuge des Falles geworden war, denn sie lebte zu der Zeit in Boston. Möglicherweise hatte sie auch der Hinrichtung durch Hängen zugesehen und zu dem Ereignis, wie es Tradition war, die kleine Betty mitgenommen.[6]

Dem Geistlichen muß man zugute halten, daß er ursprünglich zögerte, eine übernatürliche Erklärung zu akzeptieren, und sich weigerte, die Ausbrüche der Mädchen denen der Goodwin-Kinder gleichzusetzen; statt dessen brachte er die Mädchen zu einem Arzt. Dr. Griggs tat sein Bestes, um die seltsame Krankheit im begrenzten Rahmen der damaligen medizinischen Wissenschaft zu diagnostizieren.[7] Nachdem er Epilepsie ausgeschlossen und die Wirkungslosigkeit seiner Verordnungen beobachtet hatte, gelangte er zu dem Schluß, der Teufel habe etwas damit zu tun, und vermutete Hexerei. Die Nachricht von diesem Argwohn verbreitete sich im Dorf wie ein Lauffeuer, und die Mädchen wurden zum Mittelpunkt der Aufmerksamkeit. Kurz danach griff das seltsame Leiden um sich und befiel wie eine ansteckende Krankheit andere junge Menschen in der Gemeinde; besonders heftig betroffen waren acht Gruppenführerinnen im Alter zwischen zwölf und 20 Jahren: Ann Putnam, Elisabeth Hubbard, Mary Walcott, Mary Warren, Elisabeth Proctor, Mercy Lewis, Susan Sheldon und Elisabeth Booth.

Da man sie für besessen hielt – wozu auch die Annahme gehörte, sie litten unschuldig und gegen ihren Willen –, blieb das Verhalten der Mädchen ungestraft und steigerte sich sogar zu noch größerer Hysterie, da sie die Möglichkeit nutzten, um sich gegen die durch Tradition und die erwachsene Gesellschaft auferlegten Einschränkungen aufzulehnen. Nur der unerschütterliche Glaube der Dorfbewohner an die Realität und die Macht des Teufels kann erklären, warum sie Mitleid und Mitgefühl für die »armen, leidenden Kinder« empfanden, statt sie für ihr ungehöriges Verhalten zu bestrafen. Tatsächlich erlangten die hysterischen Mädchen den Status von Berühmtheiten.

Die Dimensionen der »Besessenheit«

Der »Zustand der Besessenheit« öffnete das Tor zu einem ganzen Arsenal von Methoden und Strategien, um ungestraft Menschen anzuklagen und den exotischsten »Beweisen« Glaubwürdigkeit zuzuschreiben:

1. Zurschaustellung teuflischer Qual. Zuallererst legten die Kinder starken Schmerz und Unbehagen an den Tag, für die niemand einen natürlichen Grund wußte, und so nahm man eine übernatürliche Ursache an: Sie standen unter dem Einfluß der Abgesandten des Teufels, der Hexen. Die Mädchen weinten, gaben erstickte Laute von sich, bebten am ganzen Körper, als würden sie gezwickt oder mit Nadeln gestochen, ließen sich auf alle viere nieder und krochen unter Möbel, bellend und schreiend, fielen in Zuckungen, wanden sich und kreischten. Die Gebete der erschrockenen Zuschauer schienen unwirksam zu sein; tatsächlich sah es aus, als verschlimmerten sie die Leiden, da Betty, die man als sanftestes aller kleinen Mädchen kannte, beim bloßen Klang von »Vater unser, der du bist im Himmel...« wild zu kreischen begann. Abigail pflegte sich die Ohren zuzuhalten, mit den Füßen zu stampfen und aus Leibeskräften zu brüllen, um die frommen Worte zu übertönen. Bei einer Gelegenheit schleuderte Betty sogar eine Bibel durch das Zimmer. Die Wut wuchs oder nahm ab, je nachdem, wer gerade anwesend war.

2. Gezielte Anschuldigungen. Bemerkenswert ist, daß die Opfer von Denunziationen der Kinder in der Gemeinde angesehene Leute waren, Personen von makellosem Ruf und mit beträchtlichem Besitz. An ihrem Status war nur zu rütteln, indem man sie unverzeihlicher Verbrechen übernatürlicher Art wie etwa Hexerei beschuldigte. So sagte beispielsweise die 18jährige Elisabeth Booth vor Gericht unter Eid aus, die »Erscheinung« (der Geist) ihres Nachbarn, Goodman John Proctor, habe sie schwer mißhandelt. Nicht nur sie, versicherte das Mädchen weiterhin, sondern auch ihre Freundinnen Mary, Mercy und Ann; sie hatte gesehen, wie Johns »Erscheinung« sie durch Kneifen, Stechen und dadurch quälte, daß sie sie fast zu Tode würgte. [8] Die 16jährige Mary Walcott beschuldigte Goodwife Abigail Faulkner der gleichen Missetaten und schwor vor Gericht, sie habe gesehen, wie »Abigail Faulkner oder ihre Erscheinung Sarah Phelps und Ann Putnam schmerzhaft angriff und quälte. Und in meinem Herzen glaube ich wahrhaftig, daß sie eine Hexe ist und mich oft mit Akten der Hexerei überzogen hat.« [9] Beide Denunzierten wurden schuldig gesprochen und zum Tod durch Erhängen verurteilt. John Proctor wurde am 19. August gehängt, Abigail Faulkner war schwanger und wurde daher verschont. Die Aussagen aller jungen Frauen waren sich so ähnlich, daß sie sich nur bezüglich der Namen der Angeschuldigten unterschieden; die Form der Qualen und die erhobenen »Beweise« blieben nahezu identisch.

3. *Anziehen eines Publikums.* Das Leiden der Mädchen war nicht nur öffentlich bekannt, sondern auch ein öffentliches Spektakel. Ihre Anfälle waren nicht auf die familiäre Umgebung beschränkt; sie waren auch bei gerichtlichen Anhörungen zu sehen und zu hören, wo sie regelmäßig ein breites Publikum anzogen – ein Publikum, das, wie betont werden muß, größtenteils Mitgefühl mit den Mädchen hatte und sie als unschuldige Opfer böser Zauberei betrachtete. Und damit haben wir den Schlüsselbegriff zur Hand: das Publikum. Publikum war und ist unabdingbare Voraussetzung für das Ausagieren von Besessenheit. Es gibt keine Berichte über eine Besessenheit, die in der Abgeschiedenheit und ohne Zuschauer stattgefunden hätte. Ein Publikum lieferte den Mädchen die passenden Auslöser für ihr Ausagieren. Wenn kein Publikum anwesend war oder die Zuschauer nicht die passenden Auslöser boten, etwa indem sie nicht zu erkennen gaben, daß sie ihnen glaubten, so fielen die Darbietungen der Mädchen entweder erbärmlich in sich zusammen oder traten erst gar nicht auf. Ein Beispiel hierfür war die Begegnung der Mädchen mit den Bürgern von Ipswich, einer Gemeinde, die mit den hysterischen Jugendlichen nichts zu tun haben wollte. Als die Mädchen vor ihnen fast automatisch ihre Anfälle vorzuführen begannen, wandten die Leuten den jugendlichen Schauspielerinnen buchstäblich den Rücken zu, enthielten ihnen die vertrauten Auslöser vor und vereitelten ihre Vorstellung. Wie Marion Starkey es treffend ausdrückte: »Ignoriert zu werden war eine Therapie, die man an diesen Mädchen kaum erprobt hatte.«[10] Das Publikum an anderen Orten jedoch fuhr fort, das Verhalten der Mädchen zu verstärken, und unterstützte ihre Denunziationen.

4. *»Geisterbeweise«.* Eine besessene Person galt als hellsichtig und in die Zukunft blickend, was man zuweilen als »das zweite Gesicht

haben« bezeichnete. Im wesentlichen bedeutete das, daß die Mädchen angeblich Geister sehen und Blicke in die gewöhnlich unsichtbare Welt der Hexen werfen konnten. Diese Vorstellung war mit einer tödlichen Annahme behaftet: Der Teufel kann nicht die »Form« oder »Erscheinung« (Geisterform) eines *unschuldigen* Menschen annehmen. Daher waren die Personen, welche die Mädchen mit ihrem »zweiten Gesicht« sehen konnten, der Definition nach Teufel oder Hexen. Aufgrund des Glaubens der Menschen an dieses Phänomen wurden die Zeugenaussagen und Anschuldigungen der Mädchen für bare Münze genommen und galten nicht als Schwindel oder Halluzinationen. Das Gericht akzeptierte die Geschichten der Mädchen als Beweise, und vielen Dorfbewohnern war klar, daß es gegen diese Art von Beweisen keine Verteidigung und kein Alibi gab. Die Macht des Glaubens an Geisterbeweise war so stark, daß, als die Panik auf die Nachbargemeinde Andover übergriff und der örtliche Friedensrichter sich weigerte, weitere Haftbefehle zu unterschreiben, dieser ebenfalls von den Mädchen denunziert wurde. Sie behaupteten, beweisen zu können, daß er und seine Frau neun Morde begangen hatten. Statt den zähen Aberglauben der Menschen zu bekämpfen und damit allerdings ihr Leben aufs Spiel zu setzen, faßten der Richter und seine Familie, wie auch andere denunzierte Personen, den Entschluß, ihre Sachen zu packen und die Gemeinde zu verlassen. [11]

5. *Identifikation von Hexen durch Berührung.* Für alle Gemeinden, die Hexen in ihrer Mitte argwöhnten, war es typisch, daß sie wie Salem und die Nachbargemeinde Andover von der Absicht geradezu besessen waren, sie zu identifizieren. Die geistseherische Gabe der Mädchen war nicht das einzige Mittel, dies zu erreichen; eine weitere Technik war die Identifikation durch Berührung, d. h., Personen, die auf Hexerei geprüft wurden, mußten den Mädchen die Hände reichen; diese hatten sich inzwischen einen Ruf als unfehlbare Medien erworben. Gemeindeversammlungen wurden abgehalten, in denen zahllose Dorfbewohner sich wie bei einer polizeilichen Gegenüberstellung der Reihe nach dem Test unterziehen mußten. Dann brachte man die Mädchen,

die im Zustand vollständiger Besessenheit waren, in den Saal, und der rituelle Handkontakt fand statt. Dabei bot das Publikum alle belohnenden Auslöser an. Überraschende Dinge spielten sich ab. Nicht alle Personen in der Reihe waren zuerst verdächtig; einige hatte man nur aus Gründen der Unparteilichkeit aufgestellt. Die Reaktionen der Mädchen aber identifizierten unterschiedslos Verdächtige und Nichtverdächtige. Wenn ein Mädchen bei der Handberührung schluchzend einatmete und den Griff lockerte, sah das versammelte Publikum dies als Beweis dafür an, daß eine Hexe den Dämon aus der Betroffenen gezogen hatte. [12] Diese Art des Testens wurde immer aufs neue wiederholt. Niemand hatte erwartet, daß in Andover mehr als nur einige wenige Hexen entdeckt würden; doch binnen kurzer Zeit wurden 40 Haftbefehle ausgestellt. Bei einer Gelegenheit gab eines der jungen Mädchen einen unvorstellbar qualvollen Schrei von sich und fiel in Zuckungen zu Boden, als es sich einer angeschuldigten älteren Frau näherte. Die Anfälle wollten kein Ende nehmen, bis zwei Gerichtsdiener das Mädchen aufhoben und zur Angeklagten trugen. »Dann verdrehte ein Gerichtsdiener den Kopf der Beschuldigten so, daß sie ihr Opfer nicht ›übersehen‹ konnte, und der andere legte ihre Hand an die des betroffenen Mädchens, damit ihre Berührung den Teufel wieder zu ihr zurückhole. Als das geschehen war, erklärte man die Betroffene offiziell für außer Gefahr.« [13] Später wurde die Berührungstechnik angewendet, um die Gesundheit einiger der Mädchen (vorübergehend) wiederherzustellen.

Die Salemer Methode, Kinder buchstäblich die Runde durch die Gemeinde machen zu lassen, um Hexen zu identifizieren, war schon 1527 in Spanien angewandt worden. Die Richter von Pamplona sahen sich mit zwei Mädchen konfrontiert, eines neun Jahre alt, das andere zwölf, die behaupteten, Hexen erkennen zu können, indem sie in ihr linkes Auge schauten. Die Richter fanden die Methode unwiderstehlich und durchsuchten mit den Kindern zusammen den ganzen Landstrich, wobei sie in jeder Gemeinde entschieden, welche Verdächtigen tatsächlich als Hexen zu gelten hatten. Binnen kurzem wurden 150 Hexen und

Zauberer verhaftet. Und ebenso schnell erzielte die Inquisition Geständnisse, denen zufolge sie allesamt Mitglieder von Hexengruppen des Satans waren und orgiastische Hexensabbats abhielten.[14]

6. *Die Macht der Übereinstimmung.* Vermutlich aufgrund stillschweigender und spontaner Übereinstimmung und weniger aufgrund vorheriger Verabredung waren die Mädchen sich bei Testsitzungen und Anhörungen gewöhnlich darüber einig, wer eine Hexe war und wer nicht. Sie waren begabte Schauspielerinnen, durchaus fähig, über ein Thema zu improvisieren und es einem triumphalen Höhepunkt zuzuführen. Derart abgestimmtes Verhalten läßt sich am besten als Folge gegenseitiger Verstärkung beschreiben: Man sieht andere auf gleiche Weise handeln und bezieht daraus ein Machtgefühl, das gelegentlich bis in ekstatische Höhen ansteigt.

Die Salemer Prozesse waren nicht die einzigen, die Manifestationen der Macht kollektiver Verstärkung heraufbeschworen. Hartwig Weber berichtet von einer Epsiode aus dem Jahre 1666, bei der sich hysterisches Verhalten unter den Jugendlichen im Waisenhaus der Gemeinde Horn in den Niederlanden ausbreitete. Immer wieder verfiel die ganze Gruppe in eine wahnsinnige Choreographie von Zuckungen, Gliederwerfen und Auf-dem-Boden-Rollen, begleitet von tierischem Brüllen und Zähneknirschen. Sobald einer der Jugendlichen damit begann, fielen die anderen ein. Sie wanden sich mit solcher Heftigkeit, daß mehrere Erwachsene nötig waren, um nur einen der Jugendlichen niederzuhalten. Alle Heilungsversuche scheiterten. Als am wenigsten wirksam erwiesen sich religiöse Maßnahmen wie Gottesdienste, die den Zustand verschlimmerten; das Anstimmen von Gebeten und Litaneien schien die versammelten Jugendlichen zu veranlassen, sich auf der Stelle in einen zuckenden Mob zu verwandeln. Verzweifelt entfernten die Behörden die Jugendlichen schließlich aus dem Waisenhaus und brachten sie einzeln bei Pflegefamilien überall in der Stadt unter. Mit einem Schlag hatte der ganze Spuk ein Ende: Nicht eines der Kinder ließ noch irgendein Anzeichen des vorherigen Leidens erkennen.[15]

Ein typisches Salemer Beispiel entstammt einer Anhörung, bei der die Matrone Martha Cory befragt werden sollte. Als sie versuchte, ihre Unschuld zu verteidigen, und den Richtern versicherte, sie sei gewiß eine gläubige »Bibelfrau«, schrie eines der Mädchen: »Bibelhexe!« Sofort übernahmen alle Mädchen den Schrei: »Bibelhexe! Bibelhexe!« Ein ohrenzerreißendes Pandämonium brach aus. Nachdem die Ordnung wiederhergestellt war, setzte Martha Cory den Versuch fort, sich zu verteidigen. Auf einmal begannen die Mädchen, jede Handlung und Bewegung der Angeklagten zu wiederholen, und es folgte ein klassisches Beispiel von Echomanie: »Was Martha tat, taten sie jetzt alle. Wenn sie ihre Füße verschob, taten sie es ebenfalls und verfielen in ein so starkes Getrampel, daß das ganze Versammlungsgebäude erzitterte. Wenn sie sich auf die Lippen biß, schrien sie, sie hätten sich ebenfalls auf die Lippen gebissen, und sie rannten zu den Richtern, um ihnen zu zeigen, wie sie bluteten.« [16] Als Martha auf ihrer Unschuld beharrte und die Richter aufrief, den »wahnsinnigen Kindern« nicht zu glauben, hielt ihr einer der Richter wütend vor, die gegenwärtigen Qualen der Mädchen seien nur ein weiterer Beweis dafür, daß ihre Teufel sogar während ihrer eigenen Verteidigung die Mädchen weiterhin peinigten. Gegen die Anschuldigungen der Mädchen, die zu anerkannten Medien geworden waren, war einfach keine Verteidigung möglich. Solche demonstrativ übereinstimmend vorgebrachten Beschuldigungen waren geeignet, Zeugen und sogar Amtspersonen einzuschüchtern, die sonst vielleicht geneigt gewesen wären, die Situation anders zu definieren. So fürchteten sich beispielsweise eine Reihe von Leuten (31 Freunde in Ipswich und 21 Nachbarn im Dorf Salem) vor der Rache der resoluten Mädchen, nachdem sie ihre Namen unter eine Petition gesetzt hatten, mit der sie dem Gericht kundtaten, sie glaubten an John Proctors gute Führung. Ihr Zeugnis wurde offenkundig mißachtet – der Mann wurde verurteilt und gehängt.

Nicht einmal der Status als Geistlicher war ein ausreichender Schutz vor dem gemeinsamen Angriff der Mädchen. Als Reverend George Burroughs wegen Hexerei der Prozeß gemacht wurde, galt seine mutige Verteidigung nicht nur ihm persönlich, sondern sie wandte sich auch gegen die Vorstellung der Realität von Hexerei. In einer mündlichen wie auch schriftlichen Aussage wandte er sich an die Geschworenen und versuchte, ihnen nahezulegen, das Phänomen als das zu sehen, was es wirklich war: Hysterie, Wahn. Er erklärte im wesentlichen, Hexen, die mit dem Teufel paktieren und menschliche Wesen quälten, gebe es nicht und habe es nie gegeben. Die Reaktion der Mädchen war prompt und gnadenlos: Sie erschienen vor Gericht und behaupteten, Reverend Burroughs habe seinen Geist am Vorabend des Prozesses zu ihnen geschickt, und der habe sie schwer gequält und gebissen. Alle wiesen Male von Zähnen an den Armen auf und zeigten sie den Richtern, doch diese glaubten ihnen erst, nachdem Reverend Burroughs' Zähne untersucht und mit den Malen verglichen worden waren. Man verglich nicht nur seine Zähne, sondern auch die anderer im Gerichtssaal anwesender Personen mit den sichtbaren Malen. »So wurde zweifelsfrei festgestellt, daß Reverend Burroughs, und nur er allein, die Mädchen gebissen hatte.«[17] Reverend Burroughs wurde am 19. August gehängt.

7. *Ansteckende Hysterie.* Eine ähnliche Persönlichkeitsdynamik wie die Verstärkung abgestimmten Vorgehens führt auch zur Nachahmung. Menschen, die zuvor weder zum Kreis der Verschwörerinnen gehört noch irgendeines von deren Symptomen gezeigt hatten, begannen die Mädchen zu imitieren, sobald sie in Kontakt mit ihnen kamen. Bei mehreren Gelegenheiten wurden die Mädchen von Haus zu Haus geführt, um ihren tranceartigen Blick auf Krankenbetten zu richten und die Natur der Krankheit zu ermitteln. In den meisten Fällen behaupteten sie, wiederholt dieselbe Vision gehabt zu haben: Eine Hexe habe am Kopf des Patienten gestanden, eine weitere zu seinen Füßen. Wenn sie ihre Gabe des »zweiten Gesichts« mit den üblichen Anfällen und Krämpfen versahen, schlossen sich junge Menschen im Hause diesem Verhalten häufig an, brachen in Geheul und Bellen aus, litten plötzlich unter Zuckungen und behaupteten, ebenfalls das »zweite Gesicht« zu haben. Ansteckende Emotionalität ist von Pionieren der Sozialpsychologie wie Gustave LeBon und Charles

Mackay zutreffend beschrieben und erklärt worden, wobei letzterer die analytische Methode benutzte, um Fälle von englischer Hexenhysterie zu erklären. [18]

Soviel zur tödlichen Rolle der Kinder in der Salem-Episode. Nach qualvollen Monaten der Hexenjagd unter Anleitung der geschickten jungen Schauspielerinnen, nach dem Tod von fast zwei Dutzend Menschen und der Gefangennahme von über 150 Hexen, die ihren Prozeß erwarteten, hatte die Hysterie wie ein böses Fieber plötzlich an Kraft verloren, und langsam kehrte Normalität in die Gemeinde zurück. Der Vorhang fiel nach einem Drama, in dem die Stars ihre Rollen mit tödlicher Sicherheit gespielt und das Publikum dermaßen überzeugt hatten, daß es die Bühne mit der Realität verwechselte. Als das Stück zu Ende war, erkannten die Zuschauer ihre Verwirrung und zerstreuten sich, peinlich berührt und zerknirscht, und unternahmen nur schwache Versuche der Wiedergutmachung.

Im folgenden Kapitel wenden wir uns Beispielen aus England zu. In vieler Hinsicht hatte die englische Gesellschaft den kosmologischen Rahmen und die Verhaltensstandards für das Geschehen in Salem vorgegeben. Berichte und Geschichten über die Hexenjagd auf den Britischen Inseln waren in Neuengland wohlbekannt und hatten zur Zeit der Salemer Heimsuchung die Phantasie von Erwachsenen und Kindern gleichermaßen angestachelt.

4. Englische Versionen

Die verhexten Kinder von Warboys

Die Prozesse, die Salem gewissermaßen vorprägten und vielleicht tatsächlich ein Modell für das Verhalten der Salemer Mädchen abgaben, befaßten sich mit den Hexen von Warboys. Wie für englische Prozesse typisch, spielten gestörte Kinder eine entscheidende Rolle als Ankläger.

Die Ereignisse begannen 1589 in der wohlhabenden Familie Throckmorton in Warboys in Huntingdonshire. Es gab in der Familie fünf Töchter; Jane, die älteste und damals etwa zehn Jahre alt, begann unter seltsamen Anfällen zu leiden, die, von heute aus gesehen, epileptischer Natur gewesen zu sein scheinen. Doch ein bekannter Arzt aus Cambridge, Dr. Barrow, der gerufen wurde, um das Mädchen zu untersuchen und zu behandeln, konnte keine natürliche Erklärung finden und diagnostizierte schließlich Hexerei als Ursache ihrer Erkrankung.[1]

Das war ein Wendepunkt für die Bedeutung, die den Symptomen zugeschrieben wurde. Von da an sahen Jane selbst, ihre vier Schwestern und allmählich auch die Eltern das Leiden in einem übernatürlichen Licht. Bald breiteten sich die Symptome aus wie eine Infektionskrankheit. Die vier jüngeren Kinder entwickelten ganz ähnliche Anfälle, ebenso einige der Dienstboten und schließlich eine Tante der Mädchen im nahe gelegenen Dorf Ellington.

Fast gleichzeitig wurde die Verantwortung für die Probleme einer älteren Frau aus dem Dorf zugeschrieben, die Mutter Samuel genannt wurde und der Bilderbuchvorstellung einer Hexe entsprach: alt, arm und ziemlich bescheiden. Da es keinen anderen Grund – und schon gar keinen Beweis – gab, warum die Vorwürfe sich gegen sie richteten, war es vermutlich ihr Aussehen, das die Anschuldigungen provozierte, Anschuldigungen, die erstaunlich einmütig geäußert wurden. Alle Betroffenen wiesen mit dem Finger auf die Frau.

Jane behauptete, sie habe die bohrenden Schmerzen zum erstenmal erlebt, als sie an Mutter Samuels Hütte vorbeigegangen sei und die alte Frau, die strickend vor der Tür saß, von ihrer Arbeit aufgeschaut und sie angestarrt habe. Da wußte Jane gleich, daß ihre Schmerzen Folgen eines bösen Zaubers waren. Von diesem Tag an sagte sie jedem, der es hören wollte, Mutter Samuel habe sie verhext. Das machte tiefen Eindruck auf ihre jüngeren Schwestern, die sofort die gleichen merkwürdigen Anfälle bekamen wie ihre ältere Schwester. Die Anfälle waren besonders heftig, wann immer sie die Hexe zu Gesicht bekamen. Dies hielt unglaubliche dreieinhalb Jahre an, während der die Eltern beispielhafte Geduld bewiesen – in ihrem Haushalt muß es höllisch zugegangen sein. Ein ungewöhnlicher Aspekt des Falles ist, daß in diesen Jahren die Eltern nicht nur nichts gegen die alte Frau unternahmen, sondern sie sogar freundlich behandelten und sie nur inständig baten, ihre Zauberei zu gestehen und den Bann aufzuheben. Diese Freundlichkeit muß teilweise eine Folge ihres nur halbherzigen Glaubens an die Beschuldigungen gewesen sein – obwohl die Betroffenen sie unablässig wiederholten.

Dann geschah etwas, das der Affäre eine neue kritischere Wendung gab. Eines Tages stattete Mrs. Cromwell, die reiche Hauswirtin sowohl der Samuels als auch der Throckmortons, letzteren einen Besuch ab. Bei dieser Gelegenheit erfuhr sie aus erster Hand vom Leiden der Kinder und beschloß, etwas dagegen zu unternehmen. Impulsiv schickte sie nach Mutter Samuel und befahl ihr, unverzüglich zu erscheinen; in Anwesenheit der gesamten Familie Throckmorton und unter verstärkten Anfällen der Kinder beschuldigte sie die Frau rundheraus, eine böse Hexe zu sein. Ohne ihr Gelegenheit zu geben, sich zu verteidigen, riß Lady Cromwell der alten Frau die Haube vom Kopf und schnitt ihr eine Haarsträhne ab, die sie Mrs. Throckmorton gab mit der Aufforderung, sie solle sie verbrennen. Die selbstherrliche Aktion brachte Mutter Samuel verständlicherweise auf, und sie rief:»Madam, warum behandelt Ihr mich so? Ich habe Euch bisher nie etwas zuleide getan.«[2] Das »Bisher« sollte zu einem späteren Zeitpunkt noch eine verhängnisvolle Bedeutung bekommen, da man der Sprecherin böse Absichten unterstellte. In der darauffolgenden Nacht hatte Lady Cromwell einen Alptraum, in dem Mutter Samuel und ihre Katze vorkamen, eine verständliche psychologische Reaktion auf einen schlimmen Tag. Ihre Schwiegertochter, die mit ihr im gleichen Zimmer schlief, bezeugte später, sie sei von den Schreien und der Unruhe der Lady erwacht und habe gesehen, daß sie sich hektisch bewegte, als wolle sie einen Angreifer abwehren. In der Folgezeit ging es mit Lady Cromwells Gesundheit stetig bergab, und niemand wird je wissen, ob dies Folge der andauernden Alpträume oder anderer Ursachen war. Jedenfalls starb sie 15 Monate später, im Juli 1592. Unverzüglich verbreiteten die gestörten Kinder das Gerücht, ihr Tod gehe auf Mutter Samuels Rachefluch zurück.

Etwa um die gleiche Zeit gestand Mutter Samuel den Throckmortons, sie habe die Kinder in der Tat verhext. Damals fühlte die alte Frau sich nicht wohl, war erschöpft und gab anscheinend den inständigen Bitten um ein Geständnis nach. Doch sie versprach Wiedergutmachung und erschien so reuevoll, daß die erschöpften Eltern dachten, ihre Probleme seien tatsächlich behoben. Selbst die Kinder waren erfreut und stellten ihre Anfälle ein. Doch nachdem sie einen gesunden Nachtschlaf hinter sich gebracht hatte, fühlte Mutter Samuel sich wieder gestärkt, widerrief ihr Geständnis und erklärte, sie habe nichts zuzugeben. Dies veranlaßte die Kinder, sofort neue qualvolle Anfälle zu produzieren.

An diesem Punkt begann in Mutter Samuel eine neue Selbstvorstellung Form anzunehmen. Drei verschiedene Faktoren hatten ihr Selbstvertrauen allmählich untergraben und ein anderes Selbstkonzept hervorgebracht: erstens die ständigen Ermahnungen der Throckmortons, sie solle gestehen; zweitens das Verhalten der Kinder, die ständig angaben, von ihr verhext worden zu sein, und drittens der Tod von Lady Cromwell und die buchstäblich ein- und ausschaltbaren Anfälle der Kinder, die als mögliche Folgen einer unheimlichen Macht, die von ihr ausging, gedeutet wurden. Mit anderen Worten, in ihr verfestigte sich die Frage: Bin ich tatsächlich eine Hexe?

Was folgte, ist im Licht dieses Selbstzweifels zu betrachten. Inzwischen hatten die Eltern der tobenden Mädchen die Geduld verloren, und sie beschlossen, sich beim Bischof von Lincoln zu beschweren. Bischof William Wickham rief Mutter Samuel zu sich und unterzog sie einer eingehenden Befragung. Die erschrockene, verwirrte Frau gestand erneut und ergänzte ihre erste Aussage noch erheblich, indem sie beispielsweise die Namen ihrer Hausgeister nannte, dreier graubrauner Hühner namens Pluck, Catch und White. Die Konstabler brachten sie nach Huntingdon zurück, und sie wurde zusammen mit ihrem Mann und ihrer Tochter Agnes ins Gefängnis gesteckt. Vater und Tochter waren von den Mädchen als Mitverschwörer beim Mord an Lady Cromwell und verschiedenen anderen Untaten denunziert worden.

Unterdessen hatten die Kinder die Einzelheiten ihrer Anschuldigungen eifrig ausgeweitet und hatten eine ganze Horde von bösen Geistern erfunden. Sie kannten deren Namen und behaupteten, sie würden von Mutter Samuel geschickt, um sie fortwährend zu quälen. Aus der Hölle habe sie sieben besonders bösartige Dämonen geholt: »First Smack«, »Second Smack«, »Third Smack«, »Blue«, »Catch«, »Hardname« und »Pluck«. [3] Die Kinder waren in erster Linie für die Verbindung zwischen der Hexe, ihrem Mann und ihrer Tochter sowie Lady Cromwells Tod verantwortlich. Aufgrund ihrer Zeugenaussagen verurteilte das Gericht alle drei, und sie wurden gehängt.

Die Gemeinde war es zufrieden, daß angeblich Gerechtigkeit geübt worden war, und den Beweis dafür sahen die Leute in der Tatsache, daß die Mädchen fortan keinerlei ihnen angehexte Anfälle und Leiden mehr hatten.

Die Mädchen von Warboys als Rollenmodelle

Die Mädchen von Warboys waren optimale Rollenmodelle für die Salemer Mädchen. Daß sie von den Vorfällen wußten, darf man als sicher annehmen, da die Warboys-Prozesse zu den bekanntesten dieser Art in England zählen. Rossell H. Robbins betrachtet sie als »die meistdiskutierten Prozesse wegen Hexerei in England vor 1600«. [4] Selbst wenn die Salemer Schauspielerinnen nicht speziell diese Episode kannten, so kam es doch danach zu zahlreichen anderen mit fast identischen Merkmalen, und eine allgemeine Vorstellung von Handlungsablauf, Drehbuch und Rollenspiel hat gewiß auch die Siedler in der Neuen Welt erreicht. Auffällig ist eine Reihe von bemerkenswerten Parallelen: Töchter aus wohlhabenden oder zumindest geachteten Häusern versetzten die Gemeinde in Aufruhr. Die Besessenheit wurde mit der gleichen Überzeugungskraft gespielt, und an beiden Orten ließen sie erst von ihrem Drehbuch ab, als die Opfer vernichtet waren.

Die Hexen von Essex

Zu den Beispielen, die den Salemer Stil vorwegnahmen, gehört auch jene Serie von Prozessen, die in Chelmsford, Essex, stattfanden. Die Hexen von Essex begannen um 1560, die Gemeinden zu beunruhigen, und diese Unruhe ließ erst um 1640 nach. Bei Prozessen kristallisierte sich eine Reihe von Charakteristika heraus, die für die zukünftige Geschichte der Hexenprozesse in England *und* Neuengland nichts Gutes verhießen: 1. Fraglose Hinnahme wilder Phantasiegeschichten von Kindern unter 14 Jahren; 2. Zulassung von Geisterbeweisen. 3. Auffinden von Hexenmalen. 4. Hinnahme unbestätigter Geständnisse als Tatsachen. 5. Ältere und ärmere Frauen der Gemeinden als hauptsächliche Opfer.

Der Begriff »Geisterbeweis« hatte eine interessante Nebenbedeutung. Sie wurden selten von Erwachsenen vorgetragen, sondern scheinen in England und Neuengland die Spezialität von Kindern gewesen zu sein, offensichtlich aufgrund kommunikativer Verbindungen. (Auf dem europäischen Kontinent hatte das Konzept praktisch keine Bedeutung.) Angebliche Geistererfahrungen wurden in den Händen von Kindern zu tödlichen Waffen, weil die Hexenjäger, die solche Behauptungen als Tatsachen akzeptieren, der Meinung waren, der Teufel könne nur dann die Gestalt einer bestimmten Person annehmen, wenn sie mit ihm verbündet, also Hexer oder Hexe sei. Aufgrund dieses Glaubens wurden Träume, Halluzinationen, Phantasien oder schlichte Bosheiten von Kindern vor Gericht nicht als Beweis für den Geisteszustand des Anklägers angesehen, sondern für Charakter und Verhalten der Angeklagten. Das war natürlich die Art von »Beweisen«, die nicht zu widerlegen war. Kein Alibi konnte etwas gegen die Überzeugung ausrichten, daß der Teufel in »Gestalt« eines Menschen fremde Häuser besuchen kann, während der Betreffende selbst in seinem Bett schläft.

Der Beginn der ersten Prozeßserie dreht sich um Agnes Brown, ein zwölf Jahre altes Mädchen, das Geisterbeweise vortrug und die 63jährige Witwe Agnes Waterhouse verschiedener Missetaten bezichtigte. Eine wichtige Rolle in dem Fall spielte auch der Kater der Waterhouse namens Sathan, der in den Geistervisionen der kleinen Brown immer wieder vorkam und den »Hilfsgeist« der Hexe darstellte. Die Visionen des Mädchens führten zusammen mit Behauptungen anderer Parteien dazu, daß Agnes Waterhouse gehängt wurde. Danach wählte sich Agnes Brown die Tochter der hingerichteten Witwe zum Opfer und beschuldigte die 18jährige Joan Waterhouse, ihr »das rechte Bein und den rechten Arm geschwächt« zu haben.[5] Wieder spielte der Kater Sathan eine instrumentelle Rolle. Agnes behauptete, er verfolge sie in Gestalt eines schwarzen Hundes. Das Ende des Falles war außergewöhnlich: Joan überließ sich selbst der Gnade des Gerichts, welches das Mädchen untypischerweise nicht bestrafte.

Die zweite größere Panik erlebte Chelmsford 1579. Inzwischen hatte die Gemeinde solche Angst vor Hexen, daß der Schrei eines sterbenden vierjährigen Kindes: »Fort mit der Hexe!« ausreichte, daß eine Frau verfolgt und hingerichtet wurde. Zum Zeitpunkt, als das Kind starb, sah die Mutter, Goodwife Webbe, etwas wie einen schwarzen Hund durch die Tür davonlaufen. Sie wußte sofort, wer das war – der todbringende Hausgeist der mörderischen Hexe. So kam es zum Prozeß. Die Angeklagte war Ellen Smith, deren Mutter fünf Jahre zuvor als Hexe hingerichtet worden war, und die Anklage lautete auf Mord durch Hexerei. Ellen Smith wurde verurteilt und wie ihre Mutter hingerichtet.

Die dritte Prozeßwelle überschwemmte die Gemeinde im Jahre 1589. Wieder lieferten Kinder einen großen Teil der »Beweise«, und von einem männlichen sowie neun weiblichen Angeklagten wurden vier schuldig gesprochen und gehängt. Die »Geisterbeweise« der

Kinder waren zahlreiche Kobolde und Hilfsgeister, die schlimme Taten begangen haben sollten. Zwei Jungen wurden von den Richtern belobigt, weil sie ihre ledige Mutter Alice Carry und ihre Großmutter Joan Prentice vor Gericht brachten. Beide Frauen wurden innerhalb von zwei Stunden nach dem Urteilsspruch hingerichtet.

Die Hexenverfolgungen in Chelmsford erreichten während der vierten Prozeßwelle einen Höhepunkt. Um 1640 machte der »Oberhexenfinder« Matthew Hopkins das Aufspüren von Hexen zu seinem Beruf – zu einem fanatisch ausgeübten, gutbezahlten Beruf. Hauptsächlich aufgrund seines Eifers wurden in Chelmsford 32 Frauen angeklagt und 16 davon gehängt. Zu seinen Methoden der Hexenidentifizierung gehörte es, Teufelsmale zu finden und zu stechen, gefesselte Verdächtige rücklings ins Wasser zu werfen, um zu beobachten, ob sie untergingen, oder ihnen tage- und nächtelang Nahrung und Schlaf zu verweigern, bis sie schließlich zum »Geständnis« bereit waren. Hopkins arbeitete weiträumig und verfolgte seine Opfer außer in Essex noch in vielen anderen Grafschaften; tatsächlich war Chelmsford während der Zeit seiner »Hexenfindung« nicht einmal die Gemeinde mit den meisten Hinrichtungen. Da Hopkins so raffinierte »Entdeckungs«-Methoden anwandte, blieben bei ihm Denunziationen von anderer Seite, einschließlich der von Kindern, sekundär – zumindest, solange er tätig war, also ungefähr bis gegen Ende der 40er Jahre.

Imitation durch das gedruckte Wort

Etwa vier Jahre nach dem Prozeß von Warboys beschuldigte ein Junge aus Leicester, William Somers, 13 Frauen, ihn verhext zu haben. Zum Glück fanden die Richter, ehe das Zeugnis des Knaben seine tödliche Wirkung entfalten konnte, heraus, daß William sorgfältig ein Pamphlet studiert hatte, in dem die Details des Prozesses von Warboys beschrieben werden, und daß er gelernt hatte, die geeigneten Symptome zu imitieren. Das gab der Junge zu, und die Frauen wurden im letzten Augenblick gerettet.

Ein Fall von Besessenheit erschütterte 1604 die Gemeinde North

Moreton in Berkshire, als die 14jährige Ann Gunter hysterische und epilepsieähnliche Anfälle bekam und mehrere Frauen beschuldigte, sie verhext zu haben. Die Diagnose mehrerer Ärzte enthielt keine natürlichen Erkärungen; sie behaupteten, der Zustand sei eine übernatürlich herbeigeführte Störung. Wie in Warboys (und später in Salem) bestand die Zeugenaussage von Ann auf Geisterbeweisen, d. h., sie hatte Visionen von den Geistern der Hexen und von ihren Hilfsgeistern. Der Vielzahl der von Hexen begangenen Untaten fügte sie noch neue hinzu: Sie schied Nadeln aus, erbrach sie oder nieste sie aus, und sie verweigerte angeblich zehn bis zwölf Tage lang jede Nahrung. Ihre Anfälle wurden immer dann schlimmer, wenn Besucher kamen, um sie zu beobachten und ihr Mitgefühl zu äußern. Zeitweilig fand sie Linderung, wenn Stroh vom Dach der Verdächtigen genommen und in Anns Haus rituell verbrannt wurde (symbolisch anstelle der Hexe). König James I. hörte von dem Fall und interessierte sich persönlich dafür. Man hielt Anhörungen ab, und die Prozesse befanden sich erst im Anfangsstadium, als die Richter herausfanden, daß Ann eifrig ein Pamphlet mit der Beschreibung von Symptomen der Mädchen aus Warboys studiert hatte. Das Volksbuch, das den jungen Somers so beeindruckt hatte, spielte auch für Ann eine inspirierende Rolle, insofern sie sich das Verhalten eines verhexten Kindes beizubringen versuchte. Anscheinend änderte diese Entdeckung die Einstellung der Richter, denn es sind in diesem Fall keine Urteile bekannt. Letzten Endes scheint nicht mehr geschehen zu sein, als daß Ann wie auch drei der angeschuldigten Frauen der Hexerei oder zumindest simulierten Verhextseins verdächtigt wurden.

König James I. und der junge Betrüger

Ein weiteres Beispiel handelt von einem Jungen aus Leicestershire namens John Smith, dem Sproß von Sir Roger Smith, einem Vorfahren des Earl of Derby. Der Junge beschuldigte seit dem zarten Alter von fünf Jahren unablässig eine Reihe von Frauen, ihn zu verhexen. Als sein Leiden anhielt – anscheinend eine Form von hysterieförmiger Epilepsie, die den Symptomen der Mädchen von Warboys ähnelte –, nahmen die Behörden den Sohn einer so prominenten Familie schließlich ernst und brachten die Beschuldigten vor Gericht. Im Jahre 1614, als der Knabe 13 war, brachten leichtgläubige Richter neun Personen an den Galgen, doch damit waren die Prozesse noch nicht beendet. Die Prominenz der beteiligten Familie oder die Hartnäckigkeit der Anschuldigungen erregte die Aufmerksamkeit von König James I. Nachdem er mit dem Jungen gesprochen und die Umstände untersucht hatte, gelangte er zu dem Schluß, der junge Mann sei ein Betrüger, und seine Anschuldigungen seien aus der Luft gegriffen. Ironischerweise wies James I., Autor von *Demonology* (Edinburgh 1597) und selbst notorischer Hexenjäger, die Fälle von neun überlebenden Häftlingen ab und verhinderte damit weitere Fehlurteile, zumindest in dieser Gegend. Die Richter wurden vom König getadelt und ermahnt, derart todbringenden Märchenerzählern keinen Glauben zu schenken.

Die Lancashire-Prozesse von 1612: Hexenfehden

Die Prozesse von Lancashire erfolgten in Wellen, die erste 1612, die zweite 1634. Die erste Hexenepisode in all ihren Ausmaßen zu begreifen ist vermutlich die größte Herausforderung an den Forscher, weil die Angeschuldigten möglicherweise tatsächlich bewußt und absichtlich Schwarze Magie praktizierten, an ihr Handwerk glaubten und von Leuten weit und breit konsultiert wurden, die bei ihnen Anleitung in Hexenpraktiken suchten. Soviel zumindest läßt sich aus der frühesten Beschreibung des Falles ableiten, einer relativ objektiven Niederschrift des Gerichtsangestellten Thomas Potts, enthalten in einem mit 188 Seiten umfangreichen Volksbuch, *The Wonderful Discovery of Witches in the County of Lancaster* (London 1613). Einige der Aktivitäten der Verdächtigen mögen eine okkulte Interpretation geradezu herausgefordert haben. Allein der Wohnsitz der Verdächtigen in einsamer Waldlage hatte eine Aura von Geheimnis und Heimlichkeit, und ihren Zusammenkünften, um gemeinsame Aktionen zu planen, miteinander die Mahlzeiten zu teilen und

85

Familienfeste zu feiern, wurde ritualistischer Charakter zugeschrieben. Solche Vorgänge wurden als Hexensabbat gedeutet und erfüllten die Gegend mit hartnäckigen Gerüchten.

Diese Art der Interpretation veranlaßte moderne Autoren wie die Anthropologin Margaret Murray zu fragwürdigen Verallgemeinerungen. Sie benutzte fragwürdige Angaben zur Entwicklung einer Theorie, nach der in England eine alte Hexengemeinde bestand, eine Gemeinde, die in alter, vorchristlicher keltischer Religion verwurzelt war.[7]

Doch der angebliche Sabbat war möglicherweise nichts weiter als eine gewöhnliche Feier, wie sie üblicherweise unter befreundeten Familien abgehalten wird. Die Historikerin Christina Hole, Expertin für Hexerei in England, ließ die Frage lieber offen; die folgende Skizze basiert auf ihrer Beschreibung der Episode.[8]

Die schließlich als Hexen von Lancashire bekannt gewordenen Personen waren ursprünglich zwei befreundete Familien in der abgelegenen Gegend von Pendle Forest samt ihren Freunden und Nachbarn. Doch um 1601 gerieten die Matriarchinnen der Familien, die Alte Demdike und die Alte Chattox, wie ihre Spitznamen lauteten, in einen Streit; sie versöhnten sich nicht wieder und spalteten die »Hexengesellschaft« in zwei einander befehdende Fraktionen. Von da an suchten sie einander nach Kräften zu schaden. Als das Gerede um die verschiedenen Missetaten sich ausbreitete und anfing, die Gemeinde zu empören, griffen die Behörden ein und verhafteten die Alte Demdike.

Sie gestand, bereits um 1590 einen Pakt mit dem Teufel geschlossen zu haben. Ihre erste Begegnung mit ihm habe sie in einem Steinbruch im Wald gehabt, wo er ihr in Gestalt eines Knaben entgegengetreten sei. Seither habe er sie häufig besucht, immer in anderer Gestalt, als Mann, als brauner Hund oder als schwarze Katze. Zur Hexe geworden, sei sie darangegangen, auch ihre Familie zur Hexerei zu verführen, darunter ihren Sohn, ihre Tochter, zwei Enkel sowie die Alte Chattox.

Diese Behauptungen verhießen nichts Gutes für die Alte Chattox und ihre Familie, von der etliche Mitglieder ebenfalls in den Fall hineingezogen wurden. In den folgenden Anhörungen trugen die

Rivalinnen giftige Anklagen gegeneinander vor, und das Erstaunliche war, daß keine Seite sich die Mühe gab, die Vorwürfe zurückzuweisen. So landeten vier Personen aus beiden Familien schließlich als Gefangene in Lancaster Castle und warteten auf ihren Prozeß.

Dieser Umstand veranlaßte ein Zusammentreffen der Hexen. Sie versammelten sich in Malkin Tower, dem Heim der Alten Demdike, und wie sie später bereitwillig zugaben, versuchten sie eine Strategie zu entwickeln, um die gefangenen Komplizen zu befreien; sie dachten daran, die Wachen zu töten und das Kastell in die Luft zu sprengen. Da die Versammlung mit einem Mahl begann, bei dem sie gestohlenes Hammelfleisch verzehrten, haben einige Autoren dies als Beispiel für einen Hexensabbat hingestellt. (Es gibt jedoch keinen Hinweis, daß magische Rituale vollführt wurden. Wie oben erwähnt, handelte es sich möglicherweise nur um eine gemeinsame Mahlzeit von Verschwörern.)

Bald wurden weitere Angehörige der rivalisierenden Gruppen verhaftet, bis schließlich etwa 20 im Gefängnis einsaßen und auf ihre Prozesse warteten. Einige andere flohen. Die Alte Demdike starb im Gefängnis. Die fünf Hauptpersonen in dem folgenden Verfahren waren Elisabeth Device (die Tochter der Alten Demdike), ihre beiden Töchter, die neunjährige Jennet und die elfjährige Alison, ihr 20jähriger Sohn James und die Alte Chattox. Bei den Anhörungen erhoben diese Personen eine Vielzahl von Anschuldigungen gegeneinander und sprachen von magischen Morden. So habe etwa Alison ihren Hilfsgeist (in Gestalt eines schwarzen Hundes) benutzt, um den Hausierer John Law zu lähmen, der ihr einige Nadeln verweigert hatte. Offen gestand Alison das Verbrechen. Dafür beschuldigte sie ihre Großmutter, das Baldwin-Baby verhext zu haben, so daß es gestorben sei, und durch Hexerei die kranke Kuh der Nutters umgebracht zu haben, als sie gerufen worden sei, das Tier zu heilen.

Alle Gefangenen sagten freimütig gegeneinander aus und gestanden alles, was ihnen vorgeworfen wurde. Der Star des Prozesses jedoch war Elisabeth Devices jüngstes Kind Jennet. Das Gericht hielt es für zu jung, um selbst eine Hexe zu sein, aber das Kind brachte eine Anzahl von detaillierten Anschuldigungen gegen ihre Mutter, ihren Bruder, ihre Schwester und einige andere Personen vor, die bei dem Treffen von Malik Tower anwesend gewesen seien. Trotz der legal fragwürdigen Zeugenaussage eines Kindes unter 14 Jahren nahm das Gericht jedes seiner Worte für bare Münze. Damit alle Anwesenden das Mädchen deutlich sehen und hören konnten, wurde es in der Mitte des Gerichtssaals auf einen Tisch gestellt, und dort stand sie und verwirkte mit erstaunlicher Ruhe das Leben ihrer engsten Verwandten. Das Gericht sah in ihm ein »sehr aufmerksames Kind, gesegnet mit einem guten Gedächtnis und völlig frei von irgendwelcher Familienloyalität«. [9]

Schließlich befanden die Richter zehn der Beschuldigten des Mordes oder schwerer Körperverletzung für schuldig, so etwa im Fall von Alison, die John Law gelähmt haben soll. Insgesamt wurden 16 Todesfälle in der Gegend ihren Zauberkünsten zugeschrieben, außerdem Schäden am Viehbestand und anderem Besitz. Wieder ist es erstaunlich, daß die meisten Beschuldigten offen alle Vorwürfe bestätigten. So erklärte beispielsweise James Device dem Gericht, er besitze einen Hilfsgeist, einen schwarzen Hund namens Dandy, mit dessen Hilfe er Mistress Towneley umgebracht habe. Er ignorierte nicht nur die Gefahr, in der er sich selbst befand, sondern berichtete auch, seine Großmutter habe versucht, ihn zu blasphemischen Akten anzustiften. Angeblich hatte die Alte Demdike ihn aufgefordert, zur Kirche zu gehen und die Kommunion zu empfangen, das gesegnete Brot aber nicht zu essen, sondern aufzubewahren und einem Geist zu übergeben, der ihn auf dem Heimweg erwarten würde. Trotz dieser Anweisungen will James das Brot hinuntergeschluckt haben. Auf dem Weg von der Kirche nach Hause habe er einen Hasen getroffen, der das Brot von ihm gefordert habe. Als James erklärt habe, er habe dem Befehl seiner Großmutter nicht gehorcht, sei der Teufelshase vor Wut explodiert und habe gedroht, ihn in Stücke zu reißen. Daraufhin habe der Junge rasch das Kreuzzeichen geschlagen, und der Dämon sei auf der Stelle verschwunden.

Die zehn für schuldig befundenen Personen wurden zum Tode verurteilt, darunter Jennets Mutter, ihr Bruder und ihre Schwester; und wäre ihre Großmutter nicht schon in ihrer Gefängniszelle gestorben, wäre sie zusammen mit den anderen gehängt worden.

Diese Episode enthält eine Reihe bemerkenswerter Aspekte.

1. Wir sehen erneut, daß zu Anfang am ehesten alte Frauen der Hexerei beschuldigt wurden.
2. Die Zeugenaussage eines Kindes, das dem englischen Recht zufolge noch unmündig war, wurde akzeptiert.
3. Wenn wir der Behauptung Glauben schenken können, daß die Familien die Hexerei zu ihrer Lebensweise gemacht hatten, dann war das Kind, das die Vorwürfe erhob, nämlich Jennet, in gewissem Sinne eine Insiderin. Doch dieser Umstand schien für sie keine Bedeutung zu haben, und sie zeigte das typische Verhalten von Kindern, die machtlose Menschen zu ihren Opfern machen. Ob ihre Behauptungen der Wahrheit entsprechen oder bloße Erfindungen sind, ist ungewiß, vielleicht auch unwichtig. Wichtig ist, daß das Kind freiwillig seine gesamte Familie zu Opfern machte.
4. Es ist möglich, daß die Hexen an ihre magischen Kräfte glaubten und sie in bestimmten Ereignissen am Werk sahen, die wiederum ihre Rituale der Schwarzen Magie verstärkten. Es könnte sein, daß unzusammenhängende Umstände, etwa, daß sie einen Feind verfluchten und dieser Feind dann zufällig ein Mißgeschick erlitt, für sie die Beziehung von Ursache und Wirkung annahmen. So kann beispielsweise Alisons Zorn auf den Hausierer, der ihr das Gewünschte nicht geben wollte, den bewußten (sogar ritualistischen) oder unbewußten Wunsch hervorgerufen haben, ihm Schaden zuzufügen. Später, als der Hausierer erkrankte (im Rückblick sieht es so aus, als habe er einen Schlag erlitten), betrachtete Alison dies als Erfüllung des Fluchs und als Beweis für ihre magischen Kräfte. [10]

Die Lancashire-Prozesse von 1634: Betrug und Geiz

Die Hexenpanik in Lancashire vom Jahre 1634 hat wenig mit der von 1612 zu tun, außer vielleicht der Umstand, daß die inzwischen 31 jährige Jennet Device eine der Angeklagten war. Doch ganz allgemein handelt es sich hier um ein unabhängiges Geschehen, das hier angeführt wird, weil es sich um einen der seltenen Fälle handelt, in denen der Ankläger als Betrüger entlarvt wurde und die Verdächtigen auf freien Fuß kamen. Edmund Robinson, ein zehnjähriger

Junge, brachte die Welle von Anschuldigungen in Gang. Bemerkenswert an dem Fall ist, daß die Behörden das Kind als Medium benutzten, ganz ähnlich wie einige Generationen später in Salem, wo den Mädchen die gleiche wichtige Rolle zuerkannt wurde. Nach den Worten von Rossell H. Robbins: »England wurde besonders von solchen kleinen Ungeheuern heimgesucht, und amerikanische Kinder ahmten ihre Vorgänger nach.«[11]

Der kleine Robinson jedenfalls begann seine Anschuldigungen, indem er mit dem Finger auf Mutter Dickinson zeigte und zu wissen vorgab, sie sei eine Hexe. Seine Geschichte ist phantasievoll und farbenprächtig, ein mythomanisches Meisterstück. Sie kann hier nur skizziert werden.

Der Junge erzählte den Richtern, eines Tages, als er durch die Wälder gestreift sei, sei er zwei Windhunden begegnet, die nicht nach Art von Jagdhunden seinen Befehlen gefolgt seien; als er ungeduldig geworden sei und sie mit einer Gerte hätte schlagen wollen, hätten sie sich in eine Frau und einen kleinen Jungen verwandelt. Er habe die Frau sofort als die Hexe Mutter Dickinson erkannt. Zuerst habe sie ihm Geld angeboten, damit er seine Seele dem Teufel verkaufe; er habe sich aber geweigert. Dann habe sie ein Zaumzeug aus der Tasche gezogen und es auf seltsame Art über dem Kopf des kleinen Jungen geschwenkt, der sie begleitet habe. Sogleich habe sich das Kind in ein Pferd verwandelt. Auf dieses Pferd habe sie Edmund gehoben, ihn vor sich festgehalten, und schnell wie der Wind seien sie über Wälder, Moore, Felder und Bäche geflogen. Schließlich seien sie bei einer großen Scheune gelandet. Die Hexe habe seine Hand genommen und ihn in das Gebäude geführt, wo er sieben alte Frauen erblickt habe, die sieben Stricke gemolken hätten, welche von den Dachsparren hingen. Während ihre Hände an den Stricken entlanggestrichen seien, seien Schinken, Butterbälle, Brotlaibe, Krüge mit Milch, heiße Puddings und andere köstliche Speisen zu Boden gefallen. Nachdem sie sich auf diese Weise Speisen verschafft hätten, hätten sich die Hexen zu einem üppigen Festmahl niedergelassen, zu dem noch weitere Hexen eingetroffen seien, sobald das Mahl vorbereitet war. Viele von ihnen habe er gekannt, und er nannte den Richtern ihre Namen.

So phantastisch die Geschichte auch ist, die Richter hielten sie für wahr. Schließlich hatte Edmund die Wahrheit seiner Erzählung beschworen. Zwei Richter, Richard Shuttleworth und John Starkie, die sich beide an die Prozesse von 1612 erinnerten, stellten Haftbefehle gegen zahlreiche der denunzierten Festgäste aus. Zur Identifizierung der Hexen wurde der junge Robinson von Kirche zu Kirche geführt, damit er die alten Frauen bezeichnete, die er beim Hexenfest gesehen haben wollte. Die begleitenden Konstabler verließen sich auf sein Wort und führten zahlreiche Frauen ab. Etwa 20 Frauen wurden ins Gefängnis geworfen, und in Lancaster wurde ihnen der Prozeß gemacht; 17 von ihnen wurden verurteilt.

Nur eine der verurteilten Frauen gestand alles; alle anderen leugneten standhaft, irgend etwas mit Hexerei zu tun zu haben. Dieser Umstand steht in deutlichem Kontrast zu dem ersten Lancashire-Prozeß, bei dem fast alle Beschuldigten bereitwillig gestanden hatten. Dieser Unterschied spricht für die Behauptung, sowohl der damaligen Strafbehörden wie der Angeschuldigten selbst, daß die Personen aus der ersten Episode sich einer mit Hexerei verbundenen Lebensweise hingegeben und die Wahrheit gesagt hätten, als sie ein entsprechendes Geständnis ablegten.

Das standhafte Leugnen der Beschuldigten im zweiten Prozeß veranlaßte die Richter, über die Angelegenheit noch einmal nachzudenken, und sie brachten den Fall vor den Rat des Königs. Der Bischof von Chester wurde aufgefordert, die Gefangenen zu verhören. Nachdem er mit vier von ihnen gesprochen hatte, darunter Mutter Dickinson, kam er zu dem Schluß, die Anschuldigungen beruhten im wesentlichen auf Bösartigkeit und Unwissenheit. Dennoch schickte er die Beschuldigten nach London weiter, wo sie erneut von Dr. Harvey examiniert wurden, dem Arzt des Königs, der sie schließlich von der Beschuldigung freisprach, sie hätten Teufelsmale auf dem Körper. König Charles zeigte wie sein Vater James I. Interesse an solchen Fällen und wollte sich einen persönlichen Eindruck von der Lancaster-Affäre verschaffen. Er sprach mit den vier Gefangenen, desgleichen mit dem Zeugen der Anklage, dem Knaben Robinson. Bei dieser Begegnung brach der Junge zusammen und gestand, er habe die ganze Geschichte erfunden. Aus der lokalen

Folklore ein solches Garn zu spinnen war natürlich leicht, denn in der Gegend wimmelte es von Hexenvorstellungen, und die Erinnerung an die Prozesse von 1612 war noch höchst lebendig.

Ein abscheulicher Aspekt, in dem der Bericht gipfelte, betraf den Vater des Jungen. Es gibt Grund zu der Annahme, daß Robinson senior die Anschuldigungen des Buben zumindest teilweise anregte. So dürfte es beispielsweise kaum ein Zufall sein, daß die erste Person, die von Edmund beschuldigt wurde, Mutter Dickinson war, mit deren Mann sein Vater kürzlich Streit gehabt hatte. Der Vater versuchte auch, die Glaubwürdigkeit der Geschichte seines Sohnes zu untermauern, indem er behauptete, bei seiner Heimkehr habe der Junge geweint und sei über das Erlebnis äußerst bestürzt gewesen. Gerüchten zufolge hat der ältere Robinson »beträchtliche Summen verdient, indem er Personen bedrohte, die reich genug waren, ihre öffentliche Anschuldigung mit Geld abzuwenden«.[12]

Charakteristika englischer Prozesse

Es ließe sich noch eine lange Liste weiterer Beispiele anführen, doch sie besitzen im wesentlichen alle die gleichen Elemente und würden kaum weitere Einsicht in die Rolle von Kindern bieten. Was England betrifft, so waren die Kinder gewöhnlich Zeugen der Anklage, die den Glauben der Menschen an die Realität des Teufels, seiner Dämonen, menschlicher Komplizen und ihrer eigenen Besessenheit auszunutzen wußten. Sie spielten ihre Rollen glänzend und wußten genau, wie und wann sie die erwarteten Symptome an den Tag zu legen hatten.

Insgesamt läßt sich an den englischen Prozessen eine Anzahl bemerkenswerter Charakteristika feststellen.

1. Die Kinder neigten dazu, beim Anblick angeblicher Hexen heftige Anfälle zu bekommen.
2. Gewöhnlich wurde nach dem Teufelsmal gesucht, das fast immer gefunden wurde.
3. Die Kinder erholten sich bemerkenswert schnell von ihrem Leiden, sobald die Hexen gestanden hatten oder hingerichtet wurden.

4. Die Folter wurde selten angewandt, zumindest nicht legal. (In Schottland wurde, wenn die Behörden Hexerei vermuteten, fast routinemäßig gefoltert.)

5. Die englischen Behörden verließen sich so sehr auf die Zeugenaussagen von Kindern, daß es nicht notwendig war, die Folter anzuwenden, um ein Geständnis zu erhalten. Daher war die Aussage eines Kindes genauso tödlich wie in anderen Ländern die Folter.

6. Ein überraschend hoher Anteil der Kinder, welche die Rolle von Besessenen spielten, kam aus prominenten oder zumindest wohlhabenden Familien, während auf dem Kontinent genau das Gegenteil der Fall war: Dort stammten die meisten »besessenen« Kinder aus den unteren Klassen.

7. Tiere als dämonische »Hilfsgeister« spielten eine herausragende Rolle, besonders in Gestalt von Katzen, Hunden und Hasen. Ein Autor sah darin einen Kommentar zu der Zuneigung, die englische Familien traditionell zu ihren Haustieren empfunden haben. [13]

8. Die häufigsten Opfer kindlicher Beschuldigungen waren ältere und ärmere Frauen der Gemeinde.

9. Zum Schluß sei noch an einen allgemeinen Punkt erinnert. Die englischen Hexenprozesse bzw. die allgemeinen Hexenverfolgungen in England wurden nicht von der Heiligen Inquisition eingeleitet oder geführt. Die Verfolgung von Hexen fiel in die Verantwortung säkularer Gerichte, und die Betonung lag auf angeblicher Schädigung (*maleficia*) statt auf Häresie und anderen rein religiösen Verstößen. Im übrigen Europa war es größtenteils die Inquisition, welche die Verfolgung organisierte und Prozesse einleitete, und zwar sowohl auf der Grundlage von Häresie wie von *maleficia*.

5. Als der Vorhang fiel

Hexenfamilien

Während die Gesamtzahl der Hexenprozesse gegen Ende des Zeitalters der Hexenjagd allmählich abnahm, ging der Anteil der Prozesse, in die ganze Familien verwickelt waren, merklich in die Höhe. In solchen Prozessen, die ganze Familien vernichteten, wurde die Rolle von Kindern für Eltern und Geschwister lebensgefährlich. Die Gefühllosigkeit Jennets beim ersten Lancaster-Prozeß gegenüber ihrer Familie war kein Einzelfall; sowohl in England als auch auf dem Kontinent breiteten sich in den letzten Jahrzehnten des 17. und den ersten Jahrzehnten des 18. Jahrhunderts ähnliche Vorgänge aus.

Dies gilt besonders für die deutschen Regionen, in denen viele Gemeinden mit Familienprozessen konfrontiert waren, beispielsweise Amberg (1655), Menningen (1656), Reichertshofen (1661), Haidau-Straubing (1690, 1730) und Schwabmünchen-Augsburg (eine Welle, die von 1728 bis 1734 andauerte). Alle Prozesse begannen damit, daß Kinder Mitglieder ihrer eigenen Familien beschuldigten.

Zu den meisten Fällen kam es, weil tatsächlich ein Verbrechen begangen oder vermutet worden war. Zu Beginn hatte das Vergehen gewöhnlich nichts mit Häresie oder Hexerei zu tun, sondern eher mit Dingen wie Inzest, heimlicher Schwangerschaft, Abtreibung oder Säuglingsmord. Während der Untersuchung wurden diese Vergehen dann in *crimen magiae* umgedeutet, und die Schuldigen, gewöhnlich Eltern und Geschwister, wurden der Hexerei angeklagt.

Das Beispiel von Haidau, einer Gemeinde in Niederbayern, veranschaulicht dieses Muster. In der Stadt fanden zwei Prozesse gegen Hexenfamilien statt, einer von 1689 bis 1694, ein anderer von 1700 bis 1702; beide umfaßten insgesamt vier Familien oder 20 Personen – die sämtlich hingerichtet wurden. [1] Der erste Prozeß ging auf ein zwölfjähriges Mädchen zurück, Katharina Gruber, die behauptete, sie werde regelmäßig von Geistern besucht, die ihr Einzelheiten über den Zustand der Seelen von Verstorbenen mitteilten. Bald hatte sie den Ruf eines Mediums; ihre Eltern erkannten schnell, welch geschäftliches Potential damit verbunden war. Sie richteten die Gesindehütte her, damit die Leute das Mädchen dort aufsuchen konnten; sie weigerte sich nie, für ihre Tätigkeit als Medium Geld anzunehmen, und so nahm die ganze Sache allmählich den Charakter eines geschäftigen Pilgerzentrums an. Der katholischen Kirche gefiel diese Entwicklung naturgemäß nicht. Besonderes Mißfallen erregte Katharina bei den Kapuzinermönchen im nahen Regensburg, die es lieber gesehen hätten, wenn die Pilger Almosen in *Bonafide*-Schreine, vor allem ihre eigenen, gegeben hätten. Nachdem das Mädchen einige Monate lang überirdische Informationen verkauft hatte, wurde sie verhaftet. Die ursprüngliche Anklage bezog sich weniger auf Häresie als auf den Vorwurf, sie betrüge ihre Kundschaft.

Das änderte sich jedoch abrupt, als das Mädchen im Gefängnis war und dem Wärter berichtete, sie selbst, ihre Mutter und noch eine andere Frau seien Hexen, sie hätten einen Pakt mit dem Teufel geschlossen und seien regelmäßig zu den Hexentänzen geflogen. Anscheinend legte sie dieses Geständnis ohne Druck oder Provokation ab. Während der Untersuchung durch die Behörden weitete sich der Fall auf drei Familien aus, von denen alle Eltern sowie acht von zehn Kindern zwischen zwölf und 19 Jahren der Hexerei für schuldig befunden und kurz nacheinander hingerichtet wurden. Zur Zeit ihrer Verhaftung waren die Kinder, vier Jungen und vier Mädchen, zwischen sieben und 16 Jahre alt. Ein Mädchen von drei Jahren hatte sich der Gruppe angeschlossen und behauptete, eine Hexe zu sein; sie gestand unter anderem, Beischlaf mit dem Teufel gehabt zu haben; doch das Gericht entschied, das Kind zu verschonen. Katharina zog auch ihre Schwester in die Sache hinein, doch die hatte ein Alibi und konnte beweisen, daß sie in der fraglichen Zeit in einer entfernten Gemeinde als Dienstmagd gearbeitet hatte; daher blieb sie unbehelligt.

Ein weiterer Prozeß gegen eine Hexenfamilie fand 1625 in der deutschen Reichsstadt Augsburg statt. Der Stadtrat hatte sich lange der Hexenhysterie benachbarter Gerichtsbezirke enthalten, was für säkulare Reichsstädte eher typisch war. Daher tat der Stadtrat anfänglich die Behauptungen eines elfjährigen Mädchens ab, Verwandte hätten sie verführt, sich den Hexen anzuschließen, sie habe beim Hexensabbat getanzt und einen Dämonenliebhaber gehabt. Doch Maria beharrte auf ihrer Geschichte, obwohl sie wiederholt von ihren Eltern verprügelt wurde, die gehofft hatten, Schläge würden sie zur Vernunft bringen. Schließlich ließ der Stadtrat auf Drängen der Eltern das Mädchen ins Gefängnis sperren und begann den Fall zu untersuchen. Dazu gehörte auch eine körperliche Untersuchung durch zwei Augsburger Hebammen, die feststellten, daß das Mädchen niemals Geschlechtsverkehr gehabt hatte, ganz zu schweigen von der leidenschaftlichen Art, die sie in kruden Einzelheiten beschrieben hatte.

Nachdem ihre Behauptungen sich als unwahr herausgestellt hatten, änderte Maria ihre Geschichte. Nicht Verwandte hätten sie überredet, Hexe zu werden, sondern ihre eigene Mutter. Maria brachte diese Geschichte aus freien Stücken vor, ohne unter Druck gesetzt oder gefoltert worden zu sein. Allem Anschein nach hatte sie kein Motiv, doch genau diese scheinbare Motivlosigkeit ließ ihre Geschichte als wahr erscheinen. Daraufhin wurde die Mutter verhaftet und bestätigte unter der Folter, was ihre Tochter erzählt hatte. Der Fall endete mit der Hinrichtung der Mutter. Die Tochter wurde, weil man sie für zu jung hielt, um bestraft zu werden, auf freien Fuß gesetzt, wenngleich das Gericht glaubte, sie habe an Verbrechen der Hexerei teilgenommen. [2]

Vertrauenskrise

Die Stadt Calw, nicht weit von Trier gelegen, widmete sich der Hexenjagd auf andere Art und Weise. Trier war einer der ersten Gerichtsbezirke, in deren Prozessen von 1580 eine erhebliche Anzahl von Kindern verwickelt war; Calw dagegen war eine der letzten europäischen Gerichtsbezirke, in denen bei den Prozessen von 1680 mehrere Kinder betroffen waren. Die Vorgänge in der einen Stadt stehen am Beginn der Kinderprozesse, die in der anderen Stadt praktisch an ihrem Ende – ein Zeitraum von ungefähr 100 Jahren. In Trier glaubte man den denunzierenden Kindern ohne Vorbehalt; in Calw schenkte man ihnen nur zögernd Glauben. Trier bestrafte Kinder nach Maßstäben des Erwachsenenrechts; Calw beschränkte die Todesstrafe auf Erwachsene. Der Verfolgungsdruck kam in Trier von oben; in Calw kam er von unten, also aus der Bevölkerung. Das protestantische Calw war an einer Verfolgung wegen religiöser Verbrechen wie Häresie uninteressiert und konzentrierte sich statt dessen auf *maleficia*; das katholische Trier dagegen war sich mit der Inquisition einig, Häresie zu verfolgen.

Die Vorgänge von Calw führten im Unterschied zu früheren Episoden nicht zu einer intensiven Verfolgung. Doch der öffentliche Aufruhr war genauso stark wie bei früheren Vorgängen, wenn nicht stärker. Dies wirft die Frage auf, wieso dem Maß an Aufruhr nicht die Intensität der Verfolgung entsprach. Die Erklärung ist: Im späten 17. Jahrhundert war es zu einer *Vertrauenskrise* gekommen; man zweifelte an der Realität von Hexen und an der Glaubwürdigkeit von Zeugenaussagen, besonders der von Kindern. Die Mora-Episode um 1660 in Schweden war den Behörden in ganz Europa wohlbekannt; sie war voller Skepsis aufgenommen worden und wurde als Warnung angesehen, den Behauptungen von Kindern zu trauen.

Infolgedessen zögerten die Behörden von Calw mit der Verfolgung und drohten sogar denjenigen Bewohnern, die ungehemmt denunzierten und Gerüchte in Umlauf setzten, Strafen an. Doch die Bürger reagierten völlig anders: Sie riefen dringend nach Verfolgung und lösten buchstäblich eine Serie von Prozessen aus, die leicht mehr als 50 Menschenleben hätte kosten können. Hier ging also die Verfolgung von unten und nicht von oben aus – ganz im Unterschied zum Charakter der Verfolgung in den fränkischen Fürstbistümern.

Jedenfalls hielten die Kinder von Calw an ihren ausschweifenden Denunziationen und mythomanischen Erzählungen fest. Die ausgezeichnete Beschreibung von Erik Midelfort liegt folgender Skizze des Szenarios zugrunde.[3] Das Unheil kündigte sich 1673 an, als Kinder eine Frau beschuldigten, mehrere Nachbarn vergiftet zu haben. Die Richter der Stadt unterbreiteten den Fall der juristischen Fakultät der nahe gelegenen Universität Tübingen und erhielten eine nega-

97

tive Beurteilung. Daraufhin wurde die Frau freigelassen. Die konsultierten Juristen hielten das Zeugnis der Kinder für unglaubwürdig. Vier Jahre später wurden ähnliche Vorwürfe gegen einen zehnjährigen Jungen erhoben, gegen Berthol Sieben, der den Sohn des Schulmeisters, Johannes Crispen, mit einem vergifteten Stück Brot umgebracht haben sollte. Berthol gab dies im Verhör zu, behauptete jedoch, seine Großmutter, Anna Hafnerin, habe ihn dazu angestiftet und ihm das Giftpulver gegeben, um seinen Klassenkameraden Schaden zuzufügen. Erneut wurde bei der Universität Rat eingeholt. Die Rechtsfakultät sprach sich gegen eine härtere Strafe aus, aufgrund mildernder Umstände wie dem Alter des Jungen und dem schwachen Gesundheitszustand der Großmutter. Der Junge kam mit einer öffentlichen Auspeitschung davon. Doch die Familie blieb den Nachbarn verdächtig; sie waren überzeugt, in deren Haushalt würden Zauberei und Hexerei betrieben, 1683 behauptete ein elfjähriger Nachbarjunge, die alte Hafnerin, inzwischen 80 Jahre alt, habe ihn in die Hexerei eingeführt und überredet, Gott abzuschwören und dies mit seinem eigenen Blut niederzuschreiben. Auch habe er die alte Frau zu vielen Hexentänzen begleitet. Bei diesen Anlässen habe er zahlreiche Klassenkameraden getroffen. Doch es ließ sich nachweisen, daß er zum Zeitpunkt seiner angeblichen dämonischen Vergnügungen in seinem Bett geschlafen hatte. Daraus schlossen Eltern und Nachbarn, der Teufel sei in der Lage, die Seelen der Kinder zu entführen und ihre Körper zurückzulassen. Allgemeine Unruhe erfaßte die Gemeinde. Eltern hielten ihre Kinder nachts wach, damit sie nicht zum Hexensabbat fliegen konnten, und befragten sie andauernd nach übernatürlichen Erlebnissen. So spornten sie die Kinder unabsichtlich an, immer wildere Geschichten über ihre Abenteuer im Reich der Dämonen zu erzählen. Schließlich hatten die Richter das Gefühl, es müsse etwas geschehen, und 1683 befragten sie 19 redselige Kinder, von denen das jüngste gerade zehn Jahre alt war. Die Zeugenaussagen stimmten nahezu überein, und sie handelten vor allem von der Hexerei der alten Hafnerin und ihres Enkels Berthol.

Nachdem die Richter die beiden Beschuldigten intensiv verhört hatten, gestanden sie, Hexen zu sein. Berthol gab zu, vor sechs Jahren Johannes Crispen vergiftet und seither dem Teufel gedient zu haben. Die Großmutter gestand ähnliche Teufelsdienste, zu denen sie bereit gewesen sei, weil er ihr Geld versprochen habe, doch er habe nie bezahlt. Am belastendsten war, daß sie eine Reihe von Kindern zur Hexerei verführt haben wollte. Großmutter und Enkel baten um Gnade. Sie hätten nie einen richtigen Pakt mit dem Teufel geschlossen und seien zu alt bzw. zu jung gewesen, um die Sache zu durchschauen. Diesmal hielt die juristische Fakultät zu Tübingen die Beweise für ausreichend und erklärte, die Vergehen für sich bedeuteten einen freiwilligen Bund mit dem Teufel, auch wenn vielleicht kein ausdrücklicher Pakt geschlossen worden sei. Großmutter und Enkel wurden schuldig gesprochen und im Dezember 1683 hingerichtet.

Danach wäre es kaum zu weiteren Prozessen gekommen, wenn der Aufruhr unter den Bürgern nicht so heftig gewesen wären. Doch Gerüchte und Anschuldigungen wechselten einander in schneller Folge ab, und immer mehr Kinder taten sich mit phantastischen Geschichten hervor, bei denen es meistens um die Frage ging, wen sie angeblich bei den Hexentänzen gesehen hatten. Die Tübinger Juristen befragten über 30 Kinder, die zwischen drei und 20 Jahre alt waren, und kamen zu dem Schluß, daß sie entweder »geträumt hatten oder einfältig sind«. Einige freiwillige Geständnisse der Kinder enthielten aber etliche konkrete Vergehen, beispielsweise Blasphemien, und zur Strafe dafür wurden die betreffenden Kinder vor ihren Klassenkameraden mit Ruten gezüchtigt. Im übrigen warnten die Rechtsberater, Kindergeschichten Glauben zu schenken, erinnerten die Richter an das Debakel von Mora und empfahlen, Gerüchte und Anschuldigungen streng zu untersagen. Dennoch, so fügten sie hinzu, scheine eine Reihe von Erwachsenen schwerer Vergehen schuldig zu sein, Vergehen, die Verhöre unter der Folter rechtfertigten.

Gerüchte über solche Vergehen hielten die Stadt in fieberhafter Spannung, hetzten Nachbarn gegeneinander auf und boten persönlichen Gefühlen wie Haß und Neid einen ehrbaren Anlaß, übernatürliche Verbrechen anzuzeigen. Solche Beschuldigungen dienten als bequemer Weg, an einem Gegner oder unangenehmen Nachbarn

Rache zu nehmen, wenn andere rechtliche Mittel fehlten. Die geplagten Behörden sahen sich gezwungen, eine Kommission zu bilden, welche die zahlreichen Denunzianten und die Verdächtigten vernehmen sollte. 1684 betrug die Anzahl der denunzierenden Kinder 38 (14 Jungen und 24 Mädchen); sie beschuldigten 77 Erwachsene der Hexerei; und wieder bildeten sich Gruppen, die in ihren Aussagen übereinstimmten; 21 Jugendliche waren sich einig, daß Wendel Kohlers Frau eine Hexe sei.

Doch die Mitglieder der Kommission ließen sich nicht mehr so leicht überzeugen. Im Gegenteil, sie wunderten sich darüber, daß Eltern ihren Kindern Ängste und Feindseligkeiten eingeflößt und sie zu paranoiden Einstellungen veranlaßt hatten, vor allem aber über die Methode, Kinder nachts nicht schlafen zu lassen, wodurch sie chronisch nervös und reizbar wurden. Die Kommission erkannte auch, daß die Phantasien der Kinder eine wichtige und in gewisser Hinsicht autonome Rolle spielte. Unter den Kindern machten sie als Anführer einen »melancholischen« 12jährigen Jungen, Veit Zahn, aus, der seine Altersgenossen mit seinen ausschweifenden Einbildungen beeindruckt hatte.

Die Kommission wollte vor allem eine Anzahl populärer Wahnvorstellungen beseitigen. So bestritt sie zum einen die Vorstellung, Geist und Körper schlafender Kinder ließen sich trennen, und erklärte den Stadtbewohnern, der Teufel habe nicht die Macht dazu. Zum anderen bezeichnete sie die Vorstellung als unsinnig, Kinder könnten zu irgendeinem Ort fliegen, sonderlich, wenn sie zur gleichen Zeit in ihren Betten schliefen. Sodann erklärte sie die Träume und Phantasien der Kinder zu Wahnvorstellungen. Ferner bestritt sie entschieden, man könne mit Hilfe von Geistererlebnissen zu verläßlichen Beweisen gelangen. Und schließlich meinte sie, die Geschichten der Kinder seien so widersprüchlich, daß man sich auf keine verlassen könne. Sie vermutete hinter diesen Vorstellungen schlaue Täuschungsmanöver des Teufels, der nur alle Beteiligten verwirren wolle. Abschließend erklärte sie, man könne unmöglich irgend jemanden zuverlässig der Hexerei überführen.

Die einzige Maßnahme, welche die Kommissionsmitglieder zu diesem Zeitpunkt trafen, war die Verbannung von drei Frauen – der

Mutter des hingerichteten Berthol, ihrer Schwester und der verleumdeten Kohlerin. Dies taten sie jedoch weniger aufgrund irgendwelcher Schuldbeweise, sondern vielmehr, um die Verbannten vor der Wut der Stadtbewohner zu schützen. Die Richter erklärten ihnen, sie seien vor Lynchjustiz nicht sicher, wenn sie in Calw blieben. Andere Verdächtige wurden ermahnt, ein unauffälliges Leben zu führen und ihre Häuser eine Zeitlang nicht zu verlassen.

Der Versuch, den Pöbel zu beruhigen, war nur teilweise erfolgreich; es blieben Spannungen, und die Behörden hielten es für angebracht, örtliche Milizen an die Krisenorte zu entsenden. Selbst diese Maßnahme erwies sich als unzureichend, und schließlich entsandte die Zentralregierung in Stuttgart einen Trupp von Soldaten unter dem Kommando eines besonders befähigten Hauptmanns, um in Calw Recht und Ordnung wiederherzustellen. Gleichzeitig versuchte man es mit pädagogischen Maßnahmen, um unter den Bürgern wieder Ruhe herzustellen, richtete besondere Gebetstage ein, verwies auf die Täuschungsmanöver des Teufels und spielte die Gefahren der Hexerei herunter. Ein redegewandter Prediger betonte unablässig, solche Unruhe und Mißtrauen unter den Menschen seien nichts anderes als das Werk des Teufels. Statt ständig Nachbarn zu verdächtigen und zu denunzieren, sollten die Leute sich keusch und nüchtern zurückhalten, denn diese Tugenden seien am besten geeignet, die Hexerei zu beseitigen und den Teufel zu vertreiben. Die Erziehungsmaßnahmen trugen schließlich Früchte, und die Menschen kamen allmählich wieder zur Vernunft.

Kinder hatten in Calw die zentrale Rolle gespielt; sie waren verantwortlich für zwei Hinrichtungen, die Zwietracht in der Gemeinde, die Verbannung von Unschuldigen und den Einsatz von Militär.

Um es zu wiederholen: Dem mutigen Bemühen der Behörden, die Hexenpanik zu unterdrücken, lag nicht der Glaube zugrunde, Hexen oder den Teufel gebe es nicht – sie hielten vielmehr an solchen Überzeugungen fest –, sondern es war eine Folge ihres Unvermögens, im Zuge einer Massenhysterie Hexen als solche dingfest zu machen. Die Vertrauenskrise angesichts massenhafter Denunziationen bereitete der Hexenjagd nicht nur in Calw, sondern auch in anderen Regionen ein Ende. Die wachsende Unglaubwürdigkeit wurde zu einem Hemmnis für das juristisch-dämonologische Szenario.

Wie das Räderwerk der Hexenverfolgung allmählich ins Stocken geriet, läßt sich sogar anhand von Gerichtsbarkeiten verdeutlichen, die eine Vorgeschichte exzessiver Hexenjagd aufwiesen. Während die Behörden von Calw versuchten, das Hexenfieber in der Bevölkerung zu unterdrücken und zu kontrollieren, bot sich in Bamberg eine genau entgegengesetzte Situation. Dort sah sich Fürstbischof Johann Georg II. einer Bevölkerung gegenüber, die immer nachdrücklicher forderte, die Verfolgungen einzustellen. Als er starr auf Verfolgungen beharrte, fand die Bevölkerung instinktiv einen Weg, um Sand ins Getriebe zu werfen. Die Angeklagten zogen immer häufiger Behördenvertreter in das Geschehen hinein und behaupteten, den einen oder anderen beim Hexentanz gesehen zu haben. Der Fürstbischof war folglich in der ungewohnten Lage, sich gegen drei Seiten verteidigen zu müssen. Erstens mehrten sich Hinweise darüber, daß viele Geständnisse und Denunziationen erfunden waren, und es wurde immer schwieriger, »echte« Hexen von »falschen« zu unterscheiden. Der Prälat antwortete wiederholt mit Edikten, in denen er strenge Bestrafungen für mutwillige Denunziationen androhte. Nachdem sich das zweite Edikt im September 1628 erneut als unwirksam erwiesen hatte, griff der Fürstbischof entschlossen zu drakonischen Maßnahmen und ließ eine öffentliche *Wippe* errichten, um alle zu bestrafen, die falsch Zeugnis ablegten. Bei der Wippe handelte es sich um ein Foltergerät, das aus einem langen Balken bestand, der um einen Drehpunkt auf- und abwippte. Der Delinquent wurde auf ein Ende gebunden, so daß man ihn entweder bis zum Ertrinken in Wasser tauchen oder auf ein Nagelbrett pressen konnte.[4]

Zum anderen mußte der Regent von Bamberg den Ruf seiner höchsten Beamten schützen, die als Hexer denunziert worden waren. So sah er sich beispielsweise am 3. November 1628 gezwungen, einen Brief an den Kaiser zu schreiben, in dem er versicherte, sein Domprior und sein Suffraganbischof seien zu Unrecht als Hexer beschuldigt worden. Ironischerweise war Suffraganbischof Förner bei der Hexenverfolgung sein loyalster Gefolgsmann gewesen. Zahlreiche seiner Priester sahen sich immer häufiger als Hexer und als mit dem Teufel Unzucht Treibende denunziert. In einem Fall beschuldigte eine Frau aus Bamberg, namens Barbara Rött, den Priester Michael Kötzer von der ehrwürdigen Pfarre St. Martin, er habe versucht, sie zur Unzucht zu verführen.[6]

Schließlich hatte der Fürstbischof auf wiederholte Ermahnungen des Kaisers zu antworten, dem man mitgeteilt hatte, er mißachte die angemessene Vorgehensweise bei der Verfolgung von Hexen.

Mutwillige Denunziationen von Geistlichkeit und Beamtentum waren nicht auf Bamberg beschränkt, sondern in ganz Europa verbreitet. Im katholischen Fürstentum Ellwangen, nicht weit von Bamberg entfernt, wurden drei Priester und ein Organist angeklagt, der Hexerei für schuldig befunden und im Juni 1615 hingerichtet. Die Priester mußten das schaurige Ritual der Verstoßung aus heiligen Orden, gewöhnlich »Entziehen des Priesteramts« genannt, erleiden, wobei man jedem ein Loch in die rechte Hand, in seine Tonsur und in die Stirn schnitt und dann Salz und Essig in die Wunden rieb, um alle Spuren der sakramentalen Salbung zu beseitigen. Dazu wurden ihnen die Fingernägel ausgerissen; dann kleidete man sie gewöhnlich ein und brachte sie anschließend um.[7]

Doch es verging einige Zeit, bis die Hexenverfolgungen völlig eingestellt wurden. Wiederholt flammten sie hysterisch wieder auf. So verfolgte die Inquisition beispielsweise noch um 1720 im bayerischen Bistum Freising einige Dutzend Verdächtige, vor allem Kinder und Jugendliche. Die meisten Angeklagten wurden freigelassen, aber drei Bettlerinen und acht »Hexenknaben« zwischen 14 und 23 Jahren wurden hingerichtet.[8]

Abgesehen von einigen Rückfällen kam es nur hier und da noch zu kleineren Prozessen; die massenhaften Hexenverfolgungen hatten ihr Ende gefunden und damit schließlich auch die tödliche Rolle der kleinen Schauspieler und Schauspielerinnen im Drama des Bösen.

Ende einer Ära – Zusammenfassung und Überblick

Um die Mitte des 17. Jahrhunderts hatte sich eine Vertrauenskrise eingestellt, die das Auffinden von Hexen fragwürdig machte. Erwachsene, die andere oder sich selbst beschuldigten, hatten in erheblichem Maße an Glaubwürdigkeit verloren. Hinsichtlich der Diagnose von Geisteskrankheit waren gewisse Fortschritte gemacht worden, und diese besonders in Fällen von Selbstbezichtigungen. Johannes Weyers Feststellung in *De Prestigiis Daemonum* (1563), viele vermeintliche Hexen litten an »Melancholie«, hatte verspätet Wirkung gezeigt – trotz heftigen Widerstands wie dem von Jean Bodin in seiner Schrift *De la Démonomanie* (1580).

Die Risiken, die damit verbunden waren, andere zu beschuldigen, hatten zugenommen, und die Menschen hatten allmählich erkannt, daß es gefährlich sein konnte, etwas in allen Einzelheiten zu gestehen. Andere als Hexen zu bezichtigen konnte auf den Ankläger zurückschlagen, wenn man von der denunzierten Person als Komplize bezeichnet wurde. Und die Leute wußten auch, daß die Folter sie dazu bringen würde, diese Komplizenschaft zu gestehen. Erwachsene konnten solche Gefahren abschätzen und sich zurückhalten, doch Kinder schienen von den neuen Umständen unbeeindruckt oder nahmen sie einfach nicht ernst. Kaum daß der Furor der Hexenjagd nachzulassen schien, traten Kinder auf den Schauplatz. Dafür gibt es etliche Gründe; einige sind bereits erwähnt worden. Hier einige ergänzende Erklärungen.

1. Kinder waren weniger gefährdet. Unter einem gewissen Alter konnten sie gewöhnlich ungestraft denunzieren – und sich gleichzeitig mächtig fühlen, die ganze Aufmerksamkeit anderer genießen und für ihren tapferen Beitrag zur Befreiung der Gemeinde vom Bösen gelobt werden.
2. Die emotionale Unreife der Kinder äußerte sich im Mangel an Hemmungen und Mitgefühl. Sie hatten noch nicht genügend Mitgefühl für das Leiden anderer entwickelt – ein typisches Merkmal ihres Entwicklungsstadiums.
3. Diese zur Schau getragene Ungerührtheit der Kinder war ein wesentlicher Faktor, der das Vertrauen in ihre Zeugenaussagen auf-

rechterhielt; die Inquisitoren hielten sich an die Redensart: »Narren und Kinder lügen nicht.« Besonders die scheinbar unmotivierten Anschuldigungen von Kindern schätzten die Inquisitoren als glaubwürdig ein. Wieso, fragten sie sich, sollten Kinder jemanden beschuldigen, wenn es nicht wahr wäre und sie keinen persönlichen Gewinn davon hätten? Die Verantwortlichen erkannten nicht, daß Kinder durchaus Motive und Vorteile haben, die gewöhnlich im Innern verborgen, unbewußt sind und damit schwer auszumachen von Inquisitoren, die in Theologie bewandert waren, nicht aber in irgendeiner Form von Kinderpsychologie. In ihrer Analyse des Aufruhrs in Salem zeigt Starkey, daß Kinder ihre Straffreiheit ausnutzten, um sich an bestimmten Erwachsenen in der Gemeinde, aber in gewissem Sinne auch an der allgemeinen Gemeinde für die Einschränkungen, Ängste und Bedrohungen zu rächen, unter denen sie ihre ganze Kindheit hindurch aufgrund des asketischen, bestrafenden und Schuld einflößenden Puritanismus zu leiden hatten. Starkey schreibt von Betty, der Tochter des calvinistischen Reverends Parris: »Zu lange war sie dem Höllenfeuer ausgesetzt gewesen, das ihr Vater ihr darstellte..., (und sie litt) unter der unmenschlichen Belastung, eine Erwachsenen-Welt bewältigen zu müssen, die ohne Verständnis für die Bedürfnisse und Fähigkeiten von Kindern eingerichtet worden war.«[9] Ähnlich spricht Quaife von den Ängsten, welche die jüngere Generation heimsuchen, wenn sie unter der ehernen Disziplin von Eltern und anderen Autoritäten aufwächst. Rache war die Antwort – im wesentlichen unbewußt und ganz und gar gnadenlos. »Einen prügelnden erwachsenen Patriarchen durch die Anklage der Hexerei auf die Knie zu zwingen war in der Tat jugendliche Rache.«[10]

4. Um einen früheren Punkt erneut zu betonen: Nach einigen Historikern nahm die elterliche Unterdrückung in der Nachreformationszeit drastisch zu, eine Unterdrückung, die den Groll der jüngeren Generation nährte und deren Neigung förderte, mit Hexenanklagen, einer leicht zugänglichen Waffe, Vergeltung zu üben.[11] Harte Disziplin lebte im 17. Jahrhundert wieder auf, ein verzweifeltes Bemühen, die Ordnung wiederherzustellen, nach-

dem ein großer Teil des europäischen Kontinents durch den Dreißigjährigen Krieg aus den Fugen geraten war.[12] Die deutschen Länder trugen die Hauptlast der Verheerungen und erlitten ein Massaker, das fast während der ganzen ersten Hälfte des 17. Jahrhunderts andauerte. In dessen Schatten blühten Straßenräuberei, Verbrechen und jugendliche Delinquenz; heimatlose und verwaiste Jugendliche schlossen sich zu Banden zusammen und verstärkten Verbrechen, Chaos und Instabilität. Es ist soziologische Erkenntnis, daß *Anomie* – das Fehlen von Normen und Maßstäben – die Suche nach neuer Ordnung und Übersicht anregt, und so unterdrückten verzweifelte Autoritäten die gesetzlose Jugend häufig mit grausamen Maßnahmen.

5. Man darf nicht vergessen, daß Kinder, ganz gleich, in welchem Zeitalter sie leben, nach Aufmerksamkeit hungern. Und wo kann man sich mehr Aufmerksamkeit verschaffen als in Situationen, in denen man als Hauptzeuge, der Hauptankläger von Autoritätsfiguren wie Eltern und anderen Erwachsenen auftritt? Da steht man hoch auf einem Machtkamm – und hat das Gefühl, Herrschaft zu besitzen. Völlig Herr einer Situation zu sein muß ein ekstatisches Erlebnis gewesen sein.

6. Ein weiterer Aspekt, der die lang andauernde Verwicklung von Kindern erklärt, besteht darin, daß die Inquisition oder die Behörden im allgemeinen Randgruppen als fragwürdig ansahen. Beispiele solcher verdächtigen Gruppen waren Bettler, Landstreicher, religiöse Minderheiten und in gewissem Maße auch ältere Menschen, vor allem ältere Witwen und alte Jungfern. Die Alten konfrontieren uns mit einem psychologisch wichtigen Thema. Ältere Menschen waren tendenziell eine Bürde für die Gemeinschaft, und sie waren auf Almosen, Mildtätigkeit oder andere Formen kommunaler Fürsorge angewiesen. Wie in vielen Gemeinschaften erzeugte die Gewißheit, nur unzureichend für diese Randgruppe zu sorgen, Schuldgefühle, also Emotionen, die die häßliche Neigung haben, sich gegen ihre Quelle zu richten: Menschen, denen Unrecht geschieht, werden scheel gesehen, und man stellt sie so dar, als verdienten sie keine Hilfe. Solche sozialen Umstände führen nicht selten dazu, daß man den Auslö-

ser unangenehmer und für das Selbstgefühl erniedrigender Empfindungen verfolgt. Daher wird nach Rechtfertigung gesucht, um
zum einen die ursprüngliche Verfehlung zu legitimieren und zum
anderen die Quelle der unangenehmen Gefühle zu beseitigen. Ein
wirksames Mittel in dieser Hinsicht war die Bezichtigung der
Hexerei. Alan Macfarlane, der die psychologischen Motive der
englischen Hexenverfolgung untersucht hat, kam zu dem Schluß,
daß dahinter ein erheblicher, wenn auch unbewußter Antrieb
stand, ältere Frauen zu verfolgen. Überzeugend schildert er die
Psychologie der Schuldgefühle aufgrund der Vernachlässigung
von Armen in der Gemeinde, Gefühle, die dazu führten, daß solche Menschen leicht der Hexerei bezichtigt wurden. [13]

Hier geht es in erster Linie darum, daß Jugendliche Randgruppen
bildeten, deren Aktivitäten häufig im Licht der Häresie interpretiert wurden. Delinquenz, Rowdytum und allgemeine Belästigung
durch jugendliche Banden ließen die Gesetzeshüter aufmerksam
werden und in aller Strenge reagieren. Zur sozialpsychologischen
Dynamik solcher Vorgänge gehören auch die gegenseitige Verstärkung delinquenten Verhaltens unter Kindern, die ihnen eigenen
mythomanischen Deutungen ihrer Erlebnisse und daraus resultie-
rende dämonologische Weltsicht. Wenn Kinder Hexenbeschuldi-
gungen vortragen – entweder in gedankenlosem Spiel oder als mutwillige Boshaftigkeit gegen bestimmte Individuen –, dann muß die
Einmütigkeit ihrer Vorstellungen von Hexen für Inquisitoren ein
überzeugendes Schauspiel gewesen sein.

Filippino Lippi, Zwei Hexen, Handzeichnung, um 1457

Teil II
Der Hexenjunge – eine Fallstudie

Die Hexe. Ludwig von Zumbusch, Ölgemälde, um 1899.

6. Der Schauplatz

Das Fürstbistum Bamberg, 1629

Die Geschichte, die hier erzählt werden soll, ist wahr; ihre Bühne war ein realer Ort, ihr Star eine reale Person, und die Mitwirkenden waren ebenso wirklich und eindrucksvoll. Der Vorhang hebt sich vor einer Szene, die das Herz eines Romantikers erfreuen würde: die Stadt Bamberg, die sich mit ihrer Renaissance-Pracht den Hügel emporzieht und die bukolische Landschaft mit alten Palästen, Kirchen und einem festungsähnlichen Dom schmückt. Am Fuße des Hügels liegt die eigentliche Stadt mit ihren bunten Fachwerkhäusern, die sich zusammendrängen wie eine Herde Schafe und zu ihrem mächtigen Hirten aufblickt, der im Schloß auf dem Hügel residiert – dem mächtigen Fürstbischof, dem Herrscher über kirchliche wie säkulare Angelegenheiten.

Doch die Kulisse täuscht. Es gibt wenig Romantik, selten einen friedlichen Tag, kaum ein glückliches Gesicht hinter der kunstvollen Fassade. Die Realität ist ein Drama, ein Drama mit mehr Blut, Qual und menschlicher Grausamkeit, als Shakespeare sich ausmalte, als er *Othello* oder *Macbeth* schrieb.

Dies also ist der Schauplatz der Fallstudie: die Stadt Bamberg am Rande der zerklüfteten Fränkischen Alb in der mitteldeutschen Provinz Franken, regiert von fanatischen Kirchenfürsten, die sich als Kämpfer gegen das absolut Böse des Christentums empfanden; den Hintergrund bildet das krisengeschüttelte Heilige Römische Reich des frühen 17. Jahrhunderts mit seinen endlosen Kriegen, der Pest und der Hexenverfolgung.

Der Hauptdarsteller des Dramas ist der Hexerei verdächtig: ein neunjähriger Junge, eingekerkert und über die Einzelheiten seiner teuflischen Verbrechen verhört. Er legt ein ausführliches Geständnis ab, das 24 handschriftliche Seiten umfaßt und nicht nur persönliche Intimitäten eines jungen Knaben in einer lebensgefährlichen

Situation enthüllt, sondern auch die kulturellen und sozialen Besonderheiten seiner Zeit.

Die Bedeutung des Geständnisses und der Vorstellungswelt, aus der es erwuchs, ist nur zu verstehen, wenn wir einen Blick auf die Umstände werfen, wie sie damals bestanden. Ehe wir uns dem Geständnis als zentralem Informationsmittel zuwenden, ist also vielleicht eine kurze Einführung in das historische Umfeld hilfreich.

Die Hexenverfolgung nahm in Bamberg einen besonders virulenten Charakter an; Generationen von Fürstbischöfen hatten dort sowohl die weltliche als auch die kirchliche Macht inne. Einer von ihnen war für seinen ungewöhnlichen Eifer bei der Hexenjagd bekannt. Wie er sich selbst rühmte, ordnete Fürstbischof Johann Georg II. während seiner Herrschaft von 1623 bis 1633 die Hinrichtung von über 600 Hexen an.[1] Wegen seiner Hexenverbrennungen ging er unter dem Beinamen *Hexenbischof* in die Annalen der Kirchengeschichte ein. Er war verantwortlich für den Bau besonderer Hexengefängnisse, komplett mit Folterkammern[2], und ließ viele Hexen bei lebendigem Leib verbrennen, statt sie zuerst strangulieren oder enthaupten und dann auf den Scheiterhaufen werfen zu lassen, was in anderen Gerichtsbarkeiten oft »gnädig« gewährt wurde.[3] Zahlreiche Beschwerden über sein rechtliches bzw. widerrechtliches Vorgehen wurden dem Kaiser vorgetragen, der daraufhin den Bischof ermahnte, ohne daß für gewöhnlich diesen Ermahnungen entsprochen wurde. Zu den Beschwerden gehörte, daß den Angeklagten der Beistand eines Verteidigers verwehrt wurde, daß entsetzliche Folterungen durchgeführt wurden, daß die Folter ungesetzlich wiederholt wurde, daß schwangere Frauen eingekerkert und gefoltert wurden, daß die Prozesse oft hastig abgehalten wurden und zwischen Anklage, Verurteilung und Hinrichtung nur wenige Tage lagen, sowie andere Verstöße gegen das Reichsrecht.

Warum war die Hexenjagd in Bamberg so extrem? Ein paar Hintergrundinformationen tragen zur Erklärung bei. Die großen historischen Umwälzungen des 16. Jahrhunderts forderten auch von Bamberg ihren Tribut an Stabilität. Als eines der ältesten Bistümer in den deutschen Ländern hatte es sich großer Macht erfreut, sowohl materiell als auch ideologisch. Die protestantische Reformation jedoch gefährdete seine Existenz als souveräne religiöse Einheit. Es drohten Gefahren von innen und von außen. Benachbarte protestantische Herrscher begannen, die alten Grenzen anzutasten; unabhängige Aristokraten und protestantische Ritter schufen Enklaven inmitten der Diözese; protestantische und reformierte Prediger drangen in Pfarreien ein und übernahmen katholischen Besitz, einschließlich der Kirchen. [4]

Erleichtert wurden solche Übernahmen durch eine katholische Geistlichkeit, die nachlässig und unzuverlässig geworden war. Jahrzehntelang hatten die Bischöfe die gleichen Klagen immer und immer wieder vorgebracht und ihren Priestern und Mönchen erfolglos befohlen, die geheiligten Pflichten beizubehalten. Zu den ständigen Problemen gehörten: unpassende Kleidung; Tragen von Bärten und langem Haar; unzulässige Ehen; Zusammenleben mit Konkubinen; Neigung zum Weintrinken außerhalb der heiligen Messe. Außerdem versäumten Chöre, in den Kirchen und im Dom zu erscheinen; Priester hielten zu den vorgeschriebenen Zeiten die Messe nicht ab; die meisten Priester und Mönche hatten entweder Frauen oder Konkubinen (ein Fürstbischof, überwältigt von der Allgegenwart dieses Fehlverhaltens, gestattete es schließlich mit der schwachen Bitte, die Geistlichen mögen wenigstens vermeiden, mit ihrem Weibsvolk öffentlich gesehen zu werden).

Andere Bewohner der Region verursachten keine geringeren Probleme. Ritter trugen untereinander Fehden aus; promiskuitive Frauen waren zahlreich und mußten aus der Diözese verbannt werden; zahlreiche Bigamisten erzürnten den Bischof; Bürger von Bamberg stritten sich mit ihm über steuerliche Belange; vorehelicher Sex war so verbreitet, daß ein Bischof die Bestrafung solcher Sünder einführte und sie bei der Hochzeitsfeier Strohhüte tragen ließ. [5] Die allgemeine Gesetzlosigkeit hielt die Vögte, soweit ihnen selbst daran lag, dem Gesetz zu gehorchen, in Atem und die Gefängnisse gefüllt.

Symbol der Denegeration der katholischen Geistlichkeit Bambergs war das volle *Pfaffengewölbe*, wie die Einwohner den speziell für verirrte Priester reservierten Kerker nannten, der Ende des 16. und Anfang des 17. Jahrhunderts meistens voll belegt war. [6]

Dann gab es da noch Fürstbischöfe wie Johann Philipp von Gebsattel (1599–1609), dessen Neigung zum Protestantismus seiner Loyalität zum Katholizismus beinahe gleichkam. Außerdem ging er Aktivitäten nach, welche die Eigenschaft hatten, seine Aufmerksamkeit von lästigen kirchlichen Sorgen auf weltlichere Freuden zu lenken; er war im ganzen Reich als Frauenheld, Wüstling, Schlemmer und Konsument von sehr viel mehr Wein bekannt, als die Feier der heiligen Eucharistie erforderte.[7] Zuweilen kümmerte er sich wenig darum, ob ein katholischer Priester oder ein protestantischer Pfarrer die Kirchen seiner Diözese benutzte.

Da den protestantischen Ideologen derartige theologische Nachlässigkeit nicht vorzuwerfen war, überrascht es nicht, daß das einstmals monolithische katholische Bistum bald Risse und Sprünge in seiner politischen und religiösen Struktur bekam. Schätzungen besagen, daß an der Wende zum 17. Jahrhundert etwa die Hälfte der Bevölkerung der Gegend zum Protestantismus übergetreten war.[8]

Gebsattels Nachfolger, Johann Gottfried von Aschhausen (1609 bis 1622), war aus anderem Holz geschnitzt. Er versuchte, vom Fürstbistum zu retten, was zu retten war, und rief die Jesuiten zu Hilfe. Sie entfernten von der Kanzel des Doms die unzuverlässigen Geistlichen, gründeten 1611 ein Jesuitenkolleg sowie ein Gymnasium und eröffneten binnen weniger Jahre 13 *Stadtschulen* (Grundschulen).[9]

Die Jesuiten spielten eine wichtige Rolle bei der Bamberger Form der Gegenreformation, die sich zwischen geheiligten Ritualen und erzieherischen Funktionen bewegte. Dazu gehörte zum einen Mithilfe bei der Hexenjagd als Beichtväter, als Begleiter von Verurteilten zum Ort der Hinrichtung und als Exorzisten bei vermeintlich besessenen Personen. Gefangene, die in diese Kategorie fielen, wurden gewöhnlich den Jesuiten überantwortet, und liturgische Buße ersparte ihnen möglicherweise die weltliche Bestrafung – aber nicht immer, denn viele bereuten und wurden dennoch hingerichtet. Wie wir später sehen werden, gibt es Grund zu der Annahme, daß das Schicksal des Hexenjungen in der Hand der Jesuiten lag; ungeklärt ist allerdings, ob sie Hüter seiner letzten Augenblicke oder Exorzisten waren, die ihn von Dämonen befreien sollten. Der zweite

Aspekt betraf erzieherische Funktionen wie die Leitung von Schulen und das Lehren des Katechismus. Zusammen übertrugen diese beiden Funktionen den Jesuiten die Verantwortung für die *Kinderzucht*, die Disziplinierung der Jugend. Sie führten die meisten Befehle des Fürstbischofs zur Rettung von Bambergs verkommener junger Generation aus. Nicht alle Maßnahmen liefen auf Strafe und Unterdrückung hinaus. Als beispielsweise die Schrecken des Dreißigjährigen Krieges endlich zu Ende gingen und der Frieden gefeiert wurde, vergaßen die Jesuiten nicht, die Kinder einzubeziehen; am Tag des hl. Bartholomäus wurde im Garten des Jesuitenkollegs ein Bankett bereitet, und über 100 Jungen und Mädchen wurden mit einem üppigen Mahl bewirtet. [10]

Der »Hexenbischof«

Als der *Hexenbischof* 1623 den Bamberger Thron bestieg, war er fest entschlossen, dem weiteren Niedergang der Diözese Einhalt zu gebieten und Bamberg dem wahren Glauben wiederzugeben. Er sah in seinem Plan nichts geringeres als die Rückführung Bambergs in das Reich Gottes und erließ ein strenges Edikt nach dem anderen. Ein großer Teil seines hingebungsvollen Eifers war der Ausrottung der Hexen gewidmet.

Fast täglich wurden die Menschen an die »große Verschwörung« der Hexen erinnert. Die Angst vor der »großen Bedrohung« führte zu Massenhysterie, Massenanklagen und Massenhinrichtungen. Alle Kommunikationsmedien, einschließlich des Worts von der Kanzel, des gedruckten Wortes und grotesker bildlicher Darstellungen, heizten die Erregung weiter an. So machte beispielsweise der Suffraganbischof Förner eindringliche Predigten gegen die Hexerei zu einem regelmäßigen Bestandteil der Sonntagsmesse. Um auch diejenigen zu erreichen, die diese vielleicht verpaßt hatten, ließ er die Predigten drucken und verteilen. Bilder, welche die obszönen Eskapaden der Hexen darstellten, waren jedermann zugänglich. Das gleiche gilt für Verhaftungen und Hinrichtungen, Ereignisse, die zu volksfestähnlichen Spektakeln wurden.

Der Fürstbischof autorisierte den Druck eines besonderen Flug-blattes, der *Trudenzeitung*, um das Wesen der satanischen Verschwö-rung zu beschreiben. Da deren Verteilung die Grenzen der Diözese zu überschreiten und damit auch die Hysterie zu verbreiten drohte, verbannte die Nachbarstadt Nürnberg sie offiziell von ihrem Terri-torium. Als ein übereifriger Stadtdrucker sie heimlich nachdruckte, warf ihn der Rat in den Kerker. [11]

Der *Hexenbischof* war so fest entschlossen, die religiös verkom-mene Jugend seines Reiches zu rehabilitieren, daß er eine Reihe dra-konischer Maßnahmen ergriff. Unter anderem befahl er allen Ge-meinden, eine Liste sämtlicher Kinder und Dienstboten (von denen die meisten Jugendliche waren) aufzustellen und zu kontrollieren, ob sie den Katechismusunterricht besuchten, der jeden Sonntag-nachmittag abgehalten werden mußte. Er warnte die Familienväter (*pater familias*), sie sollten dafür sorgen, daß alle von ihnen abhängi-gen Personen regelmäßig zum Katechismus gingen. Taten sie das nicht, so mußte das Familienoberhaupt für jedes Versäumnis drei Gulden Strafe zahlen. Überwacht wurde dieses Vorgehen eigens von einem Aufseher, der das Recht hatte, zur Durchsetzung der Re-gel den Beistand der weltlichen Obrigkeit anzufordern – eine unver-hüllte Verschmelzung von kirchlicher und staatlicher Macht, um das Edikt des Fürstbischofs zu befolgen. [12]

Der Herrscher ließ seine Entschlossenheit zur Wiederherstellung von Ordnung und wahrem Glauben nicht im geringsten durch Kritik an seinen Edikten zur Überwachung von Kindern und Dienstboten oder an seiner Politik zur Ausrottung der Hexen stören. Am 28. Ok-tober 1626 erließ er einen Knebelungsbefehl, dem zufolge niemand Vertreter der Obrigkeit, deren Pflichten sie in Hexenprozesse oder Hexenhinrichtungen verwickelten, kritisieren oder verleumden durfte, und schon gar nicht durften Obrigkeitsvertreter, die ihre oder ihrer Ratsherren Befehle ausführten, behindert werden, beson-ders anläßlich von Hexenhinrichtungen. [13] Personen, die gegen die-sen Erlaß verstießen, waren mit öffentlicher Züchtigung und dauer-hafter Verbannung zu bestrafen.

Urfehde war eine weitere Knebelungsverordnung; sie schrieb vor, daß Personen, die Verhören, Folter und Einkerkerung ausgesetzt und aus irgendwelchen Gründen freigelassen worden waren – vielleicht, weil das Bemühen des Folterknechts, ein Geständnis zu erlangen, erfolglos geblieben war (selten), weil eine Denunziation widerrufen worden war (häufiger) oder weil kaiserlicher Druck zur Freilassung führte (häufiger) –, einen feierlichen Eid ablegen mußten, nichts von dem zu offenbaren, was sie erlebt hatten. Es war ein Eid »ewigen Schweigens« über die Behandlung, die ihm oder ihr von den Händen der Inquisition widerfahren war. [14]

Insgesamt entsprach die Herrschaft von Fürstbischof Johann Georg II. ziemlich genau den Kriterien, die George Orwell 1944 in seinem Klassiker *Die Farm der Tiere* für eine totalitäre Gesellschaft aufgestellt hatte: Einheitliches Denken wurde erzwungen, und der Große Bruder überwachte die Menschen und brachte sie nötigenfalls zum Schweigen.

Mit der Zeit belebte diese neue Unterdrückung in Bamberg erneut eine mittelalterliche Mentalität, die dort deutlich länger bestehenblieb als in den meisten Gerichtsbarkeiten in anderen Teilen Europas. Symptome dieser kulturellen Primitivität waren: Verstöße gegen die *Constitutio Criminalis Carolina* (Reichsgesetze, denen die Bamberger Gerichtsbarkeit vermeintlich unterstand); anschließende Ermahnungen durch den Kaiser; extremer und ungesetzmäßiger Gebrauch der Folter[15]; mehrere Todesfälle nach Torturen; Selbstmord von Gefangenen im Hexenkerker; Inhaftierung schwangerer Frauen, die in Gefängniszellen gebaren; zahlreiche Flüchtlinge aus Bamberg, die in anderen Territorien Asyl suchten; gewaltsame Übernahmen von protestantisch gewordenen Pfarreien durch katholische Obrigkeit und Klerus; Anordnungen (vom Papst ermutigt), denen zufolge alle nicht katholischen Geistlichen und Bürger entweder konvertieren mußten oder verbannt wurden[16]; Unterdrückung und Vernichtung der Bamberger Intelligenz durch Amtsenthebung und Hinrichtung des fürstbischöflichen Vizekanzlers, etlicher Stadträte und mehrerer Bürgermeister. Selbst andersdenkenden Priestern blieben schwere Strafen nicht erspart; Prediger und Personen in öffentlichen Ämtern, die lutherische oder calvinistische Überzeugungen kundtaten, waren als Häretiker zu verbannen.

Ein weiterer Grund, warum die mittelalterlichen Zustände in

Bamberg sich so lange halten konnten, hat mit einer Besonderheit seiner Finanzpolitik zu tun. Im Unterschied zu weltlichen Gerichtsbarkeiten, in denen entsprechende Gesetze die Beschlagnahme von privaten Gütern und Besitztümern der Verurteilten streng begrenzten, nutzten Bambergs Fürstbischöfe ihre fast unbegrenzte Macht in weltlichen wie religiösen Belangen weidlich aus. Dies erklärt, warum sie nehmen konnten, was ihnen rechtmäßig nicht zustand, und die Hexenverfolgung als lukratives Unternehmen betrieben. Zunächst einmal mußten alle Kosten infolge Verhaftung, Verhöre, Einkerkerung, Folter und Hinrichtung vom Opfer und seiner oder ihrer Familie getragen werden. Selbst Personen, die mit den Verurteilten befreundet gewesen waren, konnten verpflichtet werden, die behördlichen Unkosten zu erstatten. [17] Daher war das Einkommen der verschiedenen Mitarbeiter der Hexenjagd-Industrie, vom bischöflichen Juristen bis zum Folterknecht, gewöhnlich gewährleistet. Materielle Güter, welche die Unkosten überstiegen, wanderten in die Truhen des Fürstbischofs. Und manchmal waren die Überschüsse beträchtlich. Beispiele hierfür sind [18]: 1. Versteigerung des Hauses und aller Besitztümer von Conrad Müller, der nach der Anklage wegen Hexerei aus dem Bezirk geflohen war, am 30. Oktober 1625; 2. Beschlagnahme des Vermögens eines kinderlosen Paares, das 1628 als Hexe und Zauberer hingerichtet worden war; 3. Beschlagnahme des gesamten Besitzes von Peter Fürst, am 18. Dezember 1629 als Hexer hingerichtet, trotz Fürsprache des Kaisers und trotz des Versprechens der Erben, die Prozeßkosten zu bezahlen; 4. Georg Elder richtete mit dem Hinweis, er sei 28 Jahre lang ein loyaler Diener der Diözese gewesen, eine Bittschrift an den Fürstbischof, er möge auf die Rechnung von 100 Gulden verzichten, die er für die Kosten der Hinrichtung seiner Frau und seines Sohnes bezahlen sollte. 5. Die Kinder von Eltern, die wegen Hexerei hingerichtet worden waren, wandten sich 1629 erfolglos mit einer Bittschrift an den Fürstbischof, er möge ihnen ihr rechtmäßiges Vermögen überlassen. 6. Zahlreiche Petitionen von aus der Diözese geflohenen Erben zwecks Überlassung des Vermögens ihrer Eltern oder Verwandten, die im Bamberg als Hexen hingerichtet worden waren. 7. Die Hinrichtung aller Angehörigen der Familie Haan (Ehemann, Ehefrau, Sohn, Tochter, Schwiegertochter, Schwiegermutter) ließ in der Diözese keine Erben zurück. Da der Familienälteste der Haans, einst Vizekanzler des Fürstbischofs, einer der vermögendsten Männer im Reich gewesen war, füllten sich die Truhen seines Herrn beträchtlich.

Schließlich sammelten sich am Hof des deutschen Kaisers so viele Beschwerden an, daß er 1631 einen knappen, klaren Befehl an den Fürstbischof richtete, ungesetzliche Konfiszierungen zu unterlassen. Unbeirrt wie bei früheren Ermahnungen, erging sich der Fürstbischof in Ausflüchte, was die Tatsachen betraf, verzögerte Reformen und hielt sein Verhalten bei.

Diese einträgliche Politik läßt die totalitäre Macht des Fürstbischofs erkennen. Sie beweist auch, daß er die Kontrolle über Leben oder Tod der Angeklagten innehatte, denn obwohl seine »weltlichen« Juristen und Ratsherren die Verfolgungen leiteten und für die technischen Vorkehrungen verantwortlich waren, von den Verhören über die Folter bis zur Hinrichtung, war es dem Fürstbischof vorbehalten, all diese Maßnahmen zu billigen, insbesondere die Hinrichtung. Ehe irgend jemand getötet werden konnte, mußte der Fürstbischof seine Zustimmung geben.[19] Soweit ich bei meinen Nachforschungen in den Archiven feststellen konnte, stimmte er stets zu, obwohl es durchaus in seiner Macht gelegen hätte, den Urteilsspruch abzuändern, Menschen freizulassen oder einen neuen Prozeß anzuordnen. Der Redlichkeit halber muß gesagt werden, daß er sich manchmal bewegen ließ, den *Gnadenzettel* auszustellen, eine Verfügung, die in der Regel den Hinrichtungsantrag begleitete und eine mildere Tötungsart gewährte. So konnte er beispielsweise das *Quälen mit glühenden Zangen* erlassen, die dem Opfer in die Brüste geschlagen wurden, ehe man es bei lebendigem Leib verbrannte (was üblich war, wenn es die Tötung eines Kindes oder die Schändung der heiligen Hostie gestanden hatte). Er konnte auch das Urteil der Verbrennung abwandeln und den oder die Schuldige strangulieren lassen, ehe man sie auf den Scheiterhaufen verbrannte. Doch ich habe niemals den Widerruf eines Todesurteils gefunden.

Die Geschichte eines Dokuments

Während meiner Nachforschungen in Archiven habe ich Dutzende von Mitschriften von Hexenprozessen gefunden. Keine hat mich mehr fasziniert als die eines kleinen Jungen, der eingesperrt und als der Hexerei verdächtig verhört wurde. Das Manuskript, das sein Geständnis[20] verzeichnet, verschwand aus den Bamberger Archiven und fand seinen Weg in das *Rare Books Department* der *Cornell University*. Dort habe ich es übersetzt. Es ist eines der längeren Transkripte dieser Art, 24 handschriftliche Seiten im Format der europäischen Gerichtsbögen des 17. Jahrhunderts, und es liegt auf der Hand, daß die Inquisition den Fall sehr ernst behandelte und den Jungen über einen Zeitraum von mehreren Wochen verhörte. Bezeichnend für die große Bedeutung, welche die Inquisition dem Fall beimaß, ist die Tatsache, daß der Junge von prominenten Mitgliedern der fürstbischöflichen *Malefiz-Commission* (einer Kommission aus Rechtsanwälten für die Untersuchung von Verbrechen) vernommen wurde und daß er bereits eine Weile eingekerkert war, wenn auch die genaue Dauer der Haft unklar ist.[21]

Das Leben des Jungen vor und nach der Einkerkerung und den Verhören bleibt ein Geheimnis.[22] Es gibt keine explizite Beschreibung der eigentlichen Gründe, die zu seiner Inhaftierung führten, wenn wir auch, wie wir in späteren Kapiteln sehen werden, naheliegende Vermutungen anstellen können. Es gibt auch keinen Hinweis auf die Natur des Urteilsspruchs, der sich daraus ergeben haben muß.

Der Name des Jungen war durch das lateinische N.N. ersetzt. Ironischerweise ist gerade die Auslassung des Namens ein Anzeichen für die Wichtigkeit des Falles. Am 19. September 1616 hatte der Fürstbischof von Bamberg eine Verfügung erlassen, nach der Gefangene, die freimütig gestanden, 1. den Jesuiten überantwortet werden sollten, um Buße zu tun; 2. alle ihre Komplizen angeben mußten, um zu zeigen, daß sie die Wahrheit sagten; 3. unter Protokollgeheimnis gestellt wurden, was bedeutete, daß ihre Geständnisse getrennt verwahrt wurden und nur vom Schreiber des Kriminalgerichts, *nicht* aber vom Schreiber irgendeines anderen Amtes kopiert werden konnten; 4. nicht namentlich in Transkripten erwähnt wurden.[23]

Diese Verfügung wurde bereits im September 1616 angewandt, und zwar im Falle eines 14jährigen Jungen aus Bamberg, dessen Geständnis und Denunziationen bekannt sind, dessen Namen wir jedoch nicht kennen.[24] Die Verfügung wurde auch 13 Jahre später beim Hexenjungen befolgt.

Ein weiterer bemerkenswerter Aspekt des Transkripts ist, daß Denunziationen des Jungen von Freunden und Mitverschwörern ebenfalls nur unter N.N. verzeichnet wurden. Als der Junge beispielsweise zehn seiner Freunde angab, notierte der Schreiber statt der Namen zehnmal N.N. Ähnlich undurchsichtig bleiben die Orte, aus denen sie stammten, obwohl die Beschreibung des Hauptschauplatzes erkennen läßt, daß der Junge in Bamberg wohnte und daß die bizarren Ereignisse, die er schildert, sich in dieser Stadt abspielten.

Mindestens zwei Gründe für das Fehlen von Namen der denunzierten Personen sind anzugeben. Erstens waren sie größtenteils Kumpane des Hexenjungen, und das bedeutet, daß sie ebenfalls minderjährig und so von der öffentlichen Identifizierung zeitweilig ausgenommen waren. Zweitens ist das Transkript eine Abschrift der ursprünglichen Protokolle, die im Original die Namen enthielten. Die Art von Geständnisniederschrift, die wir in den Archiven finden, wurde selten während des eigentlichen Verhörs angefertigt, sondern gewöhnlich während der Befragung und möglichen Folterung flüchtig hingeworfen und nach der Sitzung abgeschrieben. So lag das endgültige Dokument in *Schönschrift* vor und war somit für die offizielle Aktenkartei geeignet. Es ist möglich, daß der Schreiber diesen Vorgang beschleunigte, indem er entweder die ursprüngliche Liste der Denunzierten beilegte oder eine getrennte Liste anfügte, die er zuvor unter Mithilfe des Angeklagten zusammengestellt hatte.

Wie auch immer, die Anonymität zwang die Untersuchung zu einigen Einschränkungen. So wissen wir nicht genau, welchen Geschlechts die Freunde des Jungen waren. Waren Mädchen dabei? Aufgrund der verschiedenen Geschichten, die der Junge erzählte, scheint es sich wohl um eine ausschließlich männliche Straßenbande gehandelt zu haben. Eine weitere Einschränkung ist, daß wir aller Wahrscheinlichkeit nach niemals herausfinden werden, welches Urteil über den Jungen verhängt wurde. Daß sein geringes Alter allein ihn identifizieren, weitere Berichte über ihn Aufschlüsse geben und wir in anderem Archivmaterial seine Identität erschließen könnten, ist kaum anzunehmen, denn Kinder seines Alters waren unter den Angeklagten in Würzburg und Bamberg nicht selten. Die Aufzeichnungen lassen erkennen, daß in diesen Zentren des Hexenwahns viele von ihnen hingerichtet worden sind. [25] Möglicherweise war unser Junge, anonym oder nicht, unter diesen jugendlichen Opfern. Völlig anonym in der Maschinerie der Inquisition zu verschwinden war in Bamberg durchaus möglich; dort wurden manchmal Verurteilte gruppenweise verbrannt und die einzelnen nicht namentlich genannt, sondern nur mit einer Nummer versehen und mit ihr registriert. [26]

Das Dokument wurde im Mai 1629 in Mittelhochdeutsch mit Anklängen fränkischen Dialekts abgefaßt. Die Übersetzung solcher Schriften ist nicht ganz einfach, denn es gilt sich zu entscheiden, entweder so wörtlich wie möglich zu übersetzen und damit Holprigkeiten und womöglich gar Unverständlichkeiten in Kauf zu nehmen, oder aber frei zu übersetzen, wobei feinere Bedeutungsnuancen verlorengehen können. Die Wahl fiel auf die zweite Möglichkeit, jedoch gelegentlich modifiziert durch eine wörtlichere Übersetzung an Stellen, die sonst unverständlich wären. (So sagte der Junge bei der Beschreibung von Vorgängen beim Hexensabbat unter anderem, Lichter seien zwischen den Teilnehmern »in den Boden gesteckt« worden. Eine glattere Wiedergabe wäre vielleicht »plaziert« oder »auf den Boden gestellt«, doch damit wäre die Art dieser Lichter verfälscht, bei denen es sich anscheinend um Fackeln oder Kerzen handelte, die man in den Boden steckte, und nicht um Laternen, die aufgestellt wurden. Wie wir später sehen werden, beeinflußt dieser Unterschied die Bewertung der Situation: Erwachsene hätten höchstwahrscheinlich Laternen dabei gehabt, wogegen Kinder eher mit einfacheren Lichtern ausgerüstet gewesen sein dürften. Die Wortwahl entspricht einer Kinder- oder Jugendbande, die sich trifft, und nicht einer als Hexensabbat beschriebenen Versammlung von Erwachsenen.) Jedenfalls ist zu hoffen, daß die späteren Kapitel mögliche Unklarheiten im übersetzten Text erhellen werden.

Das Geständnis in seiner ursprünglichen Form war in der dritten Person geschrieben, also aus der Sicht der Inquisitoren oder vielmehr des Schreibers der Inquisition, der nicht nur festhielt, was der Junge sagte, sondern auch Beobachtungen einfügte, wie der Junge sich äußerte oder was er nicht sagte, und einmal sogar die Beobachtung, daß der Angeklagte in unmittelbarer Gegenwart der Inquisitoren von seinem Dämon heimgesucht werde. In dem Kapitel, nach der Übersetzung des Geständnisses, werden wir zu klären versuchen, was diese Beobachtungen und Meinungen im Kontext der Welt des frühen 17. Jahrhunderts bedeuteten.

Ich habe den Stil der Schilderung verändert und statt in der dritten in der ersten Person berichtet. Das bedeutet etwa, daß dort, wo der Schreiber notierte: »Er brach in einen Weinkeller ein«, nun steht: »Ich brach in einen Weinkeller ein.« Der Hauptgrund für diese Änderung ist, daß das Geständnis auf diese Weise einen persönlicheren und unmittelbareren Eindruck vermittelt. Da der Schreiber sehr auf Details und Schattierungen geachtet hat, wissen wir ziemlich genau, wie der Junge Dinge gesagt und gemeint hat. Deshalb verzerrt die Veränderung des Pronomens nicht den Sinn der Vorgänge, sondern gestattet dem Leser im Gegenteil, die Ereignisse, über die der Junge erzählte, lebhafter mitzuerleben. Außerdem vermeidet die Verwendung der ersten Person die oft gestelzte und schlechter lesbare Konjunktivform der indirekten Rede.

Aus folgenden Gründen verdient der Fall des Hexenjungen unsere Aufmerksamkeit und Analyse:

1. Der Junge ist ein besessener Schauspieler, der die Rolle des Teufelsverschwörers gelegentlich mit unglaublicher Brisanz spielte. Hin und wieder hat er Ausbrüche von Trotz und erklärt den Inquisitoren, welche Narren sie seien, wenn sie glaubten, Hexen abhalten zu können, indem sie das Zeichen des Heiligen Kreuzes an Türen und Fenster malten; oder er sagte den Inquisitoren ins Gesicht, er wolle lieber in der Hölle verbrennen als ein Diener Gottes sein. Er war außerdem ein begabter Geschichtenerzähler,

der in einem Augenblick kafkaeske Episoden erfinden und im nächsten sehnsuchtsvolle, poetische Bilder komponieren konnte. So reicherte er beispielsweise seine zahlreichen Phantasmagorien mit dem einzigen bekannten »Verkehrsunfall« an, der sich ereignete, als er auf einer Mistgabel zum Hexensabbat flog. [27] Trotz oder vielleicht wegen seiner Brillanz ist der Junge alles andere als harmlos und unschuldig, wie wir später sehen werden.

2. Das Dokument ist besonders aufschlußreich im Hinblick auf die Kosmologie, der die Inquisition so verbissen anhing. Es beschreibt in aller Genauigkeit die Dämonologie der Zeit, die Ankläger und Angeklagte gleichermaßen teilten. So ungewöhnlich der Inhalt des Geständnisses auch klingen mag, er enthält dennoch die meisten geläufigen Elemente des Dämonenglaubens seiner Zeit, und daraus entfaltet sich ein Drama, das den Zeitgeist der europäischen Frühmoderne beleuchtet und durch die unerschrocken intensive Darstellung eines furchtlosen Kindes den Kern der damaligen Bestrebungen enthüllt.

3. Das Dokument läßt erkennen, wie die Inquisition das Wesen der damaligen Jugendbande mißversteht und Aktivitäten, die wir heute als jugendliche Delinquenz bezeichnen würden, im Licht der Angst des 17. Jahrhunderts vor Teufelsverschwörungen interpretiert.

4. Das Dokument gestattet uns einen Einblick sowohl in die Elitekultur als auch in die Volkskultur jener Zeit. Das Geständnis war so abgefaßt, daß es sich in den dämonologisch-theologischen Rahmen der kulturellen Elite fügte, doch gleichzeitig deckte es die alltäglichen Lebensbedingungen des Knaben auf und beschreibt die Taten gewöhnlicher Straßenjungen. Wir haben hier also die seltene Gelegenheit, beide Parteien zu hören, wie sie mittels des Geständnisses zu uns sprechen: die Inquisitoren als Vertreter der Elitekultur und den Jungen als Vertreter des Volkes. [28]

5. Schließlich soll das Dokument dem Andenken der zahllosen Kinder dienen, die in der Maschinerie der Inquisition umkamen, für immer unbekannt, für immer vergessen. Wie wir das Grab

des unbekannten Soldaten weltweit mit der Inschrift »Nur Gott bekannt« versehen, können wir sinngemäß auch diesen namenlosen Fall behandeln.

Das Material ist eine karge Grundlage für die analytische Rekonstruktion des Charakters und der sozialen Beziehungen des Jungen. Dank seiner Redseligkeit können wir dennoch viele interessante Einsichten gewinnen. Die analytische Methode besteht also darin, subtile Symptome als Indikatoren zu verwenden, wie die Realität zu jener Zeit ausgesehen haben könnte.

Der Hexenjunge soll hier dem allgemeinen Leser in der Hoffnung vorgestellt werden, daß sein Bericht als anschauliche Einführung in ein dunkles Kapitel unserer Kultur dienen möge. Ein kurzes Glossar am Ende des Buches dürfte hilfreich sein, um die weniger gebräuchlichen Ausdrücke auf diesen Seiten noch einmal gedrängt zu erläutern. Die Anmerkungen am Schluß sind hauptsächlich für den speziellen Gebrauch bestimmt; zum Verständnis des Hauptthemas sind sie nicht erforderlich.

7. Das Geständnis

Die Mitwirkenden

Bei einem Inquisitionsverhör waren gewöhnlich zwei Fragesteller anwesend. Im Falle von Bamberg waren dies zwei Juristen, die der *Malefiz-Commission* angehörten, den Beratern des Fürstbischofs in Verbrechensangelegenheiten, insbesondere solchen der Zauberei und Hexerei. Außerdem war noch der Gerichtsschreiber anwesend, dazu ein oder mehrere Folterknechte und natürlich der Angeklagte. In einigen Fällen wurden noch zusätzliche Personen in den Raum gerufen, etwa ein Priester, ein Verteidiger und Zeugen, um gegen den Angeklagten auszusagen. Der Verhörraum war identisch mit der Folterkammer und lag gewöhnlich innerhalb des Hexengefängnisses, in dem der Angeklagte einsaß, bis er oder sie gestand und es zum abschließenden Urteil kam. In solcher Umgebung legte der Hexenjunge sein Geständnis ab.

Einige technische Bemerkungen: Die kursiv gedruckten Stellen im folgenden Text geben Beobachtungen der Fragesteller oder des Schreibers wieder; alles übrige sind Aussagen des Jungen, wie der Schreiber sie aufgezeichnet hat. Einige Bemerkungen des Schreibers waren auf Latein abgefaßt; mehrere davon waren Ausrufe, an den Rand des Transkripts geschrieben, um die Aufmerksamkeit auf besonders wichtige Punkte zu lenken, etwa *nota bene!* (*beachte!* oder *Achtung!*). Andere lateinische Ausdrücke dienten dem Zweck, den Schreiber zu exkulpieren, wenn der Angeklagte einen umgangssprachlichen oder profanen Ausdruck benutzt hatte, etwa *sit venia verbo* (*man entschuldige den Ausdruck*). Der Lesbarkeit halber wurden lateinische Ausdrücke übersetzt. Leser, die auf den ursprünglichen lateinischen Begriff neugierig sind, finden kurze Erklärungen in den Anmerkungen am Schluß.

Die Verhöre

Dienstag, 3. April 1629

Der Junge, etwa neun Jahre alt, wird vor die Fragesteller gebracht und erklärt sich bereit zu gestehen, nachdem man ihm gütlich zugeredet hat (d. h. ohne Anwendung der Folter). Er gesteht:

Ungefähr zwei Jahre, bevor man mich ins Gefängnis sperrte, weckte mich eines Nachts zwischen elf Uhr und Mitternacht etwas auf. Als ich mich umschaute, sah ich, daß mein Freund Georg an meinem Bett stand und mit mir zu sprechen begann. Er versuchte mich zu überreden, die Kunst der Hexerei zu lernen. Während Georg zu mir sprach, erschienen plötzlich etliche weitere Leute im Raum, und ich bekam Angst. Ich sagte ihnen, ich wolle mit Hexerei nichts zu tun haben, und sie sollten mich in Ruhe lassen. Darüber wurde Georg sehr wütend und wollte mich nicht in Ruhe lassen. Schließlich rief ich Jesus an – zuerst wollte ich das heilige Kreuzzeichen schlagen, aber damals wußte ich noch nicht, wie man das macht. Als ich dann den Namen Jesu ausrief, verschwanden Georg und die anderen Personen.

Georg wurde später mein kleiner Dämon und Liebhaber. Er hatte Hörner und zwei Ziegenfüße. Gewöhnlich war er in Gesellschaft von drei Freunden und flog auf einer Mistgabel, auf der sie alle Platz hatten. Georgs Mistgabel war aus Silber, das wir aus der Werkstatt eines Goldschmieds gestohlen hatten, wo auch Glocken gegossen wurden und wo überall Gold und Silber herumlagen. Meine eigene Mistgabel war aber nur aus Messing, das wir auch aus der Werkstatt des Goldschmieds gestohlen hatten.

Man beachte!

Der Junge berichtet, daß sein Dämon gewöhnlich auf einer silbernen Mistgabel ritt und daß einer der genannten Freunde bei ihren Zusammenkünften immer silberne Schuhe trug.

Ich wußte von Anfang an, daß einer meiner Spielkameraden das Hexen bereits gelernt und daß Georg es ihm beigebracht hatte. Aber bei einem der Hexentänze sagte Georg mir, er habe zuvor zwei anderen Spielkameraden die Hexerei beigebracht, und diese beiden wollten jetzt ihre eigenen Dämonenliebhaber haben.

Das waren übrigens die Freunde, die Georg in der ersten Nacht begleitet hatten. Soviel ich weiß, spielten sie in dieser Nacht keine besonderen Streiche.

Aber am nächsten Tag sind einige von meinen Freunden mit Georg zu den Feldern außerhalb der Stadt gezogen und haben Getreide abgeschnitten. Später an diesem Tag bin ich zu ihnen gegangen. Als ich mich den Feldern näherte, sah ich eine Menge Mäuse, die geschäftig herumliefen, und einige von ihnen kamen zu mir gerannt und verwandelten sich plötzlich in meine Freunde. Als Georg wieder menschliche Gestalt angenommen hatte, schimpfte er mit mir und wollte wissen, warum ich in der Nacht zuvor nicht auf ihn gehört hatte. Endlich gab ich nach und sagte ihm, ich würde die Schwarze Magie erlernen. All das geschah am Montag in der letzten Septemberwoche[1], nach der Nacht, in der Georg und seine Freunde versucht hatten, mich zum Erlernen der Hexerei zu überreden.

Man beachte!

Der Junge schloß sich den anderen an, richtete eine Menge Schaden an und sammelte das Getreide ein, das sie abgeschnitten hatten, ehe der Bauer kommen konnte, um es zu ernten.

Nachdem wir mit dem Abschneiden des Getreides und dem Einsammeln der Ähren fertig waren, gingen wir zu einem kleinen Bach in der Nähe der Felder, wo mein Dämon ein weißes Laken hervorholte. Einer der Jungen sprang schnell auf seine Heugabel und flog davon, um ein Kissen zu holen.

Als er zurückkam, wurde das Kissen auf das Laken meines Dämons (Georg) gelegt und diente als Taufbett. Wasser aus dem Bach wurde über mich gegossen, und ich wurde im Namen des Dämons und seines Herrn (des Teufels) getauft. Einer der Burschen wurde mein Taufpate. Er hieß Jakob; und so wurde ich natürlich auch auf diesen Namen getauft. Von da an hieß ich Jakob. Das Geschenk meines Paten war ein Taler, der in ein Stück Stoff eingebunden war. Aber ich durfte ihn nicht behalten; ich mußte ihn Georg geben, der sagte, er werde ihn für mich aufbewahren.

Man beachte!

Die Verschwörer brachten dem Teufel den wirklichen Namen des Jungen als Opfer dar.

Mittwoch, 4. April 1629

Das Verhör des Jungen wird fortgesetzt, und er gesteht weiter:
Als die Taufe vorbei war, versuchte mein Dämon Georg mir in
den linken Arm und in beide Augen zu stechen. Aber da ich Angst
hatte, es würde weh tun, wollte ich das nicht. Das machte meinen
Dämon ganz wütend, und er drohte, mir den Hals zu brechen. Aber
schließlich gewann er die Oberhand und stach mich mit einem winzigen Spieß, der sehr scharf war, in den Arm und in die Augen. Das
Blut wurde dann benutzt, um meinen Namen in ein geheimes Buch
zu schreiben.

Danach verdammte Georg mich dazu, nie mehr Gott anzurufen
oder zu Ihm zu beten. Statt dessen sollte ich von nun an meinen
Dämon als meinen Gott ansehen und zu ihm beten – genau wie alle
anderen Hexen zu ihren Dämonen beten sollten. Immer, wenn ich
das Kreuzzeichen machte, mußte ich das im Namen meines Dämons
tun.

Der Junge zögert, auf die wiederholte Frage nach dem besonderen Ge-
bet zu antworten, das sein Dämon ihn lehrte; er gibt nur zu, daß es etwas
mit »Zwirn« und »Birnen« zu tun hatte.

Plötzlich überkommt den Knaben eine seltsame Veränderung; er wird
verstockt. Es ist offensichtlich, daß er in diesem Moment von seinem
Dämon besessen ist, der ihm gewiß befiehlt, still zu sein und keine weite-
ren Informationen mehr zu geben. [2]

Dann setzt der Junge endlich sein Geständnis fort:
Ich bin bei drei verschiedenen Hexentänzen gewesen, die auf
einer Weide nicht weit von der Stadt abgehalten wurden, und dabei
spielten vier von meinen Freunden Musik, damit die Hexen dazu
tanzen konnten. Ich flog auf meiner Mistgabel aus Messing zu diesen
Festen; meine Braut nahm ich immer mit, gewöhnlich auch noch
einen meiner anderen Freunde. Einmal fiel mein Freund über dem
Fluß Main[3] von der Mistgabel herunter. Als der arme Kerl auf dem
Wasser aufschlug, verwandelte er sich in eine Maus und rannte über
das Wasser auf einen Kahn zu, der sich zufällig dort befand. Nachdem er hineingeklettert war, fuhr der Kahn geradewegs ans Ufer,
obwohl ihn keiner zu rudern schien. Als sie das Ufer erreichte,
sprang die Maus aus dem Kahn und verwandelte sich sofort wieder

in einen Menschen. Ich und meine Braut landeten mit der Mistgabel auf der Erde und nahmen ihn auf; ihm war gar nichts geschehen. Dann flogen wir zu dritt zum Hexentanz.

Bei den Hexentänzen hatte jede Hexenperson ein Licht hinter oder neben sich, das im Boden steckte und hellrot brannte. Einer der Burschen, der Sohn des wohlbekannten Bürgers X, war dafür verantwortlich, daß die Lichter nicht ausgingen. Er mußte sie andauernd putzen. Zweimal sind ihm zwei der Lichter ausgegangen, weil die Hexen einen starken Wind machten.

Bei ihren Treffen hielten die Hexen ein Festmahl ab. Das wurde auf einem weißen Laken serviert, welches auf dem Boden ausgebreitet war, und die Hexen saßen im Kreis darum herum. Aber bevor wir uns zum Essen hinsetzen durften, mußten wir dreimal um den Kreis herumtanzen. Das mußten wir anstelle von Gebeten vor und nach dem Essen tun. Nachdem wir dreimal getanzt hatten, setzten wir uns hin, die Lichter zwischen uns, und fingen an zu essen. Einmal, während der Fastenzeit, aßen wir Fisch. Wenn wir mit unseren Mahlzeiten fertig waren, tanzten wir wieder dreimal, und dann (*Schreiber: Man verzeihe den Ausdruck*) küßten wir uns, und alle flogen nach Hause.

Eines Nachts, ein Jahr nach meiner Taufe, ging ich mit meinem Hexenpaten auf den Friedhof, um das Grab eines Kindes zu öffnen. Wir pulverisierten (verbrannten zu Asche) den Leichnam, um ein Pulver herzustellen, das wir in Speise oder Trank von Leuten mischten, um sie krank zu machen oder sogar zu töten.

Im zweiten Jahr nach meiner Taufe war ich einer von der Bande, die in einem nahen Dorf einen Ochsen blendete. Wir bekamen den Auftrag von unserem Gott, der uns auch sagte, wie wir es machen sollten. Zuerst mußten wir (*Schreiber: Man verzeihe den Ausdruck*) Kot von dem Ochsen einsammeln, ihn sieden, bis er trocken war, und das, was übrigblieb, zu einem feinen Pulver verreiben und dies mit dem (*Schreiber: Man verzeihe den Ausdruck*) Urin des Ochsen verrühren.[4] Diese Mischung spritzten wir dann dem Ochsen in die Augen und sagten dabei: »Verdirb im Namen des Teufels. Er wird dich nie wieder gesund machen.«

Zwei Wochen nach dem Öffnen des Grabs auf dem Friedhof gingen ich und drei von meinen Freunden in eine nahe Stadt, um Wein zu stehlen. Wir nahmen zwei Zapfen, die meine Freunde aus Holz geschnitzt hatten, einen Eimer und mehrere Lederflaschen mit. Die Flaschen hatten wir gekauft, das Geld dazu aber gestohlen. Während des Fluges in die Stadt benutzten wir Kordeln, um diese Sachen an unsere Mistgabeln zu binden. Im Weinkeller stießen wir die Zapfen in die Fässer und ließen den Wein in den Eimer und die Flaschen laufen. Als sie voll waren, füllten wir die leeren Fässer mit Wasser. Dann banden wir die Sachen wieder an die Mistgabeln und flogen davon.

Ein Jahr nach meiner Taufe flogen ich und ein paar von meinen Freunden in eine andere Stadt, wo wir das gleiche tun wollten. Wieder brachen wir in einen Weinkeller ein und aßen und tranken, was wir dort fanden. Wir tranken nicht nur nach Herzenslust, sondern nahmen auch genug Wein mit, um später ein Fest zu feiern.

In der gleichen Jahreszeit sind wir in noch einen anderen Weinkeller eingebrochen. Diesmal war es der Keller eines Mönchsklosters mitten in einer Nachbarstadt, und wir tranken nicht nur an Ort und Stelle, sondern nahmen wieder eine Menge Wein mit.

Er berichtet das mit einem gewissen Stolz. [5]

Ich weiß mit Gewißheit, daß es völlig nutzlos ist, wenn Leute das Zeichen des heiligen Kreuzes an die Fenster der Schlafkammer oder an die Türen malen, damit die Hexen nicht hereinkönnen, denn Hexen können in die Häuser eindringen, indem sie durch den Schornstein oder die kleinste Ritze fliegen; sie können sogar durch ein Loch fliegen, das so klein ist wie eine Erbse.

Manchmal ist die ganze Bande oder nur einer von uns hinausgeflogen, um Leuten angst zu machen, indem wir sie gezwickt oder gedrückt haben, wenn sie schliefen. Aber ich schwöre, ich habe das nur einmal gemacht, bei einer Frau, die hier in der Stadt wohnt. Ich habe sie gezwickt, als sie mit ihrem Mann im Bett lag. Einen Arm hatte sie über den Kopf gelegt, und sie sah sehr hübsch aus.

Ein anderes Mal bin ich in der Nacht mit einem meiner Freunde mitgeflogen, der jemanden zwicken wollte. Das Zwicken tat wirklich sehr weh, weil der Betreffende kreischte und schrie; aber mein Freund hat darüber nur gelacht; und dann sind wir beide auf eine Mistgabel gesprungen und davongeflogen.

Man beachte!
Der Junge fügt hinzu, daß sie die Leute hart genug zwicken, um blaue Flecken zu hinterlassen.

Die Person, deren Namen ich gestern abend nicht nennen wollte, war der Bürger X. Er ist ein Mann, der statt ehrlich zu arbeiten klatscht wie ein Waschweib.

Ich muß auch gestehen, daß ich und meine Freunde, wenn es so aussah, als würden wir den Rosenkranz beten, nur so getan haben, weil wir nur die Perlen zählen durften. Wir durften das Vaterunser, das Ave-Maria und das Glaubensbekenntnis nie auch nur erwähnen.

Unsere Macht, das Korn und andere Feldfrüchte am Wachsen zu hindern, hing davon ab, daß wir ein bestimmtes Ritual genau richtig ausführten. Wir brauchten einen Wagen, dessen Deichsel herausstand. Dann mußte einer von uns dreimal unter der Deichsel hindurchkriechen, und gleichzeitig mußten die Freunde dreimal über ihn hinwegsteigen.

Am Nachmittag desselben Tages
Zuerst muß ich berichten, daß eine gewisse Person ein (*Schreiber: Man verzeihe den Ausdruck*) Schurke und Dieb ist, weil er einen meiner Freunde zur Hexerei gebracht hat; und dieser Freund hat später mich eingeführt.

Ein halbes Jahr nach meiner Taufe nahmen zwei Freunde von mir mich zu einem Ritt auf ihrer Mistgabel mit und brachten mich zu einem Weinkeller, wo eine Gruppe anderer Freunde uns erwartete. Dort stahlen wir ein Fuder Wein[6], und dann gingen wir zu einem Brunnen, aus dem wir vier schwarzweiß gefleckte Katzen herausholten. Während drei von meinen Freunden damit beschäftigt waren, die leeren Weinfässer mit Brunnenwasser zu füllen, hatten die Katzen mehr als zwei Stunden lang damit zu tun, den Wein zu einem Versteck auf dem Land zu fliegen, weit von der Stadt entfernt. Dort versteckten wir den Wein für zukünftige Feste. Ich hatte in dem Keller die Aufgabe, auf den Weinfässern zu sitzen und sie mit einem Lederriemen zu peitschen, den mein Dämon mir eigens zu diesem Zweck gegeben hatte. Beim nächsten Hexentanz, der auf dieser geheimen Weide stattfand, tranken wir alle so viel Wein, wie wir wollten.

Mein Dämon Georg pflegte zu allen Hexentänzen auf einem Ziegenbock zu fliegen, der groß war wie ein Pferd; einer meiner Freunde mußte den Reitknecht machen; er mußte den Ziegenbock holen, wann immer der Dämon irgendwohin fliegen wollte. Die Frau des Dämons flog immer auf einer Geiß.

Letzte Nacht gegen zwei Uhr und heute gleich nach der Morgensitzung hat mein Dämon mich wieder besucht und heftig mit mir geschimpft, weil ich soviel gestanden habe. Er hat gedroht, mir den Hals zu brechen, wenn ich noch mehr aussagen würde. Der Dämon war nicht nur mit mir unzufrieden, sondern erwähnte auch, wie böse er auf zwei andere Freunde ist, die er (*Schreiber: Man verzeihe den Ausdruck*) Diebe nannte. Weil ich alles aufschrieb, was der Dämon sagte, wurde er wütend und nannte mich einen feigen Verräter, und dann machte er sich davon.

Eines der ersten Dinge, die Georg und meine Freunde mir beibrachten, war, wie man Flöhe macht. Ich habe das Rezept mehrmals zu Hause ausprobiert. Man muß das Schwarze aus der Gabelschmiere nehmen, in einer Pfanne anbraten und dabei sagen: »Ich in des Teufels Namen kann Flöhe machen.« Sobald ich das gesagt hatte, verwandelte sich die Schmiere in Flöhe. Einmal habe ich nachts eine Pfanne voller Flöhe in das Haus einer Frau geschüttet. Sie sprangen auf die Frau und quälten sie ordentlich. Beim nächsten nächtlichen Treffen unseres Kreises, bei dem die Frau zugegen war, neckten wir sie damit und spielten ein Ratespiel: Sie mußte erraten, wer ihr diesen Streich gespielt hatte. Nachdem sie es ein paarmal probiert und endlich richtig geraten hatte, war sie wütend und fluchte und schimpfte gehörig auf mich.

Das Helle aus der Gabelschmiere war viel gefährlicher. Wir benutzten es bei denen, die wir am meisten strafen wollten. Wir spülten die Trinkgläser dieser Leute damit aus, und nachdem sie daraus getrunken hatten, wurden sie krank oder starben sogar. Etliche Leute sind daran schon gestorben. Um nur eine Person zu erwähnen – Frau X., die hier in der Stadt wohnt.

Außer dem Flöhemachen haben wir auch gelernt, wie man Hasen macht. Mein Dämon hat mir erklärt, wie man eine besondere Schmiere herstellt, mit der man sie machen kann. Für die Schmiere mußte ich zuerst einen Hund totschlagen, etwas von seinem Fleisch und seinem Blut nehmen, es mit einer geheimen Farbe mischen, die mein Dämon mir gab, und diese Mischung dann auf den ganzen Körper des Hundes streichen. Dabei sollte ich den geopferten Hund meinem Dämon darbringen, indem ich bestimmte Worte sprach. Ich versuchte es, und als ich fertig war, sprang ein Hase aus dem Bauch des toten Hundes und hoppelte davon.

Ich muß zugeben, daß ich Gott verleugnet und Ihm den Rücken zugedreht habe; darum werde ich niemals in den Himmel kommen.

Jetzt möchte ich die heilige Kommunion[7] empfangen, um vor dem Dämon sicher zu sein und damit er mich nicht mehr erreichen kann.

Ich muß auch gestehen, daß der Dämon mich aus dem Gefängnis geholt hat, um mich zu einer Hochzeitsfeier mitzunehmen; ich spreche von der Hochzeit in der Familie X.

Der Dämon ist in meine Gefängniszelle gelangt, indem er den Schlüssel von der Wand genommen und das Schloß damit geöffnet hat – und dann flogen wir durch einen winzigen Riß in der Wand auf der Mistgabel des Dämons auf und davon. Später brachte der Dämon mich durch denselben Riß in die Zelle zurück.

Hier sind endlich die Worte, mit denen der Junge zu seinem falschen Gott beten sollte und die er uns bei der Morgensitzung nicht sagen wollte:
Schwarzter Zwiern,
Weißer Zwiern,
Pahrleinsbiern,
Hebt sich an
In des Teüfels Nahmb.

Der Junge beginnt zu weinen und kann nicht mehr sprechen.[8] *Nachdem er sich beruhigt hat, ändert er den Wortlaut und versichert uns, daß er jetzt die Wahrheit sagt und sich genau an das Gebet erinnert, das er zu seinem falschen Gott sprechen mußte:*
Hebt sich an,
In des Teüfels Nahmb,
Grüenen Zwiern,
Vnd weißen Zwiern,
Schwartzen Zwiern,

Vnd Pahrleinsbiern.

Nun erklärt der Junge, er entsage Gott, und äußert wörtlich:
»Ich will nie mehr Gott gehören; und im Namen des Teufels spucke ich Ihm dreimal ins Gesicht. Mein Stern (Seele) soll im Höllenfeuer brennen, und ich will dem Teufel in alle Ewigkeit gehören. Ich entsage Gott im Himmel, der Heiligsten Jungfrau Maria und den vier Engeln St. Andreas, St. Michael, St. Georg und St. Jakob.«

Donnerstag, 5. April 1629

Heute wurde dem Jungen obiges Geständnis Wort für Wort vorgelesen. Er unterzeichnet es und sagt, es sei die Wahrheit.

Freiwillige weitere Informationen und zweite Unterzeichnung

Montag, 7. Mai 1629

Der Junge hat ein weiteres Verhör erbeten und sagt, er wolle seinem Geständnis einige Punkte hinzufügen:

1. Ich vergaß, zwei weitere Personen anzugeben, die sich in Hexerei versuchen; es sind X und X.

2. Und es gibt noch eine Person: die Frau X, die mich einmal besuchte, nachdem ich verhaftet und eingesperrt worden war. Sie kam eines Nachts zwischen elf Uhr und Mitternacht und drängte mich, den Behörden nichts von meiner eigenen Hexerei oder meiner Taufe zu erzählen, sondern vielmehr meinem Dämon Georg zu gehorchen und alle seine Befehle auszuführen. Sie bot mir sogar an, mir bei der Flucht aus dem Gefängnis zu helfen, indem sie mich einlud, mich zu ihr auf ihre Mistgabel zu setzen. Aber ich schlug das Zeichen des heiligen Kreuzes, und sie verschwand sofort durch eine Ritze in der Wand.

3. Einmal sah ich, wie eine gewisse Frau einem heftigen Hagelsturm Einhalt gebot, indem sie eine Untertasse auf einen (*Schreiber: Man verzeihe den Ausdruck*) Haufen Mist stellte. Gleich verdunkelte sich der Himmel, und der Hagel hörte auf.

4. Ich habe auch gesehen, wie dieselbe Person den stärksten Regen anhielt, indem sie auf ihrem Speicher leere Mehlsäcke schüt-

telte. Sogleich blies ein scharfer Wind und vertrieb die Regenwolken.

5. Wenn eine Person – gleichgültig, ob Mann oder Frau – zum großen Feind ging und die Hexerei erlernte, erhielt sie ein kleines Glas mit einer Salbe darin, die Leute krank machen oder sogar töten konnte. Ich muß eine persönliche Erfahrung gestehen und zugeben, daß ich ein solches Glas mit Salbe bekam und im Haus meines Vaters versteckte. Einmal bin ich an einen Ort gekommen, wo der große Feind der Tochter des Bürgers X eines von diesen Gläsern gab. Ich habe das durch Zufall im Wald auf dem Berg X gesehen, wo ich für meinen Vater Holz zu Faßdauben sammelte.

6. Zwei Wochen nach meiner Einweihung rief unser Gott die Freunde zusammen, um eine besondere Rache an einigen Bettlern zu planen, die in der Stadt X lebten, weil sie uns ein blaugestreiftes Tuch gestohlen hatten, das wir zum Kirchgang trugen. So flog unsere ganze Bande – ich habe schon alle Namen genannt – an den Ort, wo die Bettler lebten, und zündete ihr Haus an, das bis auf die Grundmauern niederbrannte. Drei von der Bande, X, X und X, trugen das Feuer auf ihrer Gabel – sie flogen zusammen auf einer einzigen Gabel. Nachdem wir diesen Streich ausgeführt hatten, bestiegen wir alle unsere Gabeln und flogen nach Hause.

7. Eines Nachts kam mein Dämon Georg zu mir und drohte, mir den Hals zu brechen. Das war in der Nacht nach dem Tag, an dem Ihr (die Befrager) mich zu Frau X. geführt habt, damit ich in ihrer Gegenwart bezeuge, daß sie nicht nur bei meiner Einweihung anwesend war, sondern auch bei der Feier mitgeholfen hat. Ich hörte, daß die Frau dann hingerichtet wurde.

8. Ich und meine Freunde hatten zwei Götter. Einer war schwarz, und ich nahm ihn zu *meinem* Gott; er war freundlicher und netter als der andere, der rötlich wie ein Fuchs war und immer bei unseren Zusammenkünften erschien; dieser war übel und böswillig.

9. Ein Jahr nach meiner Einführung befahlen die zwei Götter mir und meinen Freunden, ein Kruzifix von einer bestimmten Kir-

che zu holen. Fünf von uns trugen es an einen geheimen Ort und steckten es in den Boden. Dann flogen wir aus, um Speise und Trank zu stehlen; als wir zurückkamen, verspotteten wir nacheinander das Kreuz und spuckten darauf. Wir benutzten es auch bei einem Ratespiel und einem Kartenspiel; wir legten es auf den Boden, setzten uns im Kreis darum herum und spielten. Jeder, der ein Spiel gewann, mußte das Kruzifix aufnehmen und die anderen damit in den Bauch stoßen. Nachdem wir gegessen und getrunken und gespielt hatten, flogen dieselben Freunde, die das Kreuz geholt hatten, damit fort und brachten es zur Kirche zurück.

10. Der große Feind und die Hexen haben absonderliche Katzen und Hunde, die man an ihren Augen erkennen kann.[9] Leute, die kleine Kinder im Haus haben, haben aber gewöhnlich normale und natürliche Katzen und Hunde. Die Katzen des großen Feindes sind jedenfalls an ihren seltsamen Augen zu erkennen.

11. Immer, wenn meine Freunde und ich uns zu einer Mahlzeit setzten und etwas brauchten, gab es zwei Hunde, die uns aufwarteten und alles holten, was wir wollten. Einer war schwarzweiß, der andere rotgescheckt.

12. Unser Gott besucht die eingekerkerten Hexen, tröstet sie und befiehlt ihnen immer wieder, nichts zu gestehen. Manchmal hält der Dämon bei den Verhören sogar ihre Zungen fest, damit sie nicht sprechen können.

13. Wenn ich einer der Inquisitoren wäre und mit Hexen zu tun hätte, die nicht gestehen wollen, würde ich sie auf die Bank legen und so lange strecken, bis die Sonne durch ihre Haut scheinen könnte.

14. Jetzt, da ich endlich meinem Gottdämon entsagt habe, kann ich gestehen, daß er mich in der Nacht, nachdem ich ihm entsagt hatte, im Gefängnis besuchte und mich beschimpfte und verfluchte, weil ich die Bande verraten und mich von ihm abgewandt hatte. Ich war nicht der einzige, der ausgeschimpft wurde; meine Freunde wurden genauso beschimpft. Der Gottdämon sagte, er würde uns schrecklich strafen, wenn wir uns

von ihm abwenden würden. Er versprach, uns für alle Zeit das Leben elend zu machen.

15. Ich erinnere mich jetzt an vier weitere Personen, die ich bei den Hexentänzen gesehen habe. Ex waren X, X, X und X.

16. Bei der nächsten Kirchweih im Dorf N werden es zwei Jahre sein, daß sich mein Dämonengott Georg in einen roten Stern verwandelte, durch das Fenster hinausflog und verschwand.

17. Ich gestehe, daß ich mit den verschleierten Frauen im Bund gestanden habe. Da sie immer ganz in weiße Schleier gehüllt waren, kann ich wirklich nicht sagen, wer sie waren. Aber sie verstehen es, ein tödliches Pulver herzustellen. Sie legen einige Haare von der Person, die getötet werden soll, in einen Mörser, fügen ein besonderes Pulver hinzu, das ihr Gott ihnen gegeben hat, und zerstoßen das Ganze. Wenn die Frauen etwas von dieser Mischung in das Haus streuten, aus dem die Haare kamen, mußte einer der Menschen, die dort lebten, sterben. Das geschah einmal, ungefähr ein Jahr nach meiner Einweihung; ich war derjenige, der den verschleierten Frauen die Haare brachte.

18. Bei einem unserer Treffen sagten mir fünf meiner Freunde, sie hätten einen Regenschauer heraufbeschworen, um eine Kirchweih im Dorf N zu verderben. Sie berichteten, als sie von dem Fest zurückgekommen seien, hätten sich zwei von ihnen hinter zwei große Felsblöcke am Weg gestellt und mit Kohlen magische Zeichen gemalt, die sie ihrem Gott widmeten.[10] Gleich darauf brach ein heftiger Regenschauer los und überschwemmte das Dorf. Als diese Freunde das bei einer unserer Zusammenkünfte erzählten, lobten alle anderen und besonders unser Gott sie sehr wegen ihres Streiches.

19. Zuletzt möchte ich noch sagen, daß St. Joseph im Himmel eigentlich der Schutzpatron der Hexen ist und daß alle Hexen ihn sehr gern haben und ihn anbeten.

17. Mai 1629
Der Junge bestätigt all diese Punkte und beschwört, daß sie wahr sind.

8. Leitmotiv und Drehbuch des Dramas

Die Leser von heute sind zweifellos versucht, ihren eigenen Unglauben auf die Inquisitoren zu projizieren und anzunehmen, daß diese gelehrten Männer unmöglich an die Wahrheit der Aussagen des Jungen geglaubt und ihn ernst genommen haben können. Schließlich galten diese Befrager als gebildet, erfahren und hochgelehrt. Doch hier reicht der moderne, empirisch-wissenschaftliche Zeitgeist zum Verständnis der Kosmologie der Inquisitoren nicht aus. Zweifellos akzeptierten die Autoritäten des 17. Jahrhunderts das Geständnis des Jungen als todernst und wahr. Die wenigen Ausnahmen unter den Inquisitoren, wie der Jesuit Friedrich von Spee[1] oder der spanische Inquisitor Alonso de Salazar y Frias[2], die Fragen nach der Wahrheit und Faktizität der Geständnisse aufwarfen, vor allem, wenn sie unter der Folter zustande gekommen waren, blieben weitgehend ungehört oder unbeachtet. Die Historiker sind sich darüber einig, daß der blinde Glaube der Inquisitoren sowie der allgemeinen Bevölkerung nahezu grenzenlos war, wenn es um Dämonenvorstellungen ging.

Es gibt während der ganzen Befragung eine Reihe spezifischer Anzeichen, die diese Art vorbehaltloser Gläubigkeit bezeugen und die Bamberger Inquisition charakterisieren.

Das aufschlußreichste Merkmal der Leichtgläubigkeit von Inquisitoren besteht zum einen darin, daß sie den Jungen als von seinem Dämon besessen wahrnahmen, *während* sie ihn zu verhören versuchten. Für sie war dies ein unmittelbarer Beweis dafür, daß der Junge tatsächlich in einer Beziehung zu bösen Geistern stand.

Zum anderen wurde der Junge insgesamt sechsmal zum Verhör vor die Befrager geführt. An den üblichen Bamberger Vorgehensweisen gemessen, ist das mehr, als es üblicherweise bei Hexenprozessen der Fall war. Die Bedeutung, die dem Fall beigemessen wurde, spiegelt sich auch in dem ungewöhnlich langen Transkript wider. Die scheinbar endlose Redseligkeit des Jungen hat aber möglicherweise auch zur Länge der Verhöre beigetragen.

Ferner hielten die Inquisitoren den Jungen für aufrichtig genug, daß sie glaubten, eine Gegenüberstellung mit einer von ihm denunzierten Person arrangieren zu sollen, mit einer Frau, die später hingerichtet wurde, obwohl möglicherweise nicht ausschließlich die Denunziation des Jungen die Angeklagte auf den Scheiterhaufen brachte. Solche persönlichen Gegenüberstellungen wurden von der Inquisition weniger zur Prüfung der Vertrauenswürdigkeit des Denunzianten vorgenommen, sondern eher, um den Widerstand und das Selbstvertrauen der Denunzierten zu brechen. Die Bamberger Hexenverfolger ließen Zeugenaussagen von und bestätigende Gegenüberstellungen mit ungewöhnlich jungen Zeugen als beweiskräftig gelten. So wurde beispielsweise der fünfjährige Andreas, auf den wir wiederholt zurückkommen werden, als Zeuge vor die Bamberger Inquisition gerufen.

Sodann fragten die Inquisitoren den Jungen ständig nach dem genauen Wortlaut des Gebets, das er an seinen Dämon zu richten pflegte, und bestanden auf einer Antwort, obwohl der Junge den götzendienerischen Vers anfänglich nicht aufsagen konnte oder wollte. Allein diese Beharrlichkeit zeigt, daß die Befrager ernsthaft an die Beziehung des Jungen zu dem Dämon glaubten. Ihre Hartnäckigkeit wurde möglicherweise dadurch verstärkt, daß sie von den »beiden Göttern« der Bande hörten und vielleicht irgendeine Form schwerer Ketzerei vermuteten.

Wie im ersten Teil des Buches berichtet, gibt es auch dokumentarische Nachweise dafür, daß Kinder als Hexen verfolgt und manchmal hingerichtet wurden, vor allem in den Fürstbistümern Bamberg und im benachbarten Würzburg.

Zu diesem letzten Punkt gibt es einen anschaulichen Parallelfall zu dem des Hexenjungen. Es handelt sich um den kleinen Andreas Förster, der am 8. Mai 1629 aus der außerhalb gelegenen Gemeinde Oberscheinfeld vor die allmächtige *Malefiz-Commission* des Fürstbischofs gebracht und angeklagt wurde, also während der Haftzeit und der Verhöre des Hexenjungen.[3] Dieser Fünfjährige war von einer Nachbarin denunziert worden, nachdem er damit geprahlt hatte, er fliege auf seiner Mistgabel zu Kirchtürmen, um dort an Hexentänzen teilzunehmen. Als die Inquisition ihn zwei prominenten Mitgliedern der *Commission* vorführte, den Doktoren der Rechte M. Herrenberger und Jakob Schwartzconz, gestand er diese hochfliegenden Abenteuer ohne Zögern. Die Kommissionsmitglieder nahmen Andreas' Bekenntnis (einschließlich seiner Denunziationen) ernst und stellten ihm eine Reihe von Fragen:

Wer waren die Komplizen, die ihn auf den Flügen begleiteten?

Wie oft war er zu den Kirchtürmen geflogen?

Wer waren die Musiker, die bei den Hexentänzen spielten?

Wie kam er mit dem Teufel in Berührung?

Wie und mit wem hatte er teuflische Unzucht getrieben?

Ähnlich wie der Hexenjunge antwortete der kleine Andreas gesprächig und anschaulich, und wir werden später Grund haben, auf seinen Bericht zurückzukommen.

Was uns heute völlig unglaubwürdig, sogar absurd oder teilweise lächerlich vorkommen würde, gehörte damals zu den festen Überzeugungen der Menschen. Unsere wissenschaftlich-empirische Einstellung läßt uns die Dinge anders sehen, und wir möchten sozusagen hinter die Personen schauen, um zu erfahren, was sie zu ihren Äußerungen und Handlungen trieb. In unserer Neigung zur Analyse möchten wir die Dynamik erkennen, die das Drama der Hexenjagd hervorbrachte, und herausfinden, was die Hauptdarsteller dieser Vorstellung, die Inquisitoren und die Angeklagten, bewegte.

Das Leitmotiv des Dramas war das offensichtlichste Element – nämlich die theologische Annahme, der Teufel sei hier am Werk. Alle Fragen zielten in diese Richtung, und alle Antworten waren ein Echo darauf. Da man dachte, Satan könne sich in Personen verwandeln, war der Gedanke nur logisch, er sei in der Lage, mit menschlichen Wesen zu interagieren und zu kommunizieren und unter ihnen Bundesgenossen anzuwerben. Der verächtlichste Bundesgenosse war die Person der Hexe, ganz gleich, ob Mann, Frau oder Kind, eine Person also, die den Teufel als Herrn akzeptierte. Dies war übrigens auch die Demarkationslinie zwischen Zauberer und Hexe: Die *Hexe diente* dem Teufel; der Zauberer oder die Zauberin dagegen *benutzte* den Teufel und andere böse Geister und befahl ihnen, gewisse Dinge zu tun. Erstere Person gehorchte also dem Teufel, letztere manipulierten ihn. Diese Unterscheidung machte die Hexe zum Ketzer und den Zauberer oder die Zauberin zu ambivalenten Manipulatoren gefährlicher Geister. In der frühen Phase der Hexenjagd berücksichtigte die Inquisition diese Unterscheidung und verhängte die entsprechende Strafe, doch nach und nach verwischte das Jagdfieber den Unterschied.

Prozeßmitschriften spiegeln eine auffallende Gleichförmigkeit von Art und Reihenfolge der Fragen wider.[4] Zu erkennen ist eine wiederkehrende Struktur von ungefähr zehn Fragen, die auch im Geständnis des Hexenjungen erscheinen.

Erste Begegnung und dämonische Sexualität

Die erste Frage konzentrierte sich stets auf die Umstände, unter denen der Angeklagte dem Teufel zum erstenmal begegnete. Der Hexenjunge ging darauf sehr genau ein und schilderte Zeitpunkt und Ort; es war zwischen elf Uhr und Mitternacht in seiner Schlafkammer. Das war der Anlaß, bei dem der Dämon ihn zu überreden versuchte, sich den Reihen seiner Verbündeten anzuschließen.

In den meisten Fällen war der Versuch des Teufels, die Person für seine bösen Zwecke zu gewinnen, mit einer sexuellen Begegnung gepaart. Dies war der stereotype Verlauf der Geständnisse, ein kulturell bekannter, geglaubter und verinnerlichter Verlauf. Jede Hexenanklage war gleichzeitig eine Anklage wegen sexuellen Fehlverhaltens; den Hexen wurde eine abartige Sexualität zugeschrieben, hauptsächlich sexuelle Beziehungen zum Teufel. Hexen galten als Buhlen des Teufels oder, wie Luther es ausdrückte, als Teufelshuren. Die Inquisition im allgemeinen und der *Malleus maleficarum* im besonderen konzentrierten sich mit frauenverachtender Besessenheit auf die angeblichen sexuellen Vergehen der Hexen. Man legte Wert auf detaillierte Erklärungen, wie Geschlechtsverkehr zwischen Menschen und Geistern möglich sei, »Kirchendoktoren« widmeten dem Thema ausführliche Gedankenarbeit.

Sozialpsychologisch bedeutsam ist, daß die Antworten der meisten geständigen Personen in gewisser Weise mit Episoden ihres tatsächlichen Sexuallebens zusammenhingen, was bedeutet, daß reale Aktivitäten im Rahmen einer dämonischen Weltsicht interpretiert wurden. Oft wurde der Deutungsprozeß von einer Reihe starker menschlicher Emotionen wie Schuldgefühle, Rache und einer Mischung aus beiden gespeist, was gewöhnlich zur Darstellung des Sexualpartners als Dämon führte.

Das Muster spiegelt sich sogar im Geständnis eines so jungen Angeklagten wie unseres neunjährigen Knaben wider. Obwohl kein Bericht über Sexualhandlungen vorliegt, wurde die stereotype Form im ersten Teil der Befragung gewahrt. Wie bewußt die typischen Erwartungen waren, zeigt der Junge selbst, indem er die angemessene Nomenklatur für seinen persönlichen Dämon verwendet: »kleiner Liebhaber«. Diese Version ist eine Seltenheit in den dokumentierten Geständnissen. Gewöhnlich verwendeten die Transkripte die Begriffe *Puhle* (männlich) oder *Puhlin* (weiblich), doch das diminutive Neutrum *Puhlein*, das der Hexenjunge benutzte, war selten. (Eine spätere Erörterung soll versuchen, die Wahl dieses Begriffes im Kontext der Bande des Jungen zu verstehen.) Für den Augenblick ist die Wortwahl nur insofern von Bedeutung, als sie zeigt, daß selbst im Falle eines Kindes am Modell sexueller Abweichungen der Hexe festgehalten wird, obwohl keinerlei Anzeichen dafür vorliegen, daß sexuelle Handlungen irgendwelcher Art stattgefunden hatten. Dieses Umstandes können wir sicher sein, denn die Inquisitoren hatten die Angewohnheit, auch die kleinsten Hinweise mit voyeuristischer Pedanterie darzulegen, und hätten das zweifellos auch in diesem Falle getan, wenn sie auch nur den leisesten Grund dafür gesehen hätten. Da ihnen inhaltlich nichts vorlag, behielten sie nur die Form des Verhörs bei; der Junge berichtete nichts Sexuelles, was ein Anzeichen für seine Gleichgültigkeit oder dafür sein mag, daß er keine Erfahrung mit sexuellen Dingen hatte. Daß dieses Thema unergiebig war, läßt sich auch am allmählichen Verschwinden des Begriffes »Puhlein« im Verlauf der Verhöre ablesen. Die Inquisitoren wandten sich anderen Aspekten des Hexenverhaltens zu, die aussagekräftigere Informationen abwarfen.

Nicht bei allen Kindern fehlten sexuelle Mitteilungen. Im Gegenteil, einige Kinder verweilten sehr eifrig bei solchen Aussagen. Es
lassen sich bedeutsame individuelle Unterschiede zwischen den Kindern der Inquisition wie zwischen Kindern anderer historischer Zeitalter erkennen. Einige von ihnen geizten nicht mit Einzelheiten sexueller Verstrickungen. Vielleicht lag das daran, daß sie tatsächlich
sexuelle oder erotische Erfahrungen hatten – sei es durch kindliche
Erforschung des eigenen Körpers, durch relativ harmlose Experimente mit Altersgenossen oder durch tatsächliche sexuelle Beziehungen. Größtenteils jedoch dürfte es sich um die faszinierende
mythomanische Neigung – die psychische Störung und Begabung
zugleich ist – von Kindern gehandelt haben, phantastische Geschichten zu erfinden. Die Behauptung eines dreijährigen Mädchens,
sie habe Geschlechtsverkehr mit dem Teufel gehabt, ist ein eklatan-
tes Beispiel für diese Art fabulierter sexueller Betätigung.[5]

Andererseits förderte die obenerwähnte Befragung des fünfjähri-
gen Andreas Förster Antworten zutage, die sich im Bereich der
Glaubwürdigkeit bewegen, zumindest teilweise. Auf Fragen, welche eine Richtung vorgaben, antwortete er, er habe »einmal nachts
unter dem Lindenbaum in der Stadt mit einem kleinen Mädchen
getanzt, Bier getrunken und ein feines Mahl geteilt«. Später in dieser
Nacht habe das Mädchen ihn »in seiner Schlafkammer besucht, nach
seinem nackten Penis gegriffen, und sie hätten einander umarmt und
gestreichelt«.[6] Das »feine Mahl« ist angesichts des Hungers und
Elends, unter denen Kinder während des Dreißigjährigen Krieges zu
leiden hatten, nicht sonderlich glaubwürdig, doch die Beschreibung
des »Petting« erscheint recht plausibel.

Teuflische Todesdrohung

Nachdem die angeklagte Person das Verführungsspiel des Teufels
beschrieben hatte, lautete die nächste Frage, ob er oder sie mit ihm
zusammengearbeitet habe. Das war natürlich eine rhetorische
Frage, denn für die Inquisition war eine Anklage gewöhnlich gleich-
bedeutend mit Verurteilung. Doch die Frage räumte den Angeklag-

ten ein geringes Maß an Spielraum für Entschuldigungen ein, mit denen sie mildernde Umstände anzugeben versuchten:»Der Dämon drohte, mich zu töten, wenn ich die Mitwirkung verweigerte.«

In der Bamberger Gegend bestand die Lieblingsdrohung des Dämons darin, Widerstrebenden den Hals umzudrehen. Die Antwort des Jungen folgte diesem Muster.

Im Falle des kleinen Andreas war die Drohung eine gehörige Tracht Prügel. Sein »Genößlein« werde ihn schlagen, falls er es verriete oder seinen Wünschen nicht nachkäme. [7]

Teufelstaufe

Im Zentrum aller Hexenprozesse stand der Pakt mit dem Teufel, wie er durch das Ritual der Teufelstaufe geschlossen wurde. Der Hexenjunge schilderte das Ritual ausführlich, und seine bildliche Darstellung erinnerte an eine Säuglingstaufe: Ein weißes Laken wurde ausgebreitet und ein Kissen geholt; beides sollte als »Taufbett« dienen. Dies war eine ungewöhnliche Wiedergabe der Teufelstaufe und ein bemerkenswertes Beispiel für das spielerische Ausagieren von Kindern. Stereotyp dagegen war, daß einer der ketzerischen Verschwörer als sein »Pate« auftrat und ihm seinen Namen, Jakob, gab.

Auf ähnliche Weise zeigte sich die Macht der kulturellen Bilderwelt jener Zeit im Geständnis des kleinen Andreas, der schon im Alter von fünf Jahren Einzelheiten und Schattierungen der schwarzen Taufe wiedergeben konnte. In seiner Beschreibung wirkte seine Großmutter (Babel) als teuflische Patin:»Habe ihn Baumasten gehaissen... seie ein schüssela mit wasser dorten gewesen, Babel habs über ihn abgegossen.« Um das Szenario abzurunden, schilderte Andreas das dämonische Aussehen seiner Großmutter:»Habe wüste händt gehabt... auch wüste stockfüeß... undt schändlichen Kopf... undt seie ihr die Nasen abgeschnitten gewest.«

Taufgeschenk

Wie bei allen gotteslästerlichen Taufen dieser Art hatte der Initiand Anspruch auf ein Geschenk – entweder von seiten des seines Amtes waltenden Teufels oder des neuen Paten oder der Patin. Typischerweise wurde dieses Geschenk, in den meisten Fällen eine Münze oder ein Goldstück, später wertlos, indem es sich in eine wertlose Tonscherbe, ein Stück Kohle, einen Stein oder einen Klumpen Kot verwandelte. Der Hexenjunge berichtete von einer anderen Erfahrung; er behauptete, er sei aufgefordert worden, sein Goldstück seinem Dämon zur Aufbewahrung zu übergeben. Dieses Schicksal der Gabe spiegelt den Brauch der damaligen Zeit wider, dem zufolge es als unangebracht galt, daß Kinder Geld oder andere Wertgegenstände besaßen; man erwartete von ihnen, daß sie solche Dinge ihren Eltern aushändigten.

Die Gemeinschaft der Dämonen und Verschwörer

Von Beginn der Geständnisse an zeigten sich Dämonen und Verschwörer als gesellige Wesen. Sie kamen zu zweit, zu dritt oder in ganzen Gruppen. Der Junge beschrieb ihre Geselligkeit in vielen Zusammenhängen, angefangen beim ersten nächtlichen Besuch seines Dämons, als er zusammen mit einer Reihe von Verschwörern hereingeflogen kam, des weiteren bei der zur Taufe versammelten Gesellschaft und schließlich bei verschiedenen gruppenweise begangenen Diebereien. Bei diesen Anlässen wurden Namen erwähnt – manchmal mit tödlichen Folgen für die Genannten. Die Hauptzusammenkunft war der Hexensabbat, bei der Pläne für *maleficia* ausgeheckt und ein üppiges Fest abgehalten wurden. Der Junge beschreibt Einzelheiten von größtenteils stereotypem Charakter. So wurden beispielsweise die drei Tanzrunden, die vor und nach dem Mahl auszuführen waren, allgemein als gotteslästerlicher Ersatz für Dankgebete verstanden.[9] Die perversen Bräuche, von denen man allgemein annahm, sie begleiteten den Sabbat, ließ der Junge jedoch aus, etwa das Tanzen Rücken an Rücken, das *osculum infame* (bei dem die Hexen ehrfürchtig das Hinterteil des Teufels küßten), hetero- wie homosexuelle Unzucht und andere Abscheulichkeiten. Was in den Schilderungen des Hexenjungen sinnlichen Ausschweifungen noch am nächsten kam, war die Erwähnung, die Teilnehmer hätten einander geküßt, ehe sie den Hexensabbat verlassen hätten. Selbst dieser Hinweis auf die mildeste Form von Fleischlichkeit veranlaßte den Schreiber zu einem schockierten *»sit venia verbo«* (»Man entschuldige den Ausdruck«). Daß in den Schilderungen von Sabbaten oder anderen verschwörerischen Zusammenkünften andere sinnliche oder gar sexuelle Handlungen fehlen, zeugt erneut vom Desinteresse des Jungen an solchen Dingen. Darin unterscheidet sich sein Geständnis grundlegend von den üblichen Aussagen Erwachsener über Sabbate und andere dämonische Begegnungen.

Warum beharrte die Inquisition so verbissen auf der Realität des Hexensabbats? Anscheinend verlangte der Glaube an die Wirklichkeit der großen Verschwörung nach dem Beweis für eine offenkundig einfache Vorbedingung, nämlich für den Umstand, daß die Angeklagten Zusammenkünfte gehabt hätten, um ihre üblen Pläne auszuhecken. Mit anderen Worten, eine Verschwörung ohne eine Art konspirativer Versammlung erschien undenkbar, ohne sie hätten die vermeintlich frevelhaften Taten nicht begangen werden können. Daher bildete die Annahme solcher Verschwörertreffen einen festen Bestandteil der theologisch-juristischen Fundamente inquisitorischen Denkens. Hätten diese Annahme und die anschließenden Beweise gefehlt, wäre die Stichhaltigkeit der Denunziationen fragwürdig gewesen und die Hexenjagd zum Erliegen gekommen. Da dies für die Kirchenhierarchie eine undenkbare Wendung der Ereignisse gewesen wäre, mußte die Realität des Dreigespanns Sabbat – Verschwörung – Hexenflug um jeden Preis aufrechterhalten werden.

Nächtlicher Hexenflug

Die Orte, an denen die Zusammenkünfte stattfanden, spielten in den Geständnissen eine wichtige Rolle. Der Bericht des Jungen ist da keine Ausnahme; er zählt eine Reihe von Orten auf, etwa die Weinkeller und andere romantische und ländliche Schauplätze. So un-wichtig dies anfangs klingen mag, die Lage und die Entfernung dieser Orte spielten eine bedeutsame Rolle bei der Einschätzung von He-xenfähigkeiten. Da einige der Orte recht weit vom Wohnort der Angeklagten entfernt lagen und die Verdächtigen zuweilen Alibis angeben konnten, erhob sich die Frage: Wie gelangten sie in einer oftmals begrenzten Zeitspanne dorthin? Die Antwort der Dämono-logen wie auch die geständiger Angeklagter schien die Fähigkeit von Hexen zum schnellen Überlandflug zu bestätigen.

Diese Vorstellung stellte die notwendige logische Verbindung zwischen Sabbatbesuch und Verkehrsmitteln her. Die Beschreibun-gen des Hexenjungen sind in dieser Hinsicht außergewöhnlich. Das »Fahrzeug« seines Dämons in Form einer Mistgabel war aus Silber geschmiedet, während sein eigenes Vehikel aus dem weniger kostba-ren Messing bestand, wie es seinem untergeordneten Rang ent-sprach.

Die Verwandlung des gewöhnlichen Hexenbesens in ein aus Metall, sogar aus kostbarem Metall, bestehendes Fluggerät ist eine einzigartige, aus dem Rahmen fallende Beschreibung des Fortbewe-gungsmittels von Hexen. Eine derartige Technologie ist den zahl-reichen Künstlern, die den nächtlichen Hexenflug dargestellt haben, in den Sinn gekommen, beispielsweise Malern wie Hieronymus Bosch, Salvator Rosa, Hans Baldung, Michael Herr und den vielen anonymen Künstlern, die im Mittelalter und in der Renaissance Holzschnitte, Gemälde oder Zeichnungen zum Hexenthema schu-fen. Sie alle bildeten das Hexenfluggerät als einfaches landwirt-schaftliches Werkzeug, als gewöhnlichen Haushaltsbesen oder schlichtes Haustier ab. Damit bewies unser Hexenjunge eine auffäl-lige Phantasie. (Die Grundidee des Hexenfluges war natürlich eine alte kulturelle Vorstellung[10], und der Junge könnte durchaus bild-liche Darstellungen gesehen haben; so wurden etwa eine Anzahl der Bilder in diesem Buch vor oder ungefähr zur Zeit des Jungen ge-schaffen.)

Seine Phantasie war jedoch am lebhaftesten bei der verblüffenden Beschreibung des Vorfalls, bei dem ein »Passagier« von seiner Mist-gabel fiel. Ganz gewiß steht der Hexenjunge mit dieser Schilderung allein da; sein Bericht ist der einzige über einen »Verkehrsunfall« auf dem Weg zum Hexentanz. (Abgesehen von Michael Herrs Holzschnitt eine Generation später.) Daß der abgestürzte »Passagier« sein Leben rettete, indem er sich auf der Stelle in eine Maus verwandelte, die flink über die Wasseroberfläche rannte, klingt wie eine Vignette aus einem unterhaltsamen Märchen – wäre da nicht der tödliche Ernst, mit dem die Inquisitoren den »Unfall« aufnahmen.

Die Beschreibung der Szene enthält auch die Nebenbemerkung des Jungen, in der er einen weiteren »Passagier« als seine »Braut« bezeichnet. Diese Gestalt hat er nie weiter ausgearbeitet, und der Schreiber hat das Geschlecht der »Braut« nicht definiert. Es handelte sich mit Sicherheit nicht um Georg, den er nur anfangs als seinen kleinen »Dämonenliebhaber« bezeichnete, und es hat den Anschein, als sei Georg in dieser Eigenschaft nie wieder erwähnt worden, sondern nur noch als »sein Dämon«, »sein Geist« oder »sein Gott«, nachdem er den Inquisitoren gegenüber nur einmal als »Liebhaber« beiläufig und ohne jede sexuelle Nebenbedeutung erwähnt worden war. Doch wer war dann diese »Braut«? Vielleicht nur eine zufällige Bemerkung, der Phantasie des Jungen entsprungen? Oder die Erinnerung daran, daß die Inquisitoren besonders erpicht auf intime Mitteilungen waren und sich vielleicht freuen würden, dergleichen zu hören?

Auch die Neigung des kleinen Andreas, zu Kirchtürmen zu fliegen, befriedigte die Erwartungen der Inquisitoren. Er berichtete, seine Großmutter habe ihn eingeladen, mit auf ihrer Mistgabel zu fliegen, und sie hätten den städtischen Kirchturm besucht, um am Hexentanz teilzunehmen. Anscheinend ging dem kleinen Jungen auf, daß Flüge in solche Höhen gefährlich waren und zu Unfällen führen konnten; so ließ er die Befrager wissen, weil er sich »ganz fest« an die Mistgabel geklammert habe, sei er nicht heruntergefallen, obwohl sie bei der Rückkehr »sehr schnell« abwärts geflogen seien.

Beide Jungen stimmten darin überein, daß die Mistgabeln für die Flüge geschmiert werden mußten. Der Hexenjunge erläuterte im einzelnen die Eigenschaften der verschiedenen Bestandteile des Schmiermittels (einige konnten dazu dienen, Menschen krank zu machen oder sogar zu töten). Andreas ließ, vermutlich nachdem er gefragt worden war, woher das Schmiermittel stamme, die Inquisitoren wissen, seine Großmutter habe es mitgenommen, als sie starb. Die Geschichten des Jungen über das Schmiermittel für den nächtlichen Hexenflug mögen uns lächerlich erscheinen, doch sie haben einen ernsthaften Hintergrund. Man glaubte allgemein daran, daß Hexen geheimnisvolle Salben benutzten, ehe sie zum Sabbat flogen. Einige moderne Deutungen dieses kulturellen Stereotyps bringen die Salbe mit psychedelischen Drogen in Verbindung, mit denen bestimmte Frauen angeblich experimentierten und sich den Nachtflug infolgedessen nur *einbildeten.* Die Vorstellung der Hexensalbe muß im größeren Rahmen der pharmazeutischen Experimente gesehen werden, die von Heilkräutern über Gifte bis zur unheimlichen Hexenbrühe reichten und Bilder vom brodelnden Kessel heraufbeschwörten. Möglicherweise hat der Junge tatsächlich Abbildungen gesehen, welche die Vorliebe von Hexen für geheimnisvolle Arzneibücher erkennen lassen.

Zerstörerische Magie

Damit ein Geständnis akzeptiert wurde, mußten die Angeklagten eine Reihe destruktiver Handlungen zugeben. Es reichte nicht aus, allgemein einen Bund mit dem Teufel einzugestehen; wirklich destruktive *maleficia* mußten hinzukommen.

Die große Mehrheit der Verdächtigen, die ursprünglich gezögert hatten, *maleficia* zu gestehen, erlag schnell der Tortur und bot für annehmbar gehaltene Geständnisse an. Natürlich reichte das bloße Wissen, daß die Folter jederzeit angewandt werden konnte, um in vielen Fällen gleich zu Beginn der Befragung Geständnisse zu erlangen.[11] Und dann traten auch einige Personen auf, die aus dem einen oder anderen Grund, möglicherweise auch wegen einer schweren Psychopathologie freiwillig die unglaublichsten *maleficia* gestanden – die den Inquisitoren in der Regel durchaus glaubwürdig erschienen.[12]

Im Fall des Hexenjungen haben wir anscheinend ein unerzwungenes Geständnis vor uns, das ohne physischen Zwang abgelegt wurde, obwohl sich argumentieren ließe, daß Einkerkerung und Einschüchterung durch gestrenge Inquisitoren Folter genug waren, um ein Geständnis zu erpressen. Außerdem waren dem offenbar mit gesundem Menschenverstand ausgestatteten Jungen sicherlich die Mittel der Folter und Hinrichtung bekannt. Zweifellos boten sich in Bamberg viele Gelegenheiten, öffentlichen Exekutionen beizuwohnen. Wenn man bedenkt, daß die Zeit seiner Befragung das Jahr 1629 war und daß zwischen 1623 und 1633 etwa 600 Hexenverbrennungen (sowie zahllose Hinrichtungen wegen anderer Verbrechen) in den Bamberger Annalen verzeichnet sind, die fast alle öffentlich vollzogen wurden, so kann man vermuten, daß unser Junge sehr genau wußte, was mit Verbrechern geschah, sowohl von weltlicher wie auch von kirchlicher Seite.

Doch es gibt Grund zu der Annahme, daß es nicht die Angst vor Folter oder Tod war, die den Hexenjungen veranlaßte, mit soviel Eifer und Energie ein ausführliches Geständnis abzulegen. Es scheint noch andere oder wenigstens zusätzliche Gründe gegeben zu haben – die wir erörtern werden, wenn wir uns mit dem psychologischen Hintergrund des Geständnisses befassen und versuchen, die Persönlichkeit des Hexenjungen zu ergründen.

Inzwischen stellen wir eine breite Vielfalt von Behauptungen oder Eingeständnissen von *maleficia* fest. Einige davon sind völlig unglaubhaft; manche aber sind glaubhaft zumindest in dem Sinne, daß sie möglich sind. Wir dürfen jedoch nicht vergessen, daß für Inquisitoren beide Kategorien glaubhaft waren und daß unsere Unterscheidung zwischen glaubwürdig und unglaubwürdig auf Voreingenommenheiten beruht, die Teil unserer modernen Weltsicht sind.

Das erste der berichteten Vergehen, das wir als reine Phantasie einordnen würden, war der Diebstahl von Silber und Messing zur Herstellung fliegender Mistgabeln. Auch jemandem als Streich einen Topf voller Flöhe ins Haus zu schütten, ist unglaubwürdig, denn die Insekten zu beschaffen, sie in den Topf zu praktizieren und dann in ein Haus zu tragen, ohne daß sie sich sofort auf das nächstbeste Opfer stürzen, das natürlich der Träger wäre, widerspricht allen wissenschaftlichen und praktischen Erkenntnissen. Für das Hexen-Konzil beim sogenannten Hexensabbat fehlen historische Anhaltspunkte; der Junge gibt hier kulturelle Vorstellungen wieder, die damals die Phantasie der Massen beschäftigten.

Im Rahmen der heutigen Wissenschaft vollkommen unglaubwürdig ist die Behauptung des Jungen, die Hexen könnten eisigen Frost hervorrufen, der alle Arten von Früchten und Getreide vernichtete. Erinnern wir uns an die Aussage des Jungen, diese Frosteinbrüche seien beim Hexensabbat sorgfältig geplant worden!

Die Leichtgläubigkeit der Obrigkeit in diesem Punkt mag uns heute erstaunen; doch ein Tagebuch aus jener Zeit, von Maria Junius geschrieben, Nonne in einem Bamberger Kloster, liefert uns ein Beispiel dafür. Sie schreibt, am Tag von St. Urban (25. Mai) im Jahre 1626 habe ein »unnatürlicher« Nachtfrost alles Getreide, alle Feldfrüchte und Reben vernichtet; sie veranschaulicht die Strenge des Frosts, indem sie anmerkt, am Morgen sei alles hart wie Stein gefroren gewesen. [13] »Lautes Geschrei erhob sich in der Stadt«, heißt es in ihrem Tagebuch weiter, »und die Menschen waren zu Tode erschrocken.« Tatsächlich waren die Konsequenzen für die Bevölkerung katastrophal; es kam zu einer Hungersnot, die in den folgenden Monaten viele Menschen das Leben kostete. Die Inquisition machte sich sofort an die Arbeit; zahllose Verdächtige wurden verhaftet, verhört und gefoltert; wie vorherzusehen ergaben Geständnisse, daß der Frost auf die Boshaftigkeit von Hexen zurückging. Die Untersuchungen und Prozesse, die sich mit dieser Missetat beschäftigten, erstreckten sich über ein volles Jahr, und noch 1627 wurden zahlreiche Menschen wegen dieses »Verbrechens« auf dem Scheiterhaufen verbrannt, weil, wie Maria Junius harmlos schrieb, »unser Fürst (Fürstbischof) über dieses Verbrechen erzürnt war«. [14]

Andere Teile des Geständnisses betrafen ziemlich unappetitliche pharmakologische Untaten, darunter das Vergiften von Menschen mit Hilfe von vier verschiedenen Methoden. Eine davon benutzte angeblich die Asche einer verbrannten Kinderleiche. Allenfalls dürfte der Verzehr solcher Asche Verdauungsstörungen bewirken, nicht aber den Tod. Die zweite Methode beruhte auf dem Extrakt des Schmiermittels, das benutzt wurde, um die Mistgabeln »flugfähig« zu halten. Die dritte Methode verwendete eine giftige Salbe, welche die Hexen vom Teufel bekommen hatten. Da der Junge in dieser Hinsicht verallgemeinerte, träfe diese Behauptung nur zu, wenn es in der Tat einen personifizierten Teufel und zahlreiche Hexen gegeben hätte, welche die Salbe erhielten. Schließlich sprach der Junge noch von geheimnisvollen verschleierten Frauen, deren Herstellung von Gift mit menschlichen Haaren als Hauptbestandteil wissenschaftlich zwar unglaubwürdig, aus anthropologischer Sicht aber hochinteressant ist: Sie ist ein Beispiel für die Praxis der »ansteckenden Magie«, was bedeutet, daß man die Macht, jemanden zu verfluchen (oder zu heilen), auf diese Weise gewinnt, daß man einen persönlichen Gegenstand dieses Menschen an sich bringt und ihn durch einen machtvollen Zauberspruch oder ein Ritual verhext. [15]

Das ziemlich unhygienische Gebräu zur Blendung des Ochsen könnte dem Tier gewisse Beschwerden verursachen, aber keinen Verlust der Sehkraft bewirken. Dennoch waren die Zubereitung dieser Substanz und der Versuch, sie zum Zweck der Blendung anzuwenden, möglicherweise real. Schließlich gestand der Junge noch, er und seine Mitverschwörer hätten durch magische Kräfte das Wachstum von Getreide und anderen Feldfrüchten beeinträchtigt. Dies steht in Zusammenhang mit der stereotypen Vorstellung, die Menschen über die Kräfte von Hexen hatten, einer Vorstellung, die der der modernen Weltsicht zuwiderläuft.

Dagegen zählt der Junge eine lange Liste von Missetaten auf, die er und seine Altersgenossen durchaus begangen haben könnten. Es ist durchaus möglich, daß sie bei einem Goldschmied Edelmetalle gestohlen haben, auch wenn das, was sie damit anstellten, auf einem anderen Blatt steht. Das Abschneiden von Getreide, höchstwahrscheinlich Roggen oder Weizen, ist gewiß etwas, das sie getan haben könnten, sei es, um jemandem einen Streich zu spielen, sei es, um dadurch Korn zum Brotbacken zu erhalten. Höchstwahrscheinlich ging es um die letztere Absicht, denn in dem Transkript wird erwähnt (am Rand steht: *Man beachte!*), daß die Jungen »alle Ähren einsammelten«. Noch in der jüngsten Geschichte war das Stehlen von Getreide in Kriegen und bei Hungersnöten gängige Praxis. Eine gebräuchliche Methode, sich legal Getreide zu verschaffen, bestand (und besteht in manchen Teilen der Welt heute noch) darin, übriggebliebene Ähren aufzusammeln, *nachdem* der Bauer bereits geerntet hatte; manchmal erlaubte er Kindern, eine Gänseschar über das abgeerntete Feld zu treiben.

Eines der schwerwiegenderen Verbrechen bezieht sich auf Brandstiftung. Das Motiv scheint Rache für den Diebstahl eines Umschlagtuches gewesen zu sein, das vermutlich einem Mitglied der Familie eines der Jungen gehörte. Die Diebe waren Bettler, die im »Bettlerhaus« lebten, vermutlich das Armenhaus der Gemeinde. Die Bande brannte dieses Haus nieder, und der Junge nannte die Altersgenossen, die das Feuer herbeigeschafft hatten. (Feuerlegen war damals nicht so einfach wie heute, da man nur ein Streichholz oder ein Feuerzeug benötigt; einer der Jungen mußte wohl tatsächlich irgendeine Art von offenem Feuer tragen, etwa heiße Kohlen.) Einer der Gründe, warum dieser Bericht auf Tatsachen beruhen könnte, liegt darin, daß die Fragesteller wahrscheinlich wußten, daß ein solches Feuer zur angegebenen Zeit in der Gemeinde tatsächlich vorgekommen war. Der Junge, der während des ganzen Verhörs sichtlich Schläue an den Tag legte, wäre sich darüber im klaren gewesen, daß er mit dem Erfinden eines solchen Ereignisses nicht durchgekommen wäre.

Schließlich sind noch drei von dem Jungen berichtete Vergehen zweifelhafter Natur. Sie mögen stattgefunden haben, sind aber unwahrscheinlich. Das eine war die angebliche Exhumierung einer Kinderleiche auf einem Friedhof, um sie zu »pulverisieren« und als giftige Substanz zu verwenden. Hier handelt es wiederum um das stereotype Hexenverhalten in der Folklore, und der Junge könnte es angeführt haben, weil es der Rolle entsprach, die zu spielen von ihm erwartet wurde. [16]

Eine ähnliche kulturelle Vorstellung handelte davon, daß Hexen sich nachts in Schlafkammern schlichen und die Menschen zwickten, würgten und erschreckten. Die Häuser der Renaissance hatten zwar keine Alarmsysteme, aber massive Türen und Fensterläden, und ein Eindringling wäre wohl kaum bis in die Schlafkammer gekommen. Außerdem übersteigt das angebliche Eindringen durch eine schmale Ritze in der Wand oder durch einen russigen Kamin unser heutiges Vorstellungsvermögen. Dennoch ist es möglich, daß der Junge und seine Altersgenossen irgendwelche nächtlichen Ruhestörungen begingen, die er anschließend übertrieb und dämonisierte. Es kann sein, daß eine gewisse voyeuristische Neugier – die bei Kindern natürlich ist – im Spiel war, wenn die Jungen nachts durch Fenster spähten.

Dazu kam die kulturelle Vorstellung von der Hexe, die sich in Schlafzimmer schleicht – durch die engste Ritze in der Wand oder durch das Schlüsselloch, wenn das nötig war –, um die Rolle des Inkubus, der Verführerin, zu spielen. Noch heute glauben in der Bamberger Region und ganz allgemein in Franken einige der älteren Bauern an eine Art von *Hexeninkubus* und bezeichnen es als *Hexendrücken*. [17] Offensichtlich waren der Hexenjunge und seine Freunde mit dieser folkloristischen Bilderwelt vertraut und bauten sie überzeugend in ihre Geständnisse ein.

Dann war da noch das Töten des Hundes, um einen Hasen aus ihm zu machen. Das Töten mag tatsächlich stattgefunden haben und galt wohl nicht als besonders schweres Vergehen – in früheren Jahrhunderten stand der Tierschutz nicht im Vordergrund –, doch der Rest der Geschichte ist erfunden.

Die Erörterung der *maleficia* ist gewöhnlich länger als die anderen Passagen des Geständnisses, da die Übeltaten auch einen bedeutsamen Aspekt weltlichen Rechts darstellten. In den meisten Regionen des Reiches konnte eine Person rechtens nur dann verurteilt werden, wenn schädigende Handlungen zu beweisen waren. Das war einer der Grundsätze der *Constitutio Criminalis Carolina* (der Sammlung der Gesetze, die während eines Teils der Frühmoderne gültig waren), er wurde aber in Gerichtsbarkeiten wie einem Fürstbistum, wo der Fürstbischof die weltliche und die kirchliche Macht innehatte, häufig mißachtet.

Um die Diskussion der *maleficia* abzuschließen, müssen wir uns einem definitorischen Aspekt dieser Handlungen zuwenden. Diese Art von Vergehen diente nur dem Zweck, Schaden anzurichten. Die Missetat brachte also der Hexe selbst oder irgend jemandem sonst keinerlei Nutzen. Die meisten Streiche und Vergehen des Jungen fielen unter diese Kategorie sinnloser Beschädigungen. So brachten beispielsweise *maleficia* wie das Plagen mit Flöhen, das Blenden eines Ochsen oder das Anzünden eines Hauses dem Jungen und seinen Kameraden keinerlei Nutzen. Andere Verstöße dagegen waren von Nutzen, etwa der Diebstahl von Wein, Nahrungsmitteln, Korn und Metall zum Schmieden der angeblich fliegenden Mistgabeln. Strenggenommen wären diese Taten nicht als *maleficia* zu definieren, sondern als gewöhnliche Verbrechen aufgrund eigennütziger Motive. Die wahrhaft boshafte Handlung ohne jedes andere Motiv sah die Inquisition als die abscheulichste an, als ein Zeichen teuflischer Verschwörung. Sie nannte diese Kategorie von Verbrechen *crimen exceptum*, Untaten, die sie überaus hart zu bestrafen gewillt war.

Blasphemie

Von allen der Hexerei Verdächtigen wurde erwartet, daß sie besondere Blasphemien eingestanden. Angesichts des dämonologischen Rahmens war dies eine folgerichtige Erwartung, denn sie beruhte auf der umfassenden Prämisse, die Hexen hätten Gott verleugnet und an seine Stelle den Teufel als ihren Herrn gesetzt. Blasphemie galt als das schwerste Verbrechen der damaligen Zeit. Sie war sowohl nach weltlichen als auch kirchlichen Gesetzen eine abscheuliche Untat. Das vielleicht Verblüffendste während des ganzen Geständnisses war der Ausbruch des Jungen, in dessen Verlauf er Gott entsagte und den Teufel seiner Loyalität versicherte. Normalerweise wäre damit sein Todesurteil besiegelt gewesen. Verwirrend ist, daß der Junge dies gewußt haben muß. Wenn wir die psychologischen Aspekte seines Geständnisses erörtern, werden wir uns mit dieser Frage zu befassen haben.

Strenggenommen gehörte Blasphemie nicht zu den *maleficia*, d. h., sie galt nicht als gegen Personen und die Gemeinde gerichtete Schädigung; man betrachtete sie vielmehr als unmittelbare, persönliche Beleidigung Gottes – und somit fiel sie in die Kategorie der schlimmsten damals vorstellbaren Vergehen des Christentums. Zwar besitzt kein Mensch die Macht, Gott zu *schaden*, doch er oder sie hat die Möglichkeit, Gott zu *beleidigen*. Freimütig gestand der Junge eine Reihe blasphemischer Taten. Er verleugnete nicht nur

Gott, sondern tadelte auch einige seiner Engel, machte sich über die Jungfrau Maria lustig, spie ihr sogar ins Gesicht, »borgte« sich für blasphemische Spiele ein Kreuz aus einer Kirche und betete zu Satan. Nur eine Blasphemie blieb übrig, welche die anderen noch übertroffen hätte: die Schändung der heiligen Hostie – das abscheulichste Verbrechen, das die Kirche sich vorstellen konnte. Dieses Vergehen, das Verbrechen der Hexen *par excellence*, erwähnte der Hexenjunge in seinem Geständnis nicht.

Sein Geständnis enthielt noch ein Beispiel theologischer Verirrung, nämlich seine Behauptung, daß seine Kameraden als Gruppe zwei verschiedene Götter hatten, von denen einer schwarz war, der andere rötlich. Er erklärte, ihm sei der Schwarze lieber, weil er freundlicher sei als der andere. Diese Aussage ist blasphemisch und geradezu häretisch. Der Junge stellte den metaphysischen Gedanken in einen Gruppenkontext, was bedeutet, daß nicht er als Individuum in irgendeiner Beziehung zu den beiden Göttern stand, sondern seine Gruppe als ganzes. (Wegen der Betonung der Gruppe wollen wir die Diskussion dieses Themas dem Kapitel »Familie und dämonisierte Jugendbande« vorbehalten.)

Ehe wir das Thema der Blasphemie verlassen, sollten wir darauf hinweisen, daß ein Glaubenssystem, das dem Dualismus anhängt, die Schmähung des Heiligen erleichtert. Die strikte Unterteilung seitens des Christentums in Gut und Böse, Gott und den Teufel, die Geretteten und die Verdammten, Himmel und Hölle und dergleichen fordert zur Blasphemie heraus, da sie logischerweise eine Umkehrung der Gegensätze ermöglicht. Der Autor Mikhail Bakhtin wählte zur Beschreibung einer solchen Umkehrung den Begriff »dialogische Inversion«. [18] In der Gedankenwelt des Jungen wimmelt es von solchen Umkehrungen. Beispiele hierfür sind die falsche Taufe, der falsche Gott, die Verwendung des Kreuzes bei einem weltlichen, wenn nicht sogar unmoralischen Spiel, das Verregnenlassen des beliebtesten Festes, der Kirchweih, das Aufsagen eines häretischen Gebets. Selbst die *maleficia* des Jungen können als eine Form der »dialogischen Inversion« definiert werden, insofern der Junge das genaue Gegenteil guten Verhaltens wählte.

Denunziationen

Kein Geständnis war vollständig, wenn nicht angegeben wurde, wer sonst noch an der diabolischen Verschwörung beteiligt war. Das Beharren auf solchen Angaben war das *perpetuum mobile* der Inquisitionsmaschinerie. Um die Allgegenwart der »großen Verschwörung« beweisen zu können, mußten immer neue Verschwörer aufgespürt werden. Jede Methode galt als gerechtfertigt, um jene Personen vor die Inquisitionsjustiz zu ziehen, die mit dem Teufel im Bunde waren und die Grundlagen der christlichen Gemeinschaft zerrütten wollten.

Durch unmenschliche Folter gezwungen zu werden, andere aus der Gemeinde zu denunzieren, darunter Nachbarn, Freunde, sogar Angehörige und enge Verwandte, bereitete den meisten Angeklagten zusätzliche psychische Qualen, zumal sie wußten, was die von ihnen Denunzierten erwartete.

Der Hexenjunge litt nicht unter solchen Gewissensbissen. Die Bereitwilligkeit, mit der er andere anzeigte, vermittelt nicht den Eindruck, daß es ihm seelische Qualen bereitet hätte, andere Menschen in die tödliche Maschinerie hineinzuziehen. Besonders deutlich wurde seine Bereitschaft, die Inquisition mit Denunziationen zu versorgen, am 7. Mai 1629, einen Monat nach Abschluß seines Geständnisses, das er Wort für Wort bestätigt hatte, als er verlangte, zusätzliche Punkte hinzufügen zu dürfen. Es handelte sich größtenteils um Denunziation von Personen, die angeblich das Verbrechen der Hexerei und andere Untaten begangen hatten. Diesen Zusatz gab der Junge völlig freiwillig und ging damit sozusagen über seine Pflicht hinaus.

Über die Gründe für den Eifer des Jungen können wir nur spekulieren. Seine Verzweiflung und Einsamkeit sind sicherlich verstärkt worden durch die Einkerkerung, die trotz ausführlichen Geständnisses und rückhaltloser Bestätigung andauerte. Seine Bitte um eine weitere Anhörung, um so weitere Geständnisse und Denunziationen vorbringen zu können, war vielleicht durch die Hoffnung motiviert, die Inquisitoren doch noch gnädig zu stimmen. Andererseits mag in der Persönlichkeit des Jungen etwas Überempfindliches, ja Pathologisches am Werk gewesen sein, das ihn zwang, immer weiter zu reden – eine Begabung zur Mythomanie. Seine zügellose Phantasie erschuf ihm eine eigene bunte Welt und entschädigte ihn für das öde Leben im Kerker.

Tatsache war, daß der junge Gefangene immer mehr Namen von Komplizen und Verdächtigen nannte, denen er die Ausübung der Hexerei vorwarf. Die Grenze zwischen Altersgenossen, mit denen er sich auf *maleficia* und Blasphemie eingelassen hatte, auf der einen Seite und anderen Mitgliedern der Gemeinde, die er der Hexerei bezichtigte, auf der anderen Seite wird aus den Unterlagen nicht ersichtlich. Im wesentlichen geht diese Unklarheit darauf zurück, daß der Schreiber die Namen nicht angab.

Es gibt jedoch keinen Grund anzunehmen, das Fehlen der Namensliste im Transkript sei ein Hinweis darauf, daß die Inquisition die Denunziationen des Jungen nicht ernst nahm. Im Gegenteil, die Fragesteller zeigten starkes Interesse an ihnen, was sich unter anderem am Schicksal einer Frau ablesen läßt, die als Hexe hingerichtet wurde, nachdem der Junge sie denunziert hatte.

Der kleine Andreas befriedigte den Hunger der Inquisitoren nach Denunziationen auf ähnliche Weise. Er benannte einen Mann in der Gemeinde, der ihn angeblich einem »Liebhaber« (Bule) vorgestellt hatte; in diesem Zusammenhang sprach er auch von einem »kleinen Mädchen«, mit dem er getanzt, getafelt und Liebkosungen ausgetauscht hätte.

Ratifizierung

Das kaiserliche Gesetz sah vor, daß jedes Geständnis am Schluß ratifiziert, d. h. bestätigt werden mußte, ohne daß erstmals oder erneut die Folter angewandt werden durfte. Dies bedeutet, von dem Angeklagten wurde erwartet, daß er vor dem Richter schwor, das Geständnis enthalte nichts als die reine Wahrheit. Daraufhin erging das Urteil des Richters, und im technischen Sinne war der Prozeß beendet. Ein verurteilter Verbrecher wurde anschließend dem Henker übergeben.

Manchmal wurde von diesem Verfahren abgewichen. Zahlreiche lokale Gerichtsbarkeiten, unter denen sich Bamberg besonders hervortat, standen in dem Ruf, gegen etliche Regeln des Gesetzes zu verstoßen. So erzwangen die Bamberger Inquisitoren beispielsweise Ratifizierungen, indem sie die Folter »fortsetzten« und mit diesem semantischen Trick das Gesetz umgingen, das »erneute« Folter verbot. [19]

Im Falle unseres Jungen traten keine derartigen Komplikationen auf. Er ratifizierte nicht nur einmal, sondern zweimal, und dies ohne die Androhung von Folter. Tatsächlich wurde die zweite Ratifizierung notwendig, weil er weitere Zeugenaussagen machen wollte. Dieses ungewöhnliche Verhalten verlangt nach einer psychologischen Untersuchung – der wir uns im folgenden Kapitel zuwenden werden.

9. Die Persönlichkeit des Jungen

Welche verborgenen Triebkräfte standen hinter der Person des Jungen und veranlaßten ihn, seine Rolle in dem Drama so überzeugend und virtuos zu spielen? Der Delinquent dürfte das Entzücken der Inquisitoren gewesen sein. Keine lästige Folter, kein langes Drängen war notwendig. Der Angeklagte gestand freimütig und lieferte reichlich Denunziationen. Mit anderen Worten, er war ein Ausbund an Kooperationsbereitschaft.

Und doch hatte er gelegentlich unerwartete Ausbrüche von Trotz, und dann schien es, als schwenke er das Banner des Teufels und kehre Gott den Rücken zu.

Talent und Bosheit

Dieses gegensätzliche Verhalten – einen Augenblick kooperativ, im nächsten rebellisch – darf nicht als logischer Widerspruch gesehen werden, sondern als integraler Bestandteil der Rolle des Jungen: Er bestätigte den Anklägern, daß sie heroisch gegen das absolut Böse kämpften, als Helden im Kampf gegen die Urmächte. Eine solche Schlacht bedarf zu ihrer Einschätzung ausreichenden Widerstands. Und der Junge lieferte ihn, indem er die entsprechende Gegenrolle glorios spielte, den Eifer der Inquisitoren anstachelte und ihnen somit Gelegenheit gab, die Schlacht zu gewinnen. Auf dem Höhepunkt des Dramas schrie der Junge den Inquisitoren ins Gesicht, er wolle lieber dem Teufel angehören und in alle Ewigkeit die Qualen der Hölle erdulden, als sich Gott zu unterwerfen. Hier zeigte sich, daß ein Dramaturg am Werk war, der ein überzeugendes Drehbuch vor sich hatte.

Ein Nebenaspekt der Situation ist zu beachten. Die blasphemischen Ausbrüche des Jungen verschafften ihm insgeheim einen Sieg: Indem er den Teufel als Schutzschild benutzte, konnte er den Behörden, die er auf andere Weise unmöglich angreifen konnte, die äußerste Beleidigung entgegenschleudern. Eine beeindruckende, wenn auch kurzfristige Machtfülle für einen eingekerkerten Jungen. Gewöhnlich griff der Angeklagte unter dem Deckmantel der »Besessenheit« dazu, weil er auf diese Weise straffrei ausging und behaupten konnte: »Der Teufel hat mich dazu gebracht.«[1]

Das auffallendste Merkmal des ganzen Geständnisses ist die reiche Phantasie des Jungen. Er hatte eine glänzende Begabung für das Phantastische und wußte sich der Sprache großartig zu bedienen. Ausschmückungen und Einzelheiten, die der Junge anbot, gingen weit über das hinaus, was die Inquisitoren gewöhnlich erwarten konnten; sie hätten sich auch mit einfacheren Aussagen zufriedengegeben, doch gewiß wußten sie den sprachlichen Reichtum des Jungen zu schätzen.

Das für den Charakter des Jungen zentrale Merkmal war Mythomanie – ein zwanghafter Drang, Mythen zu erfinden, der als psychopathologisch gilt, wenn er bei Erwachsenen auftritt.[2] Bei Kindern wird er gewöhnlich als vom Normalen abweichende Begabung verstanden, als künstlerisch begabte Seele mit beredter Zunge, die mit vielen Einzelheiten und farbigen Bildern die unwahrscheinlichsten Geschichten zu ersinnen vermag. Einzigartig am Bericht des Jungen ist nicht so sehr, *was* er sagte, als vielmehr, *wie* er es sagte, der Inhalt seiner Worte ist kulturell geprägt, und er bediente sich populärer Symbole als Bausteine phantasiereicher Konstruktionen.

Die Zwangssituation, in der sich der Junge befand, dürfte sein mythomanisches Talent verstärkt haben. Phantasien und Geschichten wurden belohnt, Widerstand und Verweigerung von Geständnissen bestraft. Die Situation enthielt sowohl belohnende als auch bestrafende Elemente und erzeugte ein durchgängiges psychologisches Klima, das den Jungen zum Reden ermunterte. Die Situation besaß alle Elemente einer sogenannten Gehirnwäsche.

Ein weiteres machtvolles Element der Situation war der immense Druck der Inquisitoren, die den Jungen umprogrammieren und sein Leben vor der Haft als dämonisiert darstellen wollten. Tatsächlich trafen in der Situation zwei durchgängige Bedingungen zusammen, eine psychologische und eine soziale. Zum einen brachte der Junge ein natürliches Talent zum Geschichtenerzählen mit, dem die Inquisitoren die sozialen Bedingungen einer Gehirnwäsche hinzufügten. Betrachten wir diese Bedingungen nacheinander.

Bis in die jüngste Zeit ist die bahnbrechende Arbeit von Emile Dupré zur Mythomanie[3] von Psychologen kaum beachtet worden, ein überraschendes Versäumnis, wenn man das Erklärungspotential des Konzepts für eine Vielzahl von Untersuchungen bedenkt, vor allem von Kinderhexenprozessen. Bei zahlreichen dieser Prozesse spielten Kinder die Rolle von Anklägern und boten eindrucksvolle Beispiele von Mythomanie. Zu den bereits erwähnten Beispielen gehören die Prozesse von Salem[4], der Hexenwahn von Mora[5], verschiedene Bamberger Prozesse[6], zahlreiche Fälle hysterischen Aufruhrs in anderen deutschen Ländern wie etwa in Bayern[7] und im Rheinland, desgleichen in Ländern wie Spanien, England, Frankreich und vielen anderen. Bei all diesen Vorgängen kann das Konzept der Mythomanie die entscheidende Dynamik erkennen lassen.

Der Hexenjunge spielte seine Rolle als Denunziant voller Rachsucht und bezichtigte mehr Menschen, als notwendig schien, um die erwartete Zahl von Anzeigen zu erreichen. Und er tat dies alles, ohne gefoltert oder der *territio* ausgesetzt zu sein – der Androhung der Folter mit Vorführung der Geräte. Unter solchen Umständen gestanden die meisten der Befragten, nannten aber in der Regel nur angebliche Mitverschwörer, die bereits hingerichtet worden waren. Der Junge bediente sich nicht einmal versuchsweise dieser Ablenkung, obwohl er in Bamberg mit seinen Hexenverfolgungen reichlich Gelegenheit dazu gehabt hätte. Statt dessen bezichtigte er ohne Not Bürger der Gemeinde, beschuldigte sie der Hexerei und beschrieb ihre *maleficia*, obwohl er zweifellos genügend gesunden Menschenverstand besaß, um sich der tödlichen Folgen für die Denunzierten bewußt zu sein. Daß solche Denunziationen den Tod brachten, war den Kindern jener Zeit durchaus bekannt; die Hinrichtungen fanden öffentlich statt und sollten eine abschreckende Wirkung ausüben.[9] Kaum jemandem »blieb erspart, während seines Lebens Zeuge wenigstens einer Hinrichtung zu werden«.[10]

Eine der vom Jungen denunzierten Personen war ein Mädchen, das er im Wald getroffen haben will, wie es gerade vom Teufel ein Glas mit Gift erhalten habe. Des weiteren denunzierte er einen Handwerker, dem er üble Nachrede und Klatsch vorwarf: »Ein Mann, der nichts anderes zu tun hat als zu tratschen wie ein Waschweib«. Zahlreiche weitere Denunziationen galten anscheinend seinen Altersgenossen, denen er Diebstahl, Fliegen auf Hexengabeln, Teilnahme an Hexensabbaten, Belästigung schlafender Menschen, Anzünden eines Hauses, Regenmachen, Flohmachen, Grabräuberei, Vergiften von Menschen und andere Untaten vorwarf.

Die einzigen Menschen, die sich der Hexerei und Giftmischerei hingegeben hatten und die er nicht identifizieren konnte oder wollte, waren die geheimnisvollen verschleierten Frauen. Sie können durchaus Gestalten seiner Phantasie gewesen sein; allerdings können die verschleierten Frauen auch mythologischen Figuren der lokalen Folklore entsprochen haben. Die Beschreibung entspricht gegenwärtig keiner folkloristischen oder dämonischen Vorstellung in der Region.

Grausame Züge nahmen Äußerungen des Hexenjungen an, als er damit prahlte, wenn er Inquisitor wäre, würde er die Hexen auf der Folterbank so lange strecken, bis die Sonne durch ihren Körper scheine. Diese Worte – die wieder seine auffällige Erfindungsgabe zeigen – stehen nicht nur in groteskem Gegensatz zu seiner Lage, sondern verraten auch einen erstaunlichen Mangel an Mitgefühl und die Bereitschaft, anderen Leid und Qualen zuzufügen.

Es klingt ziemlich merkwürdig, wenn jemand, der sich der Hexerei bezichtigt, die Verurteilung anderer Menschen befördern will, die wie er sich der Hexerei hingegeben haben sollen. Mindestens zwei Fragen müssen geklärt werden, wenn wir verstehen wollen, was in dem Jungen vorging. Zum einen stand er unter dem Eindruck einer unbezwingbaren, blinden Wut, wahrscheinlich als Reaktion auf seine brutale Einkerkerung.[11] Zum anderen hatte er die dämonische Wirklichkeit verinnerlicht und den Standpunkt der Inquisitoren angenommen – eine häufig zu beobachtende Folge der Beziehung zwischen ohnmächtigem Gefangenen und allmächtigem Kerkermeister.

Gefängnis, Verzweiflung und Gehirnwäsche

Die Gehirnwäsche als wichtiges sozialpsychologisches Phänomen bedarf näherer Betrachtung. Der Vorgang, der zur Gehirnwäsche führt, zerfällt in elf Phasen.[12] 1. Angriff auf die Identität; 2. Erzeugen von Schuldgefühlen; 3. Selbstbetrug; 4. Störung der Persönlichkeit durch Konflikt und starke Angst; 5. Zusicherung von Nachsicht und der Gelegenheit zur Befreiung; 6. Zwang zum Geständnis; 7. Kanalisieren der Schuld; 8. Umerziehung oder Strafverbüßung und folgliche Entwertung der früheren Identität und aller mit dieser Identität verbundenen Menschen; 9. Entwicklung in Richtung einer neuen Harmonie (Integration nach Maßgabe einer neuen Struktur); 10. Zusammenfassung: das endgültige Geständnis; 11. Vervollständigung einer neuen Identität.

Menschen, die in die Inquisitionsmaschinerie gerieten, waren den oben genannten Faktoren ganz oder zumindest so weit ausgesetzt, daß sie wesentliche Veränderungen in ihrer Wahrnehmung der Welt und der eigenen Person erfuhren. Die Veränderungen setzten dann am ehesten ein, wenn der Angeklagte sich lange genug in den Händen der Gehirnwäsche-Betreiber befand und dabei von anderen Einflüssen isoliert war. Bei dem Alter des Jungen, der Isolationshaft und der intensiven Beeinflussung durch die Inquisitoren ist es mehr als wahrscheinlich, daß der Junge seine Realitätswahrnehmung entscheidend veränderte. Außerdem neigen Mythomanen dazu, an ihre eigenen Geschichten zu glauben, wenn sie sie nur oft genug erzählen und dabei auf offene Ohren treffen. Ihr höchster Triumph besteht darin, ein gläubiges Publikum zu gewinnen. Und das war dem Jungen voll und ganz gelungen. Dazu war dieses Publikum die einzige menschliche Verbindung, die ihm geblieben war. Er nutzte dieses Publikum, so gut er konnte, zog die Auftritte vor ihm so weit wie möglich in die Länge und entkam so wenigstens zeitweilig der Isolation durch die Kerkerzelle. Während des Prozesses löste sein ständiges Rollenspiel eine Art Selbst-Gehirnwäsche aus – was auf die große Macht des Rollenspiels hinweist. Der Sozialpsychologe Erving Goffman hat dazu geschrieben:

»...so findet man, daß der Rollenspieler gänzlich in seiner eigenen Rolle aufgehen kann; er kann ehrlich überzeugt sein, daß die Vorstellung von Realität, die er gibt, die wirkliche Realität ist. Wenn sein Publikum gleichermaßen von seiner Darstellung überzeugt ist – und dies scheint der typische Fall zu sein –, dann wird zumindest für den Augenblick nur der Soziologe oder der sozial Gestörte irgendwelche Zweifel an der ›Realität‹ des Dargestellten hegen.«[13]

Es braucht hier kaum angemerkt zu werden, daß damals kein Soziologe zugegen war, um die »Realitätsprüfung« zu überwachen, und was die »sozial Gestörten« angeht, die von der Realitätswahrnehmung der Behörden abwichen, so bezeichnete man sie höchstwahrscheinlich als Häretiker.

Da sie mit dem Jungen die damalige Kosmologie teilten, hatten die Inquisitoren schon halb gewonnen. Der Glaube an die Fähigkeit übernatürlicher Mächte, in menschliche Angelegenheiten einzugreifen, war in der Vorstellung des Jungen wie der Inquisitoren fest verankert, und so war es nicht schwer, den Jungen von übernatürlichen Eingriffen in das Alltagsleben der Menschen zu überzeugen.

Wir jedoch sollten uns dessen bewußt sein, daß der Junge wesentlich mehr tat, als nur Ereignisse zu erklären: Er hat sie oder zumindest viele von ihnen erschaffen oder erfunden. Er hat erfundene Ereignisse und neu gedeutete Ereignisse miteinander vermischt.

Wenn ein Mensch die Angewohnheit hat, Ereignisse zu schildern, die nicht eingetreten sind, und dennoch fest daran glaubt, dann können wir dafür eine Reihe unterschiedlicher Gründe angeben. In manchen Fällen deutet dies unzweideutig eine psychische Erkrankung an, die mit verschiedenen Arten von Halluzinationen einhergehen kann. Doch die Neugestaltung von Erfahrungen und das Erfinden neuer Erfahrungen ist nicht notwendigerweise das Ergebnis eines gestörten oder kranken Gehirns, denn man kann auch Menschen mit ganz normalem Gehirn dazu bringen. Tatsächlich ließe sich sogar argumentieren, daß dieses Verhalten um so besser funktioniert, je überlegener das Gehirn ist. Die Wirkung von Gehirnwäsche ist ein weiteres Beispiel für die Tätigkeit eines *gesunden* Gehirns. Durch Isolierung, anhaltende Indoktrinierung und

die Gefühlsmanipulation lassen sich erstaunliche Umprogrammie-
rungen herbeiführen. Man könnte sogar behaupten, daß nur eine
gestörte Psyche wie etwa eine autistische nicht umzuprogrammie-
ren ist.

Die Situation des Hexenjungen enthielt wesentliche Elemente für
eine erfolgreiche Gehirnwäsche. Hier eine Zusammenfassung der
Elemente, die dem generischen Modell entsprechen:

1. Die Identität des Jungen wurde gleich zu Beginn der Untersuchung in Frage gestellt, indem man ihn nicht fragte, ob er ein Hexer sei, sondern gleich wissen wollte, wie er zur Hexerei gekommen sei. Die dem Jungen auf diese autoritäre Weise aufgezwun-
gene Annahme war folglich, er sei ein Hexer.

2. Die Schuld des Jungen galt als durch bloße Anschuldigung oder
wiederholte Gerüchte erwiesen. Es ging nur noch darum, ihn zu
einem Geständnis zu bewegen. Die reine Vermutung von *indicia*,
Hinweise auf Fehlverhalten, galt als hinreichender Beweis. In
Sachsen hat der emsige Hexenjäger Benedict Carpsov diesen
Sachverhalt durch den widersinnigen Begriff vom *Vermutungsbeweis* kodifiziert.[14] Ankläger und belastende Zeugen mußten weder identifiziert noch gar mit dem Angeklagten konfrontiert werden.

3. Allem Anschein nach war der Junge bereit, wenn nicht sogar gewillt, dem Tenor der Anklage zuzustimmen.

4. Die Ernsthaftigkeit der Prozedur und Schwere des vermeintlichen Verbrechens müssen dem Jungen tiefe Angst eingeflößt haben. Wie ernst die Inquisitoren seinen Bericht nahmen und wie
sehr sie seinen Worten glaubten, ersieht man daran, daß sie ihn
innerhalb von sieben Wochen fünfmal dem Gericht vorführen
ließen.

5. Wie bei fast allen Hexenprozessen versprachen die Inquisitoren
Vergebung im Namen Gottes, sofern ein volles, aufrichtiges Geständnis abgelegt würde. Dieses Versprechen hatte mehrere
psychologische Folgen – es besänftigte Schuld- und Angstgefühle
und förderte die Bereitschaft zu gestehen. Das Versprechen hatte
für Angeklagte in Hexenprozessen besondere Bedeutung, da es
sie vermutlich auch vor der Folter bewahrte. Wegen des *crimen*

exceptum, des besonderen Verbrechens, dessen er oder sie angeklagt war, lag die Folter als Möglichkeit natürlich ständig nahe.
Bei der außergewöhnlichen Natur des Verbrechens fühlten sich
die meisten Inquisitoren von Anfang an nicht an ihre Versprechen gebunden. Das entsprach auch ihrem Handbuch, dem
Malleus maleficarum, das Befrager aufforderte, falsche Versprechungen zu geben und gespielte Tröstungen auszusprechen. [15]

6. Häufig lieferte die Schuldzuweisung der Inquisitionsmaschinerie unerlaubte Geliebte, verhaßte Nachbarn, mißliebige Verwandte und beneidete Bekannte aus. Der Junge denunzierte offen seine Altersgenossen und gab an, sie hätten ihn gezwungen,
   sich der Verschwörung anzuschließen, ihn der falschen Taufe
   unterzogen und zu einem Mitglied der Gruppe erkoren. Dazu
   machte er den verschlagenen, gefährlichen Dämon für seine
   Missetaten verantwortlich.

7. Entsprechend der dämonologischen Deutung durch die Inquisitoren werden die Gruppenmitglieder in ihrer Identität entwer-
   tet und in einen dämonisierten Bezugsrahmen gestellt. Sie haben
   sich dem Teufel verbündet und wollen Gottes Schöpfung be-
   schädigen, zu der menschliche Wesen, Tiere und Früchte des
   Feldes zählen.

8. Der Junge erwarb eine neue Identität. Er sah sich fortan als Re-
   krut des Teufels.

9. Zu dieser Zeit legte er ein volles Geständnis ab.

10. Das Geständnis und dessen Bestätigung (im Falle des Jungen gab
    es deren zwei) besiegelten die neue Identität. Diese Vorgänge
    wirkten als Übergangsriten und besaßen die ganze emotionale
    Überzeugungskraft, die solche Zeremonien auf den mensch-
    lichen Geist ausüben.

In den meisten Fällen hat »normale« Gehirnwäsche die Bekehrung
zum Ziel. Von der Inquisition wurde jedoch häufiger die Vernichtung angestrebt. Zuweilen beabsichtigten die Inquisitoren tatsächlich eine Rehabilitation, also das Zurückführen Irregeleiteter zur
richtigen religiösen Einstellung. Doch die dualistische Theologie des
Christentums erschwerte eine Rehabilitation und gab ihr eine töd-

liche Wendung. Der Dualismus von Körper und Seele führte zur absolutistischen Einstellung, nach der ein Teil bestraft und vernichtet werden mußte, um den anderen zu retten. Im schlimmsten Fall hieß das, den Körper zu verbrennen, um die Seele zu erretten.

Ein weiteres Element ist hinzuzufügen, der oben bereits erwähnte Faktor der Isolierung, der den Angeklagten seines sozialen Hintergrunds beraubte, und die Unterstützung durch Freunde oder Familie unterband. Die Folge war ein Zustand psychologischer Desorientierung, das psychische Pendant zur sensorischen Deprivation. Menschliche Wesen sind wesentlich von ihrer sozialen Umgebung abhängig. Die Manipulation des sozialen Beziehungssystems reicht häufig aus, um auch die stabilste Identität zu zerrütten – sei es durch isolierte Einkerkerung, durch Entmenschlichung in Konzentrationslagern oder durch die Absonderung von Soldaten von ihren Kameraden.

Obwohl bei dem Hexenjungen die Zeit zwischen Verhaftung und Befragung im Kerker nicht bekannt ist, dürfte allein die zeitliche Länge des Verfahrens, sieben Wochen, ausreichend gewesen sein, um ein neunjähriges Kind zu zerbrechen.

Ehe wir das Thema der Gehirnwäsche verlassen, sei noch eine Einschränkung angeführt. Uns beschäftigt offenkundig die Hypothese, daß Menschen, die der Hexerei verdächtigt und einem Verfahren ausgesetzt werden, tatsächlich ihre Realitäts- und vor allem ihre Selbstwahrnehmung umstrukturieren. Eine sichere Methode, diese Hypothese zu verifizieren, wäre eine Psychoanalyse der betroffenen Menschen. Doch die Angeklagten können nicht mehr befragt werden, und die Verläßlichkeit des historiographischen Materials ist ungewiß. So sind keine verläßlichen Aussagen möglich. Einige der Verurteilten mögen an ihre eigenen Geschichten geglaubt haben; dagegen wissen wir, daß andere sich über die Natur ihrer erzwungenen Erfindungen im klaren waren. So 1628 Johannes Junius, der denunzierte Bürgermeister von Bamberg. Nachdem er die gesamte Folterhierarchie über sich hatte ergehen lassen müssen und ihm eine Wiederholung drohte, legte er ein stereotypes Geständnis der Hexerei ab. Doch vor seiner Hinrichtung konnte er aus dem Kerker seiner Tochter einen Brief zukommen lassen, in dem er ihr versicherte, er habe keine der im Geständnis enthaltenen Taten begangen, sterbe als

Unschuldiger und habe seine Vergehen nur erfunden, um der schrecklichen Folter zu entgehen. [16]

Andererseits lassen sich solchen Beispielen Berichte gegenüberstellen, aus denen ziemlich zweifelsfrei hervorgeht, daß die Gehirnwäsche erfolgreich war. In einem schottischen Hexenprozeß gegen Ende des 17. Jahrhunderts gestand eine Frau eine lange Liste von Missetaten, darunter auch die Verwandlung in Tiere, und erklärte, »sie verdiene es, auf der eisernen Streckbank gefoltert zu werden, da ihre Verbrechen niemals gesühnt werden könnten, selbst wenn sie von wilden Pferden zerrissen würde«. [17] (Die Inquisition kam ihrem Wunsch mehr oder weniger nach.) In einem anderen Fall teilte eine Nonne den Behörden freiwillig mit, sie habe viele Jahre lang eine sexuelle Beziehung zu einem abgefallenen Engel unterhalten, und aus Reue kreuzigte sie sich selbst. [18]

Wir werden zwar nie mit Sicherheit wissen, was sich im Kopf des Hexenjungen abspielte, doch wir haben verläßliche Anzeichen dafür, daß er an seine eigenen Geschichten glaubte – ein Glaube, in dem sich Elemente von Mythomanie, Gehirnwäsche, Isolierung und der zur christlichen Kosmologie gehörigen Dämonologie mischten.

10. Familie und dämonisierte Jugendbande

Wer spielte die Nebenrollen in den Kulissen, außerhalb des Schein-
werferlichts, in dem die »Stars« ihre Hauptrollen darboten? Obwohl
unsichtbar, waren sie real anwesend, und etwas über sie zu erfahren
kann den Charakter der Hauptperson beleuchten.

Dazu ist es notwendig, den sozialen Hintergrund des Jungen zu
rekonstruieren; nicht so sehr das weitere kulturelle Umfeld – das in
vorangegangenen Kapiteln skizziert wurde –, sondern eher die un-
mittelbaren, intimen Sozialbeziehungen wie die zu Familie und
Freundeskreis. Leider ist eine solche Analyse zum großen Teil spe-
kulativ, weil der Junge solche Verhältnisse nur spärlich kommentiert
hat. Außerdem müssen alle seine Aussagen dazu auf ihre Glaubwürdigkeit hin geprüft werden. Wie bereits häufig betont: Wir besitzen
Berge von Behauptungen, aber nur Hügel von Beweisen.

Kindheit im 17. Jahrhundert

Die wenigen Informationen über die Lebensbedingungen von Kindern sind nicht nur für die bestimmte Region typisch, sondern für
fast jeden Landstrich im 16. und 17. Jahrhundert. Die Literatur zu
diesem Thema ist überraschend unvollständig. Philippe Ariès' *Geschichte der Kindheit*, die allgemein als Standardwerk gilt, ist keinerlei Hilfe; sie befaßt sich weder mit den Kindern gewöhnlicher Leute
noch mit der fränkischen Region. Wie Klaus Arnold meint, kam
Philippe Ariès aufgrund begrenzter ikonographischer Deutungen zu
der Annahme, das Kind habe vor dem 17. Jahrhundert nicht existiert, und er erkannte soziale Veränderung dort, wo in Wirklichkeit
Kontinuität bestand.[1] Johannes Janssens und Ludwig Pastors *Geschichte des deutschen Volkes* enthält eine Fülle von Informationen zu

nahezu jedem Thema, ausgenommen über Kinder. Johann Loos-
horns vielbändige *Geschichte des Bistums Bamberg*, angeblich das
umfassendste Referenzwerk über diese Region, hat über die Bamberger Kinder nur wenig zu berichten. Looshorn, katholischer Priester der Diözese Bamberg, interessierte sich hauptsächlich für die
Wechselfälle der Bamberger Kirchengeschichte und ihre politischen
Verzweigungen. (Dennoch bietet er insofern Daten über die Hexenverfolgungen in der Diözese, als er die Politik der verschiedenen Kirchenfürsten vorstellt.)[2] Karl Sigismund Kramers Forschungsarbeit,
Volksleben im Hochstift Bamberg und im Fürstentum Coburg (1967),
die sich mit der Lebensweise im Fürstbistum Bamberg und der benachbarten Gemeinde Coburg von 1500 bis 1800 befaßt, enthält
Informationen über nahezu jede Tradition, hat aber über das Leben
von Kindern so gut wie nichts zu berichten.

Seltsamerweise erhalten wir häufig aufgrund der Verwicklung
von Kindern in die Hexenverfolgungen gewisse Informationen über
Kinder *allgemein*, Informationen, die eine Grundlage für plausible
Schlußfolgerungen bieten.[3] Falldarstellungen wie die des Hexenjungen geben daher weit mehr Auskünfte als begrenzte Berichte über
außergewöhnliche Vorfälle; ihre Bedeutung liegt in Erkenntnissen
über die allgemeinen Lebensbedingungen von Kindern.

Der Umstand, daß die Chronisten des 16. und 17. Jahrhunderts
Kindern so wenig Aufmerksamkeit gewidmet haben, ist ein vielsa-
gender Kommentar zur damaligen Auffassung von der Unwichtig-
keit von Kindern – die in völligem Gegensatz zu der Bedeutung
steht, die Kindern in der modernen Gesellschaft beigemessen wird.
Elin McCoy faßt seine Forschungsergebnisse zum Thema folgender-
maßen zusammen: »Noch im 17. Jahrhundert wurden Kinder nicht
als Individuen mit eigener Identität betrachtet. Sie galten als aus-
tauschbar und erhielten häufig den gleichen Namen wie ein älteres
Geschwister, das gestorben war... Sie waren nur insofern von Bedeutung, als sie ihren Eltern Nutzen bringen konnten. Man sah sie als
Besitztümer ohne individuelle Rechte an und benutzte sie, um Inter-
essen von Erwachsenen zu fördern.«[4]

Diese Aussage hat Widerspruch ausgelöst. Klaus Arnold zum Beispiel vertritt die Ansicht, Kinder seien wie heutzutage als Individuen

umsorgt und geliebt worden. Er zitiert zahlreiche Quellen, in denen innige elterliche Zuneigung zu Kindern und tiefe Trauer über ihren Verlust festgehalten sind. Als ein Beispiel nennt er einen Nürnberger Fleischer, der über den Unfalltod seiner beiden Kinder so verzweifelt war, daß er sich selbst tötete.[5]

Viele Wissenschaftler[6] stimmen jedoch mit McCoy überein und sind der Meinung, daß Eltern damals ihren Kindern wenig Zuneigung oder gar Liebe entgegenbrachten. Einer der Gründe dafür sei, daß das Leben zu unsicher und die Sterblichkeit von Säuglingen und Kindern zu hoch gewesen sei, als daß Eltern es sich hätten erlauben können, Gefühle zu investieren, die, wie sie wußten, schnell und qualvoll hatten beendet werden können.

Der Historiker Edward Shorter geht noch einen Schritt weiter: Er räumt ein, die Eltern hätten es an emotionaler Anteilnahme fehlen lassen und die hohe Sterblichkeitsquote der Kinder sei *Folge des Mangels an mütterlicher Fürsorge* gewesen und nicht umgekehrt.[7]

Familienhintergrund

Das Geständnis des Hexenjungen enthält nur zwei unmittelbare Hinweise auf sein Zuhause, einmal die beiläufige Erwähnung eines Gefäßes mit Gift, das er von seinem Dämon erhalten und das er »in seines Vaters Haus« versteckt habe. Bei einem anderen Anlaß berichtete er, sein Vater habe ihn in den Wald geschickt, anscheinend um Holz für Faßdauben zu sammeln, und das läßt vermuten, daß sein Vater Faßbinder war. Diese Aussage gewinnt an Bedeutung, wenn man bedenkt, daß Bamberg damals ein Weinbaugebiet war (heute nicht mehr). Noch im 17. Jahrhundert wurde rund um die Stadt Wein angebaut[8], den der Fürstbischof als Haupthandelsobjekt mit anderen Regionen verwandte (beispielsweise als Bezahlung für Salz aus dem Herzogtum Salzburg).[9] So wird die wiederholte Angabe des Jungen, in Weinkeller eingebrochen zu sein, verständlich – es gab in der Gegend sehr viele Weinkeller. So erklärt sich auch, warum zwischen 1623 und 1630 fast ein Dutzend Weinhändler unter den angeklagten und hingerichteten Hexern vom Bamberg waren; sie waren eben in der Bevölkerung zahlreich vertreten. Der Umstand sollte auch die Annahme ausschließen, die Hexenverfolger hätten die Weinhändler aus irgendwelchen besonderen Gründen ausgewählt. [10]

Alle Hinweise auf seine Familie lassen vermuten, daß der Junge ein Zuhause hatte, das heißt im Haus eines Handwerkers und somit nicht in Armut lebte. Wir wissen also, der Junge war kein Waisenkind und auch kein heimatloser Straßenjunge.

Seine Mutter erwähnt er nicht unmittelbar. War sie verstorben? Wenn ja, könnte ihr Tod vielleicht die elterliche Vernachlässigung, den Mangel an Überwachung und somit die Zugehörigkeit zu einer Jugendbande zum Teil erklären. Zwei Stellen in seinem Geständnis lenken unsere Aufmerksamkeit auf diesen Zusammenhang. Sie betreffen die Reaktion des Jungen auf das beharrliche Verlangen der Inquisitoren, das gotteslästerliche Gebet zu hören, das der Dämon ihm angeblich beigebracht hatte und mit dem er ihm habe huldigen sollen.

Als der Junge zuerst mit dem Verlangen konfrontiert wurde, wich er aus und brach weinend zusammen – eine Reaktion äußerster Verzweiflung, welche die Inquisitoren als vom Teufel eingegebene Verweigerung der Zusammenarbeit deuteten. Es war das einzige Mal während des sich über sieben Wochen erstreckenden Geständnisses, daß der Junge weinte. Er versuchte, das Gebet aufzusagen, konnte es aber nur bruchstückhaft. Seine Reaktion muß so außergewöhnlich gewesen sein, daß die Inquisitoren sich zu der Bemerkung veranlaßt sahen, er sei offensichtlich in diesem Augenblick von dem Dämon besessen, der ihm befohlen habe, zu schweigen und keine weiteren Informationen zu geben.

Noch heftigere Gefühle überkamen den Jungen, als die Inquisitoren in der folgenden Sitzung weiter auf dem Aufsagen des »häretischen Gebets« bestanden. (Das Interesse der Inquisitoren ist verständlich, denn solche Gebete waren Kernpunkte der Häresie, und denen galt schließlich das Hauptinteresse der Inquisition.) Nachdem der Junge dem Druck der Fragesteller schließlich nachgegeben und das vermeintliche Gebet aufgesagt hatte, brach er gleich darauf in einen anscheinend hemmungslosen Wutanfall aus. Er entsagte Gott auf eine Weise, die einem leidenschaftlichen Inquisitor den Wunsch hätte eingeben müssen, ihn auf der Stelle zu verbrennen. Er schrie seinen Anklägern ins Gesicht, er wolle Gott nie mehr angehören, er habe ihm im Namen des Teufels dreimal ins Gesicht gespuckt, sein Stern (seine Seele) solle im Höllenfeuer brennen, und er wolle dem Teufel für alle Ewigkeit verbunden sein. Das war Blasphemie in ihrer äußersten Ausprägung, und sie brach aus der Tiefe einer Gefühlsqual hervor.

Was war das nun für ein Gebet, das dem Jungen, der ansonst dreist alle Missetaten, welche die Inquisitoren von ihm hören wollten, eingestand, in solcher Weise zusetzte? Im Grunde war es ein Kinderreim, der auch einige Worte in fränkischem Dialekt enthielt, ein Reim, wie eine Mutter ihn vielleicht singen oder summen würde, der Fäden verschiedener Farbe und Birnen an einem Baum beschrieb. Der Junge dämonisierte die Verse, indem er eine Zeile hinzufügte – die sich mit dem Rest nicht reimte und so seine Fremdartigkeit zeigte: »Hebt sich an, in des Teufels Nahmb.« Er wählte also eine Phraseologie mit der Nebenbedeutung von »Abheben« und gestaltete das »Gebet« so zu einem Ausruf für den Zeitpunkt, da man Mistgabeln bestieg und zum Hexensabbat aufbrach. Offenbar vermischte die mythomanische Begabung des Jungen ein Element des Familienlebens mit einem der Dämonologie.

Über die Gründe für die extreme Emotionalität, die der Junge immer dann bekundete, wenn er mit der Forderung konfrontiert war, das »Gebet« zu verraten, können wir nur spekulieren. Hatten die Gefühle möglicherweise mit Erinnerungen zu tun, an sein Familienleben, an die Wärme eines Herdfeuers, die Sicherheit eines Heims, die Fürsorge einer Mutter? Oder waren sie nur eine hilflose Reaktion auf den Druck seitens der Inquisitoren?

Bemerkenswert, daß der Junge bei allen anderen Anlässen freiwillig Informationen lieferte und sogar großen Eifer zeigte, möglichst viele Einzelheiten mitzuteilen. Alle diese Details entsprachen mehr oder weniger stereotypen Erwartungen; so geriet der Junge nie in Verlegenheit, was er sagen oder wie er es beschreiben sollte. Doch die Forderung, das blasphemische Gebet herzusagen, war ein Hindernis, das er nicht überwinden konnte, zumindest nicht unmittelbar. Plötzlich wußte er nicht mehr, was er sagen sollte.

Es wäre ein schwaches Argument, wollte man die Heftigkeit des Jungen mit der bloßen Frustration angesichts seiner vorübergehenden Unfähigkeit erklären, sich an das »Gebet« zu erinnern. Wenn das der Grund gewesen wäre, warum wäre er dann erneut heftig geworden, als er dem Befrager endlich antworteten konnte? Überzeugender scheint, daß ein tieferer Grund vorgelegen hat, ein Grund, der mit der Herkunft des Reims und seiner emotionalen Bedeutung für den Jungen zu tun hatte.

Noch eine weitere Begebenheit aus dem Geständnis hat offensichtlich Erfahrungen anklingen lassen, die gewöhnlich in das Familienleben eingebettet waren. Kein einziges Geständnis unter den vielen in den Bamberger Archiven schildert die blasphemische Taufe so ausführlich wie das des Jungen. Er erwähnte die großen weißen Laken und das Kissen, auf die er gebettet worden sei wie ein Säugling. Realistische Gegenstücke wären das Taufkleid und das längliche Taufkissen gewesen, wie es in Franken und anderen Teilen Deutschlands alter Brauch war. Der Junge griff auf ein Element der Familientradition zurück und bot es in einem dämonischen Licht dar. Natürlich hatte er sich nicht an seine eigene Taufe erinnert, doch vielleicht hatte er jüngere Geschwister, deren Taufe er miterlebt hatte; oder er hatte in der Kirche Taufen beobachtet, denn diese wurden wie viele andere Riten der christlichen Liturgie stets öffentlich praktiziert.

Aus den Hinweisen zu seinem Familienhintergrund können wir weitere Hypothesen ableiten. Zunächst einmal lebte der Junge höchstwahrscheinlich in Bamberg selbst (das damals zwischen 30 000 und 40 000 Einwohner zählte), denn sein Vater hätte als Handwerker nicht im Dorf gewohnt. In Dörfern lebten Bauern, nicht Handwerker.

Der Junge gab an, zumindest ein wenig schreiben zu können, als er erklärte, der Dämon habe ihn ausgeschimpft, weil er aufgeschrieben habe, was dieser gesagt habe. Bei der Schilderung seines Lebens war aber von Schulbesuch nicht die Rede; es gab zwar Schulen in der Diözese, doch ihr Besuch war nicht obligatorisch. Sie waren nicht kostenlos (man hatte für den Lebensunterhalt des Lehrers Schulgeld zu bezahlen), der Preis aber gering. Arme Familien zahlten nur Pfennige pro Jahr, und nach 1630 war die Schule für alle Kinder frei. Der Bischof kam für die Kosten auf.[11] Die Aussage des Jungen läßt drei Erklärungen zu: 1. Er hatte in der Tat die Schule lange genug besucht, um sich rudimentäre Kenntnisse anzueignen. 2. Er wurde zu Hause unterrichtet, vielleicht von seinem Vater; es kam häufig vor, daß lesekundige Bürger ihre Kinder zu Hause unterrichteten.[12] 3. Er log, und seine Behauptung war Teil seiner Erfindung, die den Eindruck erwecken sollte, seine Schreibfertigkeit sei eine magische Gabe seines Dämons.

Wenn man die dritte Erklärung für unglaubwürdig hält – weil die Inquisitoren die tatsächliche Bildung erkannt und dem Jungen seine Lügen vorgehalten hätten –, so übersieht man die Tatsache, daß die Inquisitoren die magische Überzeugung des Jungen teilten. Nach ihrer Auffassung konnten der Teufel oder seine Dämonen ihren treuen Anhängern besondere Fähigkeiten verleihen. In jedem Fall fehlt es uns an handfesten Beweisen.

Noch ein weiterer Punkt ist unklar. Wenn der Junge tatsächlich im Haus eines Handwerkers lebte, das in materieller Hinsicht hätte relativ gut ausgestattet sein müssen, warum hat er dann Getreide gestohlen? Könnte es sein, daß er sich einem Freundeskreis angeschlossen hatte, dem auch Kinder aus ärmeren, bedürftigen Häusern angehörten? Wir haben zumindest einen Hinweis, daß dies der Fall gewesen sein könnte. Erinnern wir uns, daß er nicht bei der Gruppe war, als diese zum Stehlen auf die Felder zog, sondern daß er zu den Jungen stieß, als sie das Korn bereits geschnitten hatten. Er traf sie auf dem Feld, wo sie angeblich in der Gestalt von Mäusen damit beschäftigt waren, sich Getreide anzueignen. Daraus läßt sich schließen, daß er selbst kein sonderliches Interesse an dem Diebesgut hatte.

Freunde, Spiele und Streiche

Nicht immer ist Not ein Motiv zum Stehlen; auch eine Mutprobe und das prickelnde Gefühl der Gefahr dabei können als Anreiz dazu dienen. Dies scheint besonders auf Kinder zuzutreffen.

Oft treibt der natürliche Spieltrieb Kinder zu bestimmten Handlungen. Doch die Inquisitoren hatten kein Verständnis für das Spielerische jugendlichen Verhaltens in Banden; sie waren nach streng theologischen Regeln erzogen, und so deuteten sie die Streiche der Jungen sogleich als Ausfluß dämonischer Kräfte. Als der Hexenjunge beispielsweise berichtete, bei einem der Weindiebstähle habe er auf einem Faß gesessen und es mit einem Lederriemen geschlagen, beschrieb er nichts weiter als einen eingebildeten Ritt auf einem Pferd. Er hockte auf seinem Phantasiepferd, spornte es an und stob über Berg und Tal. Vielleicht erlebte er sich für einen Augenblick als einen jener Ritter, die er viele Male auf ihren Pferden den Hügel zum Schloß hatte hinaufreiten sehen. Die Inquisitoren dagegen sahen darin nichts Spielerisches, sie fragten ihn, woher er den Lederriemen habe, und begnügten sich mit der Antwort: »Mein Dämon hat ihn mir gegeben.«

Damit sind wir bei der bunten Vielfalt von Kinderspielen, die man als Imitationsspiele bezeichnen könnte. In vergangenen Jahrhunderten machten solche Spiele einen viel größeren Anteil an den kindlichen Spielhandlungen aus als heutzutage. Die Kinder trachteten in erster Linie danach, erwachsenes Verhalten nachzuahmen und ein Spiel daraus zu bilden. Dazu gehörten auch Karten- und Glücksspiele, welche die Kinder erlernten, indem sie Erwachsenen zuschauten. In ihrem Tagebuch berichtet Maria Anna Junius, Nonne in einem Bamberger Kloster, betrübt vom Niedergang kindlicher Moral. So könne man Kinder beobachten, die auf Straßen und Gassen um Geld spielten. [13]

Große Bedeutung hatten Imitationen von Ereignissen, welche die Kinder faszinierten und die sie zu Hause, auf der Straße oder an verschiedenen öffentlichen Orten beobachten konnten. Beispiele sind die nachgestellte Wahl eines Königs, die Prozession des Bischofs [14], Taufe, Beichte, Hochzeit, Predigt, das Schwören von

Eiden, Räuber, Ritter und Diener, das Austreiben von Hexen, öffentliche Hinrichtungen, vor allem am Galgen, Rituale und Formeln, mit denen man um Asyl oder Schutz bat oder einen Bann verhängte, sowie andere gesellige und zeremonielle Ereignisse, die Kinder anzogen.[15]

Für Kinder am eindrucksvollsten waren womöglich öffentliche Vorgänge wie das An-den-Pranger-Stellen sowie die Hinrichtung von Hexen und anderen Verbrechern. Kinder durften nicht nur dabei zusehen, sondern wurden vom Priester, Lehrer oder Richter häufig aufgefordert, daran teilzunehmen. Damit sollten sie frühzeitig Lektionen erhalten und vor Verstößen gegen christlichen Geist und Moral gewarnt werden. So wurden Kinder zuweilen angehalten, am Pranger angekettete Opfer zu verspotten, zu quälen und mit Unrat zu bewerfen. (Ein Junge wurde jedoch bestraft, weil er einen Stein geworfen hatte.) Zu anderen Zeiten hatten sie bei Hinrichtungen fromme Klagelieder anzustimmen. Kinder, die ungehorsam gewesen waren, erhielten während der Hinrichtung eine brutale Tracht Prügel, die sie daran erinnern sollte, daß Missetäter harte Strafen zu erwarten hatten.[16]

Mit dem Anblick öffentlicher Hinrichtungen sollten die Zuschauer gleichzeitig drei Lehren erhalten: Der große Feind (der Teufel) sei am Werk und bedrohe das Wohlergehen der Gemeinde; die Regierung bemühe sich nach Kräften, ihn fernzuhalten; Missetäter erhielten die Höchststrafe, wenn sie sich auf die Seite des Teufels schlügen.

Einige Kinder lernten jedoch etwas ganz anderes aus solchen Erlebnissen. Beim Verhör einiger Angeklagten fanden die Richter heraus, daß diese noch während oder kurz nach der beobachteten Hinrichtung einen Pakt mit dem Teufel geschlossen hatten. Ein Junge berichtete, der Augenblick der Hinrichtung habe ihn so überwältigt, daß der Teufel ihn leicht habe »verführen« können. Ein Mädchen erzählte, sie sei zusammengebrochen, nachdem sie mitangesehen habe, wie zwei Männer hingerichtet wurden, und wenige Tage später habe sie angefangen, »die Stimme des Teufels« zu hören.[17] Alles in allem war das Trauma des Miterlebens von Hinrichtungen durchaus nicht vorbeugend.

Die blasphemische Taufe des Hexenjungen mag eine Parodie auf ein anderes wichtiges öffentliches Ereignis sein. Vielleicht hat die Taufe nie stattgefunden und ist von dem Jungen in Reaktion auf eine suggestive Frage nur erfunden worden; doch nach allgemeiner Auffassung lief die Einweihung in die Teufelsverschwörung auf diese Weise ab. Und doch hat sich die Teufelstaufe vielleicht wirklich ereignet, möglicherweise als harmloses Spiel. Jedenfalls nahmen die Inquisitoren den Bericht ernst und kamen zu der Überzeugung, ein Akt der Häresie sei vollzogen worden.

Zum Geständnis gehörte auch eine Szene, in der Georg, der Dämon des Jungen, ihm die Augen zu durchstechen versuchte. Zum Verständnis dieser Handlung müssen wir uns noch einmal das soziale Umfeld vergegenwärtigen: Es war die Zeit des Dreißigjährigen Krieges, eine Zeit der Unmenschlichkeit, unsäglicher Grausamkeit, der Heimatlosigkeit, des Banditenunwesens und der Gesetzlosigkeit. Viele Menschen mögen persönlich nicht betroffen gewesen sein, doch keinem entgingen die entsetzlichen Gerüchte. Eines dieser Gerüchte handelte von umherziehenden Banden, die Kinder entführten, ihnen die Zunge herausschnitten und die Augen ausdrückten. Möglich, daß die Bamberger Jugendbande spielerisch oder gar ernsthaft versuchte, den Inhalt dieses Gerüchts nachzuspielen. Kaum eine Tat, und sei es die groteskeste, die von der Jugend früherer Zeit oder heute nicht nachgeahmt wurde. [18] Es ist nun einmal so, daß man im jugendlichen Freundeskreis an Ansehen gewinnt, wenn man das Unerhörte zu tun sich erkühnt.

Des weiteren war die Rede vom Erwerb magischer Kräfte zur Zerstörung der Ernte. Laut Geständnis waren mehrere Kinder nötig, um das Ritual durchzuführen; ein Junge, in diesem Fall der Hexenjunge, mußte dreimal unter der Deichsel eines Karrens hindurchkriechen, während die anderen dreimal über ihn hinwegzusteigen hatten. Dieses Ritual ähnelt einem in jener Zeit bekannten Kinderspiel, das »Kaiser oder König?« genannt wurde. Durch das Spiel ließ sich eine Gruppe von Kindern in Mannschaften unterteilen. Auf der einen Seite der Wagendeichsel standen zwei Anführer, der »Kaiser« und der »König«; auf der anderen die übrigen Kinder. Jedes Kind mußte sich entscheiden, welchem Anführer es sich anschließen wollte, während es unter der Deichsel durchkroch und die anderen Kinder sangen: »Kaiser oder König?« Das Kind gab seine Entscheidung zu erkennen, indem es sich zum gewählten Anführer stellte. Dem Historiker Künssberg zufolge war dieses Spiel zuweilen kein Weg zur Mannschaftsbildung, sondern ein Statuswettbewerb, bei dem der Anführer mit den meisten Gefolgsleuten gewonnen hatte. [19]

Die Ähnlichkeit zwischen dem angeblich magischen Ritual und dem Kinderspiel, vor allem die Regel, daß man unter einer Deichsel hindurchkriechen mußte, läßt darauf schließen, daß der Junge ein Spiel so umdeutete, daß es die von seinen Befragern erwartete dämonische Bedeutung annahm.

Diese Details des Geständnisses gewähren einen Einblick in die innere Struktur der Jugendbande und in die Macht kollektiven Zusammenhalts. Kaum ein Streich oder Vergehen wurde als individuelle Tat geschildert; stets war von Verschwörung einer Gruppe oder von spontaner Gruppenaktivität die Rede. In moderner Terminologie würden wir die Gruppenzugehörigkeit des Jungen als Ausdruck delinquenten Bandenverhaltens etikettieren. Der Grund für die Festnahme des Jungen kann durchaus dessen Beteiligung an solchen Vergehen gewesen sein. Heutzutage würden er und seine Freunde möglicherweise als »unkorrigierbar« angesehen. Die Inquisition jedenfalls betrachtete ihr Verhalten als Ausdruck eines Teufelsbundes.

Gut möglich, wenn auch wenig wahrscheinlich, daß die Jugendbande sich selbst als dämonische Verschwörergruppe betrachtete. Falls dies zutrifft, würden die heftige Ablehnung Gottes, die der Junge aussprach, und seine Hinwendung zum Teufel einem wirklich dämonologischen Verhaltensmuster entsprechen. Dann wäre der Fall des Jungen tatsächlich der einer klassischen Häresie, mit der er sich in voller Absicht von der Orthodoxie entfernte. Doch dafür haben wir keinen Beweis. Angesichts ihres gewöhnlich der Realität durchaus angepaßten Lebens und praktischer Motive wie dem Wunsch nach Essen und nach Erregung durch kühne Abenteuer dürften die Bandenmitglieder wahrscheinlich konkretere Absichten im Sinn gehabt haben als das Verfolgen häretischer Vorstellungen. Wesentlich plausibler erscheint die Annahme, daß ihr Handeln von ganz gewöhnlichen Motiven bestimmt war. Aller Wahrscheinlichkeit nach hat die Inquisition aufgrund ihrer Kosmologie die Missetaten der Bande als dämonisches Verhalten gedeutet und den Jungen dazu angehalten, ein entsprechendes Geständnis abzulegen.

Erstaunlich die Aussage des Jungen, er und seine Freunde hätten zwei Götter, von denen der eine freundlich, der andere böse sei. Im Unterschied zu populären Vorstellungen war der freundliche Gott schwarz, der böse hingegen rot. Eine weitere aufsässig zu nennende Umkehrung volkstümlicher Vorstellungen? Jedenfalls handelt es sich um eine theologische Aussage, noch dazu um eine häretische. Was sollen wir uns darunter vorstellen? War es nur die kindliche Version der christlichen dualistischen Theorie, in deren Mittelpunkt Gott und der Teufel stehen, oder ist es Merkmal einer Philosophie von gewisser Autonomie, also Häresie?

Um darauf sinnvoll antworten zu können, müssen wir uns vor Augen halten, daß die Jahrzehnte vor dem Fall des Hexenjungen einen Tiefpunkt in Bambergs religiösem und sozialem Zusammenhalt bildeten. Die Diözese litt erheblich unter den Nachwirkungen der Reformation und der Kriege und Streitigkeiten zwischen Katholiken, Lutheranern und Calvinisten. Regierung und Religionszugehörigkeit im Fürstbistum wechselten nach dem Grundsatz *cujus regio, ejus religio*, nach dem das Volk gezwungen war, den Glauben des Herrschers anzunehmen. So hatten einige Ortschaften des bischöflichen Territoriums alle zehn bis 15 Jahre eine andere Religionszugehörigkeit. [20] In einigen Pfarreien trieben katholische und protestantische Geistliche einander buchstäblich aus der Stadt. Der Katholizismus zerfiel sowohl zahlen- wie auch wertmäßig.

Möglich, daß die metaphysischen Gedanken des Jungen die religiöse Instabilität widerspiegelten. Das könnte bedeuten, daß die Jugendbande unter dem Eindruck des religiösen Pluralismus spielerisch eine ihr entsprechende Vision eines übernatürlichen Pantheons entwarf, die sich freilich nicht von der dualistischen des Christentums unterschied, bis auf die überraschende Farbgebung des guten schwarzen und des bösen roten Gottes.

Handelte es sich tatsächlich um eine Form von Häresie, dann stellt sich die faszinierende Frage, woher sie stammt. War sie eine spontane Schöpfung der Jugendbande, die infolge der Gruppendynamik einen dualistischen Minikosmos erfand, der den größeren dualistischen Kosmos des Christentums widerspiegelte und ihn unabsichtlich karikierte? Bestand ein Bedürfnis der Gruppe nach allegorischer Darstellung der Elemente von Gut und Böse und nach ihrer Apotheose in Form abweichender Gottheiten? Mit anderen Worten, haben Gruppenmotive ein Minipantheon mit den entscheidenden Gestalten Gott und Teufel geschaffen?

Oder haben wir es mit einer Folklore zu tun, die unabhängig von der offiziellen christlichen Kultur einen Überrest heidnischer Traditionen bewahrte? Haben wir es mit einem Spiegelbild alter Traditionen zu tun, die in den Kinderspielen überlebt hatten? Diese Fragen erinnern an Entdeckungen Carlo Ginzburgs bei friaulischen Bauern im nordöstlichen Italien und an die alte Tradition der *Benandanti*, die von der Inquisition in häretisches Verhalten umgedeutet wurde.[21] In einem Forschungsbericht über einen der Häresie bezichtigten Müller aus dem Jahre 1600 vermutet Ginzburg, »die Tatsache, daß sich viele von Menocchios Äußerungen nicht auf vertraute Themen zurückführen lassen, erschließt uns eine vorher nicht benutzte Quelle des Volksglaubens und obskurer bäuerlicher Mythologien«.[22]

Eine völlig andere Art der Interpretation könnte sich auf die Psychologie C. G. Jungs berufen und die Religion der Jugendbande als atavistisches Urritual deuten. Eine fiktionale Form solchen Rituals hat William Golding in *Herr der Fliegen* geschildert. Eine Gruppe englischer Schuljungen, die auf einer einsamen Insel gestrandet waren, entwickelte allmählich Ehrfurcht vor dem Übernatürlichen, die sie in Idolatrie und Ritual umsetzte. Jungianer würden dergleichen als Manifestation archetypischer Gefühle ansehen. Zwischen der Isolierung der Jungen bei Golding und der Situation der Bamberger Jugendbande bestehen gewisse Ähnlichkeiten: Beide waren ohne Anleitung von Erwachsenen und auf »Inseln« isoliert, die englischen Jungen auf einer geographischen, die Bamberger auf einer sozialen, als Randgruppe abgespalten von der übrigen Gesellschaft, sich selbst überlassen und von eigener Versorgung abhängig, sowohl materiell als auch spirituell.

Eine andere Erklärung könnte sich Emile Durkheims berühmter soziologischer Theorie über den Ursprung der Religiosität bedienen. Danach erzeugen bestimmte rauschhafte Gruppenaktivitäten – Tanzen, Alkohol- oder Drogenkonsum – Ekstasezustände, die bei kollektiver Verstärkung mit so machtvollen Emotionen einhergehen, daß sie als übernatürlich erklärt werden.

Dies sind nur vorläufige Erklärungen für die Vorstellungen der Jugendbande. Auf ihrer Grundlage lassen sich vielleicht aussagekräftige Hypothesen formulieren.

Auf jeden Fall sollten wir die grenzenlose Phantasie von Kindern im Auge behalten. Allgegenwärtig im geistigen Leben von Kindern ist das Verschwimmen von Grenzen zwischen diesseitigen und jenseitigen Bereichen, ein sich gegenseitiges Durchdringen, mit der Vorstellung, daß die Lebenden in die jenseitige Welt schauen und die Toten aus ihr zurückkehren können. Diese Vorstellung ist auch nach kirchlicher Tradition durchaus nicht abwegig; im Gegenteil, wie sich an der mehrdeutigen Einstellung der Kirche zum sogenannten Fegefeuer zeigen läßt. In der Frühmoderne war es allgemeiner Glaube, »arme Seelen« könnten das Fegefeuer zeitweilig verlassen, um den Lebenden zu ungelegener Zeit zu erscheinen und sie zu behelligen. Doch die Trennlinie zwischen akzeptiertem Glauben an »armen Seelen« und häretischer, von der Kirche verurteilter Geisterbeschwörung war unscharf und gefährlich. [23]

Wie Vorstellungen vom Übergang zwischen Leben und Tod kindliches Denken beeinflussen können, zeigt sich auf komische Weise beim kleinen Andreas, der über mehrere Fälle von Personen erzählte, die mehr als einmal gestorben seien und ihn zwischendurch besucht hätten. So erklärte er den Inquisitoren, seine Großmutter sei gestorben, wieder zurückgekehrt und dann erneut gestorben (dabei habe sie die Hexensalbe mitgenommen). Traurig fügte er hinzu, seine Mutter und sein Vater seien ebenfalls gestorben, aber nicht zurückgekommen, und von dem kleinen Mädchen, mit dem er offenbar erotische Erlebnisse gehabt hatte, berichtete er, sie sei auch gestorben, aber noch mehrmals zu Besuch gekommen.

Ein moderner Psychologe wüßte diese Aussagen zu deuten: Fünfjährige Kinder können häufig die Endgültigkeit des Todes nicht verstehen. Im Falle von Andreas ist diese Unfähigkeit womöglich durch Wunschdenken noch verstärkt worden, denn er war ein Waisenkind, das unter dem Mangel der Wärme und Sicherheit in einer Familie erheblich zu leiden hatte. Wunschphantasien könnten eine Art Kompensation gewesen sein. Die Inquisitoren hatten für den psychischen Zustand eines Waisenkindes kein Gespür und erwogen ernsthaft die übernatürliche – und möglicherweise häretische – Bedeutung all der geschilderten Ereignisse.

Glaubensartikel, die ursprünglich auf gültigen Dogmen beruhten, konnten gelegentlich entgleisen und Gläubige in häretisches oder dämonisches Verhalten stürzen. In jüngeren Forschungen beschäftigt sich Karin Baumann mit diesem Vorgang: Das Bestreben der Kirche, volkstümlichen Aberglauben zu bekämpfen, führte aus mindestens zwei Gründen zum gegenteiligen Ergebnis. Zum einen entstand aufgrund der Schärfe kirchlicher Kritik bei den Massen der Eindruck, es könne vielleicht an den sogenannten abergläubischen Vorstellungen doch etwas Glaubwürdiges sein. Ferner ließ die Formulierung gewisser kritischer Einwände den Schluß zu, daß die inkriminierten häretischen Elemente authentisch seien, beispielsweise im Falle des Ersten Gebots: »Du sollst keine anderen Götter neben mir haben.« Für manche hatte das die nicht ganz unlogische Bedeutung, daß man schließlich nichts verbieten kann, was nicht existiert; folglich existierten andere Gottheiten. Bezüglich der Häresie hieß dies, man könne sich *ipso facto* an diese anderen Götter wenden, wenn man nur wollte. Baumann weist bei einer Liste wichtiger Aussagen des Katechismus auf popularisierte Äquivalente hin und betont ihre mögliche Umwandlung in häretisches Engagement.[24]

Der Hexenbischof mag sich dieser Gefahr und ihrer Bedeutung angesichts der Anfälligkeit von Kindern bewußt gewesen sein. 1631 beklagte er sich in einem Brief an den Kaiser über die zunehmende Hexenpraxis, in die auch immer mehr Kinder eingeführt würden. Kinder erzählten auf der Straße, wie sie zur Hexerei verführt worden seien und an welche Orte sie in der Nacht gebracht würden.[25]

Der Bischof strebte eine vom christlichen Geist erfüllte Gemeinde an. Um dieses Ziel zu erreichen, setzte er folgende Methoden ein: Einsetzung einer »Gedankenpolizei« zur Kontrolle des persönlichen Lebens seiner Untertanen; religiöse Indoktrinierung zur Kontrolle der Gedanken und zur Bildung eines einheitlichen Denkens; weitgehende Mißachtung bürgerlicher Freiheiten; Forderung nach absolutem Gehorsam; Vernichtung von abweichenden Personen – kurz, alle wesentlichen Ingredienzien des Despotismus.

Die verstärkten Zwangsmaßnahmen der Herrschaft gegenüber Kindern und das gehäufte Auftreten von Kindern in Hexenprozessen sind parallele Vorgänge. Eine der Hypothesen über die Gründe dieser Korrelation ist die psychoanalytische These des Historikers Quaife, der die stärkere Aggressivität von Kindern als Rachereaktionen gegen eine zunehmend repressiver werdende Sozialordnung interpretierte.

Ironischerweise war die forcierte Strenge gegenüber Kindern zum Teil Folge der allmählich sich ausbildenden protektionistischen Neigungen. Die fortschreitende Industrialisierung hatte so viele destruktive Auswirkungen auf das Kinderleben, daß die Gesellschaft sich der kindlichen Verletzbarkeit annehmen mußte. Die ersten europäischen Gesetze über die Schulpflicht wurden weniger aus abstrakter Wissensliebe als vielmehr aus dem Bedürfnis heraus erlassen, Kinder zu beschützen, sie von der Straße zu holen und von Verbrechen fernzuhalten. [26]

Dichtung oder Wahrheit

Beschäftigen wir uns nun mit einigen wichtigen Erlebnissen, die der Junge gehabt haben will, und fragen wir uns, was diese Erfahrungen im Kontext seiner Zeit bedeuten.

Mäusemachen. Eine der ersten Gruppenszenen spielte auf Getreidefeldern, wo die Jungen sich Korn zusammenstahlen. Abgesehen vom Diebstahl, ist an dieser Tat kaum etwas Dämonisches oder Bösartiges. Getreide war sowohl für Menschen wie für Tiere eine Lebensnotwendigkeit. (Während des Dreißigjährigen Krieges war der Hunger eine der Geißeln, welche die Bevölkerung dezimierten.) [27] Getreide konnte gegen wertvolles Mehl eingetauscht werden und diente auch zur Fütterung von Kleintieren, von Gänsen, Hühnern,

Tauben, die viele Stadtbewohner hielten. Dem Geständnis des Hexenjungen zufolge waren seine Kameraden auf dem Feld bereits am Werk, als er eintraf. Er dämonisiert die Situation so phantasievoll, wie es für ihn typisch gewesen sein dürfte, d. h., er ließ Freunde in Gestalt von Mäusen auftreten.

Bemerkenswert ist, daß Mäuse als notorische Kornräuber von den Bauern besonders gefürchtet waren. Der Junge erschuf in seiner Mythomanie eine simple, aber zutreffende Allegorie. Für die Inquisition war es freilich keine Allegorie, sondern schlagender Beweis für die teuflische *corporum mutatio in bestias*, die Verwandlung von Menschen in Tiere, bewerkstelligt durch die magischen Kräfte des Teufels.

Die Feldmaus spielte im dämonischen Szenario des Mittelalters und der Frühmoderne nicht selten eine wichtige Rolle. Als während des ganzen Jahres tätiger Dieb wurde das kleine Nagetier offen der Kategorie des Bösen zugeordnet. Wie wir gesehen haben, hat der Junge Mäuse zweimal in Verbindung mit Hexen erwähnt: einmal, als einer seiner Freunde, als er von der Mistgabel fiel, sich rettete, indem er sich in eine Maus verwandelte, die über das Wasser huschte; und zum zweitenmal, als er seine Freunde als Diebe von Getreide beschrieb.

Der Einfall des Hexenjungen, Menschen in Mäuse zu verwandeln, war weder zufällig noch einmalig. So richteten beispielsweise rund 40 Jahre nach den Bamberger Vorfällen Mäuse und Ratten auf den Feldern, die den Salzburger Bischöfen gehörten, immense Schäden an. Eine Untersuchung der Inquisition ergab von Hexen angerichtete *maleficia*; man verhaftete und verhörte zahlreiche Personen, die unter Zwang Hexerei eingestanden. Daraus zogen die Ankläger den Schluß, Hexen, die Komplizen Satans, hätten mittels Schwarzer Magie die Schädlinge »geschaffen« oder, noch schlimmer, sich der verdammenswerten *mutatio* hingegeben, um durch die Zerstörung der Felder die christliche Gemeinde in eine Hungersnot und die Schatztruhen des Bischofs in den Ruin zu treiben. Solchen Feinden gegenüber durfte es keine Gnade geben, und die Inquisition verurteilte etwa 100 Personen zum Tod auf dem Scheiterhaufen. Die meisten der hingerichteten Malefiz-Personen waren Jungen im Alter zwischen zehn und 14 Jahren.[28] In den benachbarten bayerischen Gebieten wurden Mäuse gleichfalls als übernatürliche Plage wahrgenommen; sie galten als unwiderlegbarer Beweis für die reale Existenz von Hexen; das bayerische Landrecht drohte mit Strafen gegen das Verbrechen des »Mäusemachens« bis weit ins 18. Jahrhundert.[29]

Die hysterische Vorstellung von Mäusen als Folgen Schwarzer Magie war auffallend weit verbreitet. In der Schweiz wurde eine Gruppe von Hexern angeklagt, *mutatio* praktiziert zu haben, indem sie Menschen in Mäuse verwandelt hätten; die gerichtliche Verfolgung in diesem Fall dauerte von 1392 bis 1404.[30] Zu den Prozessen gegen Hexenkinder Anfang des 17. Jahrhunderts gehörten zahlreiche Fälle, bei denen es um magisch geschaffene Mäuse ging. Zentren solcher Vorfälle waren in der Regel Schulen, beispielsweise das Jesuitenkolleg von Hildesheim, wo 1604 zahlreiche Kinder beschuldigt wurden, »magische Dichtung« (Beschwörungen) zur Erschaffung von Mäusen und anderen Geschöpfen eingesetzt zu haben.[31] In Kinderhexenprozessen 1654 bis 1663 in der Grafschaft Lippe beschuldigten sich neunjährige Jungen gegenseitig, durch Zauberkräfte Mäuse gezeugt zu haben. (Einer von ihnen behauptete, ein Wolf gewesen zu sein.) Die lippische Regierung nahm die Geständnisse ernst und ging gegen Mäusemachen per Hexerei strafrechtlich vor.[32] Noch 1769 empfahl die bayerische Malefiz-Ordnung, verdächtige Kinder sollten rücksichtslos verhört werden, um herauszufinden, auf wen sie Mäuse losgelassen hätten.[33]

Mit der kleinen Feldmaus wollte niemand identifiziert werden. Der sächsische Pfarrer Thomasius, zunächst selbst in der Hexenverfolgung engagiert, soll erklärt haben, während der Hexenpanik sei jedes Kind, das auch nur sein Taschentuch zu einer Maus formte, Gefahr gelaufen, der Schwarzen Magie angeklagt zu werden – mit möglicherweise gravierenden Folgen.[34] Es scheint, die Maus löste bei der Inquisition geradezu Phobien aus, ganz ähnlich wie die weibliche Sexualität, das Lästern der heiligen Eucharistie sowie das Ausrauben kirchlicher Weinkeller.

Der Bericht über die *mutatio* in eine Maus anläßlich des »Verkehrsunfalls« auf dem Weg zum Hexensabbat ist natürlich aus heutiger Sicht ebenfalls reine Fiktion. Doch was uns wie ein Märchen anmutet, galt zur damaligen Zeit als reale Möglichkeit. Das Verhör des Jungen durch seine Ankläger ließ Szenarien entstehen, die für beide Seiten durch und durch sinnvoll waren.

Weindiebstahl. Zweifellos hatte die Jugendbande eine Vorliebe für Weinkeller, und ihr häufigstes Vergehen war deren Plünderung. (Dies wirft eine Nebenfrage auf: Wünschenswert wären verläßliche Statistiken zum Alkoholismus bei Minderjährigen. Wir wissen nur, daß es Brauch war, Jugendlichen in der Öffentlichkeit alkoholische Getränke zu geben; tatsächlich wurde Kindern bei Volksfesten, auch an religiösen Feiertagen und bei öffentlichen Hinrichtungen, häufig ein Krug Wein oder Bier gereicht. Zuweilen erhielten Kinder bei so außerordentlichen Anlässen nicht nur kostenlose Getränke, sondern auch eigens geprägte Gedenkmünzen.) [35]

Dem Weindiebstahl lag vermutlich mehr als ein Motiv zugrunde. Vielleicht ging er darauf zurück, daß einige der Jungen trunksüchtig waren; der Alkohol mag für hungrige Straßenkinder ein Nahrungsersatz gewesen sein; er könnte Jugendbanden auch als Mutprobe gedient haben. Außerdem war Alkohol schlicht eines der allgegenwärtigen Konsumgüter, die man sich durch Diebstahl aneignen konnte.

Das Nahrungsmotiv könnte durchaus an erster Stelle gestanden haben, denn aus den beschriebenen Taten der Jugendbande läßt sich schließen, daß die Jungen arme, hungrige Straßenkinder und keineswegs wohlgenährte Sprößlinge wohlhabender Familien waren. Einige Einbrüche in Weinkeller wurden als wahre Festmahle beschrieben, bei denen die Jungen aßen *und* tranken. Damals waren Weinkeller nicht nur Aufbewahrungsorte für Getränke, sondern kühle Räume, die auch als Speisekammern dienten, besonders für so verderbliche Waren wie Fleisch, Würste und Milchprodukte.

Obwohl wir Einzelheiten nicht erfahren, kann das Geständnis, Geld gestohlen zu haben, mit dem die Jugendbande Lederbehälter zum Transport gestohlenen Weins kaufte, auf Tatsachen beruhen. Daß sie mitgehen ließen, soviel sie tragen konnten, klingt auch glaubhaft; daß sie das Diebesgut aber auf Mistgabeln oder Besen luden, um es zu ihrem Versteck zu schaffen, ist natürlich eine Erfindung. Bei einem Weindiebstahl will die Bande sich in ihrer ju-

189

gendlichen Phantasie gar der Hilfe von Katzen (Hilfsgeistern) be-
dient haben, um die Beute an geheime Orte auf dem Land zu schaffen.

Hilfsgeister. Daß bei Verbrechen Hilfsgeister (in Form von Katzen,
Hunden oder beliebigen anderen Tieren) eingespannt wurden, war
eine weitverbreitete Überzeugung. So schilderte zwei Jahre zuvor in
der Grafschaft Henneberg nordwestlich von Bamberg der neunjährige Knabe Linhard den Transport gestohlenen Weins auf dem Luft-
wege. Die Henneberger Richter hatten Linhard bedrängt, verschiedene Vergehen zu gestehen, denen sie die allfällige dämonologische
Bedeutung zugeschrieben hatten. Es zeigten sich bemerkenswerte
Ähnlichkeiten zwischen den Aussagen des Hexenjungen und denen
des Henneberger Jungen: Diebstahl von Wein aus den Kellern von
Klöstern oder Hospizen; Benutzung von Katzen zum Transport des
Weins, wobei Linhard ausführte, 14 Katzen seien nötig, um ein Fu-
der (etwa 1000 Liter) fortzuschaffen; ein Jugendlicher hatte die
Aufgabe, beim Hexentanz die Lichter zu putzen und am Brennen zu
halten; aus Kinderleichen wurde Hexensalbe hergestellt, und Lin-
hard behauptete, die Leichen hätten sie von Totengräbern in
Schweinfurt erhalten; Planung von *maleficia* als festes Element des
Hexensabbats; üppige Festmähler mit vielen köstlichen Fleisch-
gerichten anläßlich der Hexentänze; Herstellung todbringenden
Pulvers aus der Asche ungetaufter Kinder.[36]

Die magischen Praktiken, wie der Hexenjunge sowie der Junge
aus Henneberg sie schildern, spiegeln weithin geteilte Ansichten jener Zeit über das Wesen übernatürlicher Ereignisse wider. Zwar hatten Erwachsene und Kinder die gleichen Ansichten über das Übernatürliche, doch Kinder neigten eher als Erwachsene dazu, sie auch
auszuleben.

Verstecke. Es ist durchaus glaubhaft, daß der Junge und seine
Freunde geheime Verstecke eingerichtet hatten, in denen sie Nahrung und andere gestohlene Gegenstände aufbewahrten und ihre
Zusammenkünfte abhielten. Die Herstellung solcher Verstecke
scheint einer universalen, zeitlosen Neigung von Kindern zu entsprechen. Vielleicht hatte Stanley Hall, der die Sozialpsychologie
der Adoleszenz begründete, ja völlig recht, als er annahm, daß Kin-

der *von Natur aus* eine Phase durchleben, in der sie sich nach solchen Zufluchten sehnen.

Die Feste der Jugendlichen in den Verstecken übertrug der Hexenjunge auf das Szenario des Hexensabbats. Seine Beschreibung enthält genauere Einzelheiten: Die Feiernden saßen beim Essen und Trinken im Kreis um ein in der Mitte ausgebreitetes Leintuch herum. Dieses Arrangement entspricht dem Verhalten einer Jungengruppe auf dem Land. Auch Lichter, aufgestellt zwischen den Teilnehmern, gehörten dazu; sie wurden in den Boden »gesteckt«. Es dürften keine Laternen gewesen sein, wie Erwachsene sie möglicherweise benutzt hätten, sondern billigere Fackeln oder Kerzen, welche die Kinder leichter beschaffen konnten.

Es gibt keine Anzeichen dafür, daß die Jugendlichen ihren Handlungen eine dämonische Bedeutung beimaßen. Auch in diesem Fall griffen die Dämonologen das Thema auf und gaben den Festen in ihrer Phantasie einen dämonischen Anstrich.

Brandstiftung. Feuer scheint Kinder genauso zu faszinieren wie Verstecke. Durchaus möglich also, daß der Bericht des Jungen über das Anzünden eines Hauses den Tatsachen entspricht. Vielleicht haben solche gravierenden Verbrechen den Arm des Gesetzes gegen die Bande in Bewegung gesetzt.

Necken und Erschrecken. Als weiteres Vergehen wurde angeführt, daß die Jungen schlafenden Menschen Angst eingejagt hätten. Offensichtlich hat der Junge die allgemeine Vorstellung mit seinen Worten wiedergegeben, daß Hexen durch Mauerritzen oder Schornsteine in Wohnräume eindrängen, um Leute zu »zwicken« und zu »drükken«, doch möglicherweise sind er und seine Freunde tatsächlich in die Privaträume von Menschen eingedrungen. Diese Handlungen könnten zu dem Arsenal von Streichen und Mutproben gehören, mit dem die Jugendlichen ihren Status festigten.

Eine ähnliche Bedeutung hat der Voyeurismus. Ohne Frage haben die Menschen zu allen Zeiten eine Neigung zum Voyeurismus gehabt und fasziniert andere Menschen in intimen erotischen Situationen beobachtet. Das Verhalten der Jungen könnte unbewußt von dieser natürlichen Neigung geprägt sein. Für diese Deutung spricht die Bemerkung des Hexenjungen, es habe ihm gefallen, eine Frau zu beobachten, wie sie mit über den Kopf geschlungenem Arm in ihrem Bett gelegen habe.

Diffamierung von Erwachsenen. Möglicherweise hatten der Junge und seine Freunde in der Gemeinde einen schlechten Ruf und galten als bösartige kriminelle Bande von Straßenkindern. Der Ruf der Jugendlichen spiegelt sich in einer der letzten Denunziationen des Jungen wider, als er einen Mann beschuldigt, seine Zeit wie ein Waschweib mit Klatsch und Tratsch zu verbringen, statt seiner Arbeit nachzugehen. Diese Bemerkungen waren vielleicht ein Gegenangriff des Jungen, d. h. eine Reaktion auf Beschwerden eines Bürgers über die Bösartigkeit der Jugendbande.

Praktizieren von Magie. Gerieten Mitglieder solcher Banden in die Mühlen der Inquisition, wurden sie geschlagen oder gefoltert und gestanden in der Regel, Zauberei und Hexerei betrieben zu haben. Solche Geständnisse konnten manchmal den Tatsachen entsprechen: Jugendliche haben in der Tat versucht, ihr Schicksal zu manipulieren, indem sie Zuflucht zu magischen Ritualen nahmen.[37] Das ist keineswegs überraschend, sofern wir uns klarmachen, daß ihre Vorstellungen grundsätzlich mit denen gewöhnlicher Leute, aber auch mit denen hoher Beamten und Adliger übereinstimmten. Überraschend wäre eher, wenn die Kinder in ihren Phantasien *nicht* von einer Tradition beeinflußt worden wären, die ein großes Feld magischer Vorstellungen umfaßte, vom Hexenflug bis zum Mäuseerschaffen. Der Bericht des Hexenjungen über die *mutatio* in Mäuse und über das Erzeugen von Flöhen könnte der echten Überzeugung entstammen, solche Verwandlungen seien möglich und folglich wirklich geschehen.

Zu den Handlungen und Ritualen der Kinder zählen auch solche, die wir heute schlicht als kindliche Beschäftigungen mit unhygienischen und unappetitlichen Vorgängen hinstellen würden. Das Geständnis des Hexenjungen ist voller blutiger, schmutziger und abscheulicher Dinge. Wer darin nur einen zeitgenössischen Mangel an Hygiene und Aufklärung sieht, erkennt nur eine Seite. Wenn sich die Jugendlichen in Schmutz wälzten und sich mit Blut, Fäzes und toten Tieren beschäftigten, so sind darin Rituale zu sehen, die ihrer Lebensweise entsprachen. Man könnte die Ansicht vertreten, faszinierende, auch belustigende Parallelen bestünden zwischen dem Abendmahlritual des katholischen Priesters, der mit Fleisch und Blut Gottes eine übernatürliche Welt entstehen läßt, und der Verwendung von tierischem Fleisch und Blut durch Jugendliche zu magischen Zwecken. Doch die Unterschiede sind bedeutend: Religion ist akzeptiert, Magie, oder was wir so nennen, nicht; das Tun des Priesters ist hygienisch, das Kind ist unempfindlich gegen Schmutz; der Priester handelt in einem kulturell akzeptierten Rahmen, das experimentierende Kind steht nicht unter dem Schutz einer Tradition; der Priester hat den Rückhalt einer mächtigen Kirche, das Kind nur die schwache Jugendbande; der Priester erhält für sein Tun Geld, während das Kind bei seinen Freunden nur Ansehen gewinnt.

Das Handeln der Jungen läßt auch erkennen, wie begrenzt ihre Welt war und über wie wenig Spielzeug und Spiele sie verfügten. Wenn man bedenkt, daß Kinder in der Regel keinen Abscheu vor Fäzes und toten Tieren haben wie Erwachsene, dürfte es weniger überraschen, daß zu ihrem Repertoire an Experimenten auch Abwegigkeiten gehören wie der Versuch, einen Ochsen mittels gekochter Exkremente zu blenden, aus einem toten Hund einen Hasen zu machen, Flöhe herzustellen und aus Leichen magische Tränke zu bereiten.

Kinder von heute sind fasziniert von der Magie, die sie mit dem Computer und anderen elektronischen Geräten praktizieren können. Um 1600 waren Kinder fasziniert von der Magie, die sie glaubten praktizieren zu können, indem sie bestimmte Pulver mischten und Hexengetränke brauten. Gemeinsam ist beiden Handlungen die kindliche Neigung zum Experimentieren, das Streben nach persönlicher Macht und das Verlangen, magische Formeln zu erkennen. Dieser Wunsch nach Macht kann herangezogen werden wie eine Pflanze, die entweder in wärmender Sonne gedeiht oder wie ein giftiges Gewächs ein Schattendasein führt.

Tränke und Gifte. Die volkstümliche Heilkunde war in diesem Zusammenhang von bemerkenswerter Bedeutung. Die verbreitete Verwendung von Salben, Schmieren, Einreibemitteln – die vermeintlich gesundheitsfördernde Eigenschaften besaßen oder aber bei dämonischen Ritualen eingesetzt wurden – war den Behörden des frühen 17. Jahrhunderts höchst verdächtig. Die Bamberger Fürstbischöfe waren über die Verwendung solcher dubioser Arzneimittel so beunruhigt, daß sie die Menschen durch Erlasse und Anordnungen aufforderten, solche Praktiken einzustellen. Ein Edikt von 1610 richtete anscheinend nicht viel aus[38]; so wurde es 1617 in schärferer Form erneut veröffentlicht. Fast alle Herrscher der deutschen Gerichtsbarkeiten gaben ähnliche Erlasse heraus – die in der Regel ebenfalls ohne Wirkung waren. Im Anschluß an die berüchtigten »Zauberer-Jackl«-Prozesse in Salzburg – mehr als die Hälfte der eingekerkerten oder hingerichteten Opfer waren Jugendliche – verbot der amtierende Fürstbischof magische Praktiken wie das Herstellen von grauem Pulver zur Auslösung von Stürmen und von schwarzem Pulver zur Tötung von Mensch und Tier sowie das Herstellen einer Salbe zur Einreibung des Körpers vor dem Fliegen.[39]

Berichte lassen erkennen, daß einige der magischen Produkte verhängnisvolle Nebenwirkungen hatten. So wurde in Bambergs Nachbardiözese eine Frau verurteilt, weil sie eine Salbe verwendet haben soll, welche die Wurzeln von Obstbäumen vergiftete. Ein anderes Urteil ging davon aus, daß die Füße eines alten Müllers mit einer Salbe eingerieben worden seien, die dazu geführt habe, daß der Mann für den Rest seines Lebens hinkte und nur gekrümmt gehen konnte. Weiter gehörte zu den magischen Praktiken die Zubereitung von »Teufelspulver«, um Schafe zu vergiften, Felder unfruchtbar zu machen und Unwetter heraufzubeschwören.[40]

Pestangst, die zu Beginn des 17. Jahrhunderts in den europäischen Ländern herrschte, und Unwissenheit umgaben Hexensalben und -pulver mit einer Aura von Schrecken und Furcht. Viele Menschen glaubten genau wie die Behörden, das Wüten des Schwarzen Todes sei Hexenwerk. Pastor Christian Lehmann, protestantischer Geistlicher in einer Nachbarprovinz Frankens, selbst der Dämonologie verfallen, berichtet in seinem Tagebuch von einem Lynchmord und mehreren Hinrichtungen aufgrund von *indicia*, daß die betreffenden Personen teuflische Salben oder Pulver hergestellt hätten, um die Pest in des Pastors Heimatgemeinde auszubreiten, deren Bevölkerung von der Krankheit hingerafft wurde. Im Jahre 1614 wurde ein

Totengräber auf dem Scheiterhaufen verbrannt; ihm war zur Last gelegt worden, Leichenteile von Opfern der Pest zur Zubereitung einer magischen Salbe verwandt zu haben, die, auf den Schädel eines Menschen geträufelt, zu dessen baldigem Tod geführt haben soll. 1623 wurde ein anderer Totengräber von Stadtbewohnern gelyncht, die behaupteten, sie hätten gesehen, wie er ein Zauberpulver auf den Stadtplatz streute, das die Pest verbreite. 1633 wurden aufgrund ähnlicher Anschuldigungen ein 13jähriges Mädchen und dessen Mutter hingerichtet; sie hatten unter der Folter gestanden, den Friedhof verhext zu haben, auf daß alle Bewohner der Stadt am Schwarzen Tod stürben. Die Behörden zwangen sie, ihren Fluch zurückzunehmen, und erwiesen ihnen eine »Gnade«, die darin bestand, daß die Mutter stranguliert und das Mädchen enthauptet wurde, ehe man sie verbrannte.[41]

Dieser weitverbreitete Gebrauch von allerlei Mitteln, von Zauberflüssigkeiten, Salben und Pulvern, veranlaßte den besorgten Bamberger Fürstbischof Johann Gottfried von Aschhausen, 1617 erneut Verbote zu erlassen, und damit nach den Regeln des 17. Jahrhunderts den »Drogen« den Krieg zu erklären.[42]

Sowohl straffällige Jugendliche wie Behörden hielten die Wirksamkeit der verbotenen Zaubermittel für gegeben. Daher kann es nicht überraschen, daß Scharen von jungen Menschen in diesen Mißbrauch verwickelt waren und infolgedessen von der Inquisition liquidiert wurden. »Zauberknaben« wurden in der Steiermark (1678), in Tirol (1679, 1679 bis 1680), in Salzburg (1678 bis 1690) und Bayern (1690, 1698, 1700, 1705, 1707, 1712) in den Kerker geworfen oder hingerichtet.[43] Nach 1715 breitete sich die Verfolgung von Jugendbanden nach Westen aus und erreichte das Fürstbistum Freising, wo zwischen 1715 und 1717 genau 56 Jungen, fast alle unter 20 Jahre alt, wegen Zauberei oder Hexerei verfolgt wurden; zu den Delikten zählte in der Regel auch das Zubereiten von giftigen Zaubermitteln.

Die Jugendbande als Randgruppe

Für das Bemühen der Behörden um das Seelenheil von Jugendlichen während der letzten Jahrzehnte der Hexenverfolgung ist aufschlußreich, daß die letzte in Bayern hingerichtete »Hexe« ein etwa 13jähriges Mädchen war. Sie war eine herumstreunende Waise, die von ihrem Stiefvater mißbraucht worden und anschließend auf der Straße gelandet war.[44] Veronika Zerritsch legte 1756 eines jener Geständnisse ab, in denen sich möglicherweise das Bemühen widerspiegelt, in einer Notlage Geister und Dämonen um Hilfe anzurufen.

Das Leben in der Jugendbande hatte mit dem Leben der Erwachsenen kaum zu tun; die Jugendlichen hatten einen eigenen Lebensstil, sie standen am Rande der sozialen Ordnung und bildeten folglich eine Art jugendlicher Subkultur, die vielen heimatlosen, vernachlässigten und verstoßenen Kindern eine Zuflucht bot. Die jugendliche Subkultur der Moderne unterscheidet sich radikal von jener der frühmodernen Zeit. Die heutige Teenager-Subkultur hat völlig andere Voraussetzungen. Hochspezialisierte Arbeitsteilung, lange Ausbildungsdauer und das gewinnträchtige Geschäft mit den Bedürfnissen der Jugend halten die heutige Subkultur in Distanz zur Sozialstruktur der Erwachsenen. Die jugendliche Subkultur früherer Jahrhunderte entstand aufgrund von Überlebensbedürfnissen. Zunächst sollte man sich vergegenwärtigen, daß es massenhaft elternlose Kinder gab – die Waisen des Dreißigjährigen Krieges, und deren Notlage fand ihren Niederschlag häufig in gesetzeswidrigen Verhaltensweisen. Sie zeigte sich aber auch in Vorstellungen vom Übernatürlichen. Der Bericht des Hexenjungen von den »zwei Göttern« seiner Gruppe und seine Beschreibung verschiedener okkulter Praktiken entsprachen möglicherweise der religiösen und magischen Einstellung einer Jugendbande und lassen die sie begleitenden Rituale erahnen.

Eine der berichteten ausgefallenen Handlungen bezog sich auf mehrere Freunde, die angeblich in ein Dorf gezogen waren, um an der *Kirchweih* teilzunehmen. Das in jeder Stadt und in jedem Dorf gefeierte Fest fand am Jahrestag der Kircheinweihung statt. (Dieser

Brauch ist in Franken und in anderen deutschen Regionen noch heute lebendig.) Die rituelle Bedeutung war jedoch bereits zur Zeit des Hexenjungen in Vergessenheit geraten. Das Fest hatte auch damals den Charakter von Karnevalsveranstaltungen. So feierte man die Kirchweih auch in Dörfern und Weilern, die nicht einmal eine eigene Kirche besaßen. Es handelte sich um ein ausgesprochen weltliches, sinnenfrohes Fest, das um Essen und Trinken, Tänze und Späße kreiste. Unterhaltsame Einblicke in den Charakter des Festes liefern Gemälde und Holzschnitte zeitgenössischer Künstler, die das rauhe, oftmals vulgäre Verhalten der Feiernden festhielten.[45] Das Fest erstreckte sich über einen Tag, ein Wochenende oder gar eine ganze Woche, und dabei gab es spezielles Backwerk, das während des übrigen Jahres nicht erhältlich war (etwa der fränkische Krapfen). Schieß- und Losbuden, Jongleure und Musikanten, Tänzer und Trinker und die allgegenwärtigen Bratwürste gehörten zum Fest, dazu Spiele für Alt und Jung.[46] In der Kirche wurde kaum gefeiert, sofern überhaupt eine vorhanden war.

Für Kinder war die Kirchweih das aufregendste Ereignis des Jahres, am ehesten mit Weihnachten zu vergleichen. Das Fest fand zum größten Teil unter freiem Himmel statt, und die Dorflinde spielte eine wichtige Rolle, denn sie bot Schatten und Schutz, unter dem die Musiker und Tänzer sich versammelten. Vom Wetter hing vieles ab, und das Schlimmste, was der Kirchweih widerfahren konnte, war Dauerregen, für jedermann enttäuschend, für Kaufleute besonders, weil sie ihre Waren zu verkaufen hofften, aber auch für Gastwirte, die Weinkeller und Speisekammern leeren wollten, und schließlich für Kinder, die nach den Spielen verlangten, etwa dem »Apfelschnappen«, und sich an den Speisen gütlich tun wollten.

Genau diese Vergnügungen wollten die Jungen verhindern, indem sie nach Aussage des Hexenjungen Gewitter und Regen heraufbeschworen. Das Geständnis des Jungen benannte im einzelnen das Vorgehen und die magischen Praktiken, die Regen und Verwüstung heraufbeschwören sollten. Wenngleich für das Verhalten der Jungen kein besonderes Motiv genannt wird, so dürfte es sich doch um starke Haßgefühle gehandelt haben – ganz gleich, ob die Aussage des Jungen wahrheitsgemäß oder erfunden war.

Wenn die Jungen das Fest tatsächlich durch Schwarze Magie ver-
eiteln wollten, dann hatten sie möglicherweise Rache im Sinn.
Diebstähle und krudes Verhalten waren bei der Kirchweih nicht
ungewöhnlich; möglich, daß solches Benehmen dazu führte, daß
die Jungen aus dem Dorf gejagt wurden. Das würde auch zu dem
Ort passen, an dem das Ritual der Schwarzen Magie abgehalten
wurde: Die Jungen befanden sich außerhalb des Dorfes auf dem
Heimweg. Denkbar auch, daß hinter ihrem Verhalten die traditionell zwischen Dörfern oder Städten bestehende Rivalität stand –
Rivalität, nicht gar zu verschieden von der, die heutzutage bei
Sportereignissen aufflammt.

Doch es ist noch eine andere Erklärung denkbar. Vermutlich
wußten beide Seiten, der Hexenjunge und die Ankläger, daß die
Kirchweih verregnet gewesen war. (Ein Mißgeschick wie dieses
blieb lange im Gedächtnis haften.) Womöglich hat sich der Junge
mit seinen Angaben Glaubwürdigkeit zu schaffen versucht.

Damals hatte Bamberg bereits seit längerem unter jugendlichem
Vandalismus und unter gesellschaftlicher Auflösung zu leiden. Gegen Ende des 16. Jahrhunderts bereits hatten verschiedene Bamberger Kirchenfürsten Edikte zur Kontrolle der aufrührerischen Jugend
erlassen. Mit Hilfe entsprechender Institutionen sollten heimatlose
Kinder von der Straße geholt werden, und wie fast alle Städte in den
deutschen Ländern hatte Bamberg Armen-, Waisen- und Arbeits-
haus – die beiden letzteren waren mehr oder weniger identisch. Die
Waisenkinder hatten für ihren Lebensunterhalt zu arbeiten. [47]

Ähnliche Edikte benachbarter Gerichtsbarkeiten lassen auf eine
weitverbreitete Unruhe aufgrund von Jugendbanden schließen, deren Verhaltensauffälligkeiten von Belästigung bis zu schweren Verbrechen reichten. Mit dem Edikt von Schaumburg aus dem Jahre
1600 sollten die Verhaltensexzesse von Horden bettelnder Kinder
eingedämmt werden, die sich bei Hochzeiten, Taufen und Begräb-
nissen störend bemerkbar machten, weil bettelnde Kinder bei solchen Anlässen traditionell Almosen, Speise und Trank erbitten durften. Als sie jetzt nicht bereitwillig bedacht wurden, griffen sie zu
Drohungen und auch Gewalt. Kinderhorden überfielen Städte und
Dörfer und brachen unter dem Vorwand zu betteln in Häuser ein;

sie wurden zur Gefahr auf den Straßen, auf ihr Konto gingen Raubüberfälle, Morde und Brandstiftungen. [48]

Einige dieser Banden bestanden aus streunenden Frauen und Mädchen, die durch das Land zogen und deren »hysterisches« Verhalten gewalttätige Ausmaße annahm. Sie bezeichneten sich als vom Teufel besessen, stellten groteske Male an ihren Körpern zur Schau, beschuldigten zahllose Menschen der Hexerei oder Zauberei und verbreiteten Gewalt und Schrecken, wo immer sie hinkamen. [49] Die Regierung versuchte dieser Gewaltwelle Herr zu werden, indem sie öffentliche Auspeitschungen durchführen, Betroffene mit dem Mal der Ausgestoßenen brandmarken, sie aus ihrem Bezirk verbannen und etliche auch hinrichten ließ. Doch die drakonischen Maßnahmen und ihre Publizität regten zur Nachahmung des gewalttätigen Verhaltens an und trugen zur weiteren Ausbreitung bei. Und je ungezügelter das Verhalten wurde, desto überzeugter wurde die Bevölkerung, daß der Teufel seine Hand im Spiel hatte. Die Vorgänge beleuchten die Macht kollektiven Verhaltens, das wie eine Infektion immer weitere Kreise der Bevölkerung zu erfassen vermag.

Das Verhalten der herumstreunenden Jugendbanden war eine Mischung aus harmlosen Betteleien, einträglichen Darbietungen von Zaubertricks zur Unterhaltung, Straffälligkeiten bis hin zu Verbrechen, Praktizieren von Zauberei und Hexerei im Glauben an die Wirksamkeit magischer Formeln und Rituale.

Am Ende tritt der Hauptdarsteller des Dramas aus dem Scheinwerferlicht unserer Betrachtung ins Unbekannte ab. Ein überaus begabter Schauspieler, beherrschte er seine Rolle perfekt, ja überzog vielleicht. Doch er war nur ein unscheinbarer Darsteller unter den Hunderttausenden, die in das Räderwerk der Inquisition gerieten und vernichtet wurden. Im Unterschied zu diesen vergessenen, unbekannten Menschenmassen wird der Hexenjunge nicht vergessen werden. Der Leser macht ihn und seinen Fall gewissermaßen unsterblich. Wie auch immer sein wirklicher Name sein mag, fortan heißt er der »Hexenjunge«.

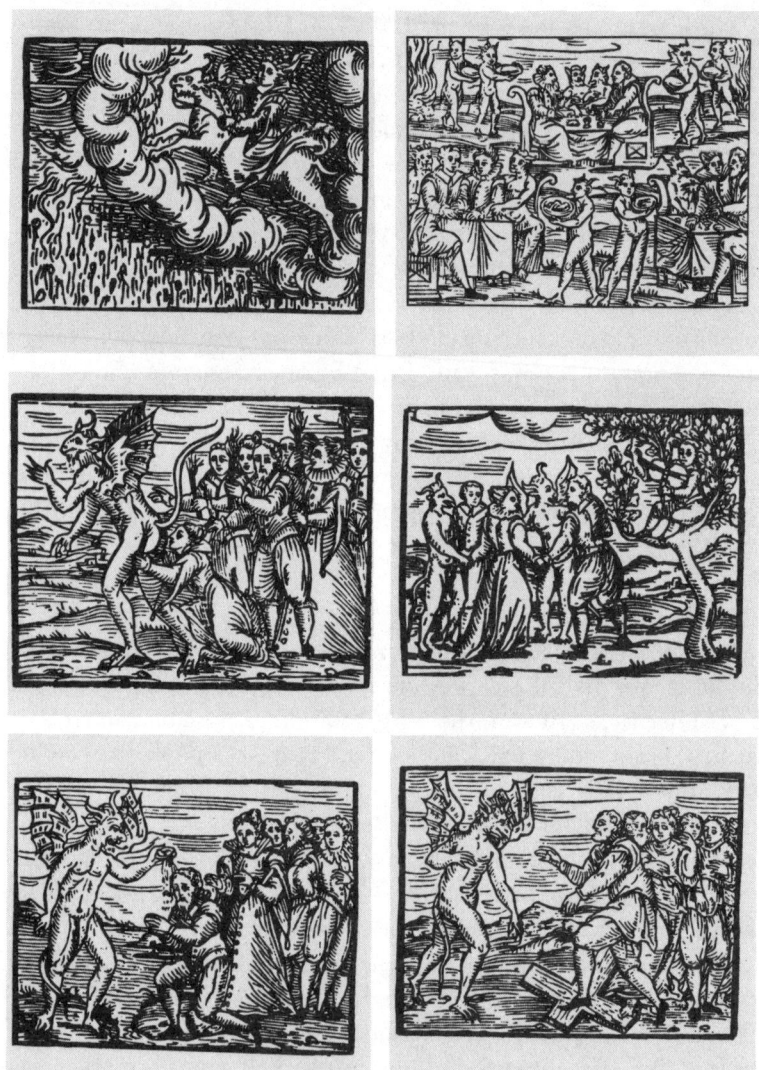

Hexenritt, Sabbatfeier, Teufelsverehrung, Tanz, Taufe und Gotteslästerung,
Holzschnitte aus: Francesco Maria Guazzo,
Compendium Maleficarum, 1626

Teil III
Fragen zur Persönlichkeit

Gerichtsverhandlung. Titelholzschnitt aus: Gerichts Ordenung und Proceß, Straßburg 1530.

11. Mythos und Manie

Mythomanie

Welche Persönlichkeitsdynamik veranlaßte die Kinder, sich bei den Hexenprozessen und vor der Inquisition wie beschrieben zu verhalten? Diese Frage ist in der Historiographie der Hexenverfolgung ziemlich vernachlässigt worden, und man geht am sinnvollsten auf sie ein, indem man sich mit dem eindrucksvollsten Element der kindlichen Zeugenaussagen beschäftigt: mit ihrem Schwelgen in Mythomanie, oder, im modernen psychiatrischen Sprachgebrauch, in *Pseudologia phantastica*.

Emile Dupré, ein Pariser Arzt Anfang des 20. Jahrhunderts, hat auf diesem Gebiet Pionierarbeit geleistet. Er war in der Gerichtsmedizin tätig und hatte häufig Gelegenheit, Kinder zu beobachten, wie sie falsche Zeugenaussagen machten, und er hielt es für angemessen, die pathologische Tendenz von Kindern, zu lügen und Geschichten zu erfinden, in einen begrifflichen Rahmen zu fassen.[1] Im Laufe seiner Berufsarbeit entdeckte er, daß ein Mythomane zu Beginn absichtlich und bewußt lügen kann, dann aber nach und nach an das glaubt, was er gesagt hat. Die große Mehrheit der Personen, die solche Erfindungen vorbrachten, waren Kinder oder geistig zurückgebliebene Individuen. Interessanterweise stellte Dupré fest, daß Lügen bei Kindern nicht unbedingt auf eine chronische Pathologie hinweist und daher in ihrem Fall nicht als psychische Krankheit einzuordnen ist, im Unterschied zu Erwachsenen. Er erkannte auch, daß Kinder in der Regel durch Bosheit, durch das Bedürfnis nach Aufmerksamkeit oder durch frühreifes sexuelles Begehren zum Erzählen mythomanischer Geschichten getrieben werden. Wenn Mythomanen durch den Wunsch nach Aufmerksamkeit oder durch Bosheit motiviert werden, sind sie besonders empfänglich für Suggestionen. Sie haben ein Talent dafür, herauszuspüren, was man von ihnen zu hören erwartet, und veranstalten dann ihre mythomanischen Reisen. Dabei entwickeln sich Autosuggestionen, mit denen die Geschichtenerzähler ihren Geist dazu bringen, den Geschichten Realitätsstatus zu verleihen.

Dupré bemerkte auch, daß die Inhalte, aus denen Kinder ihre Phantasiestrukturen aufbauen, meist aus den Gesprächen Erwachsener stammten. Mythomanische Kinder sind nicht nur passiv suggestibel, sondern aktiv auf der Suche nach Suggestionen; man könnte sagen, daß ihr Geist ständig den sozialen Horizont nach Hinweisen absucht, aus denen sich Geschichten zusammenstellen lassen, die ihnen Ruhm und Lob einbringen. Sie besitzen die Fertigkeit, rasch abzuschätzen, was sie hören, und zu erkennen, wie sie es zu ihrem Vorteil nutzen können.

Diese Fertigkeit, zusammen mit verbaler Ausdrucksstärke, befähigt Mythomanen, sich mit überzeugender Redseligkeit auf ein Thema einzustimmen. Mittels Erfindung und strategischem Klatsch können sie den Vorurteilen und Erwartungen anderer Leute so wirksam entgegenkommen, daß ihre Äußerungen als wirkliche Offenbarungen hingenommen werden.

Bei manchen Kindern sind diese Fertigkeiten als Charaktereigenschaften anzusehen, die nach einer Geschichte nicht wegfallen; es besteht bei ihnen ein Grundbedürfnis, immer neue und phantastischere Geschichten zu erzählen. Das mythomanische Kind ist eine unerschöpfliche Quelle phantastischer Erzählungen. Diese kleinen, harmlos aussehenden Schneebälle wuchsen sich zur Zeit der Hexenverfolgungen zu einer tödlichen Lawine aus. [2]

Ob die mythomanische Neigung gewisser Kinder erlernt oder genetischen Ursprungs ist, bleibt noch zu erforschen. Eine Erkenntnis, die für die Lerntheorie spricht, entstammt den Forschungsarbeiten und Beobachtungen von Gordon Deckert, einem Psychiater am *College of Medicine* der *University of Oklahoma*: »Einige dieser Menschen hatten als Heranwachsende solche Angst, verlassen, beschämt oder physisch mißhandelt zu werden, daß sie zu lügen begannen, um sich vor Übergriffen und Anschuldigungen zu schützen. Im tiefsten Inneren glauben diese Menschen nicht, daß sie etwas wert sind. Ständig versuchen sie, ihre Selbstvorstellung aufzublähen, indem sie grandiose Geschichten erzählen.« [3]

Zu den Situationen, in denen dieser Kindertyp heutzutage Tragödien auslösen kann, gehören unter anderem Gerichtsverfahren, bei
denen Kinder sich auf ein Thema einstimmen und damit konform
gehen. Oft leiten sie Hinweise, auf was sie sich einzustimmen haben,
aus suggestiven Fragen ab – die keine suggestiven Fragen sein sollen,
der intuitiven Bemächtigung durch hellsichtige Kinder aber nicht
entgehen können.

Dämonopathie

Die äußerste Eskalation von Mythomanie besteht darin, Geschichten nicht nur zu erzählen und auch zu glauben, sondern sie *auszu-
agieren*. Ein Beispiel hierfür ist der »Besessenheitszustand«, in dem
sich der Mythomane zum Dämonopathen steigert. Diese Personen
leiden an einer Form des Wahnsinns, bei der sie morbide Angst vor
bösen Geistern erkennen lassen und sich als von Teufeln oder Dämonen besessen empfinden. Eine sozialpsychologische Erklärung der
Dämonopathie (oder der synonymen Dämonomanie) betrachtet das
Geschehen hinter der Fassade der vermeintlich gestörten Person und
nimmt ein Rollenspiel an, über das der Betreffende die Kontrolle
verloren hat, ein sich selbst zugefügtes Leiden, dem zu entfliehen die
Person unfähig scheint. Diese Kategorie der Geistesstörung ist nicht
physiologisch bedingt, etwa durch Hirnverletzung oder neuroche-
mische Fehlfunktion, sondern ein Zustand, der sozial verursacht ist
und sich in Situationen entfaltet, in denen Rollenspiele erwartet
werden. Trotz der soziokulturellen Ursachen und dem auf bestimmte Situationen begrenzten Auftreten des Zustandes muß der
Dämonopath als Psychotiker gelten, sofern wir die Wirklichkeit
nach dem Maßstab empirischer Wissenschaft beurteilen.

Der Dämonopath ist alles andere als ein passives Opfer seines Lei-
dens. Das »Opfer bösen Zaubers« war häufig aktiver Initiator von
Hexenpanik und spielte bei der Verfolgung und Verurteilung von
Hexen eine aggressive Rolle.

Der kollektive Imperativ

Mindestens zwei Umstände verstärken die Aggressivität von Dämonopathen: 1. Gruppenverstärkung – sie agieren ihre Rollen oft kollektiv aus; und 2. ein Publikum, das diese Rollen akzeptiert. Tatsächlich gibt es so etwas wie »private« Dämonopathen nicht; es handelt sich um öffentlich auftretende Personen, die ihre Rolle nur dann spielen, wenn sie ein Publikum vor sich haben.

Fast alle in den vorhergehenden Kapiteln geschilderten Fälle spiegeln diese beiden Elemente wider. Der offensichtlichste Fall ist der von Anneliese Michel, der Hauptdarstellerin der Teufelsaustreibung im 20. Jahrhundert im Bistum Würzburg. Der Zeitpunkt, zu dem sie von fünf Dämonen angegriffen und gequält wurde, war nahezu vorhersehbar; die Attacken erfolgten immer dann, wenn Familienmitglieder, Angehörige oder Nachbarn in ihrem Haus versammelt waren. Später, nachdem die Exorzisten ihre Arbeit aufgenommen hatten, traten die Anfälle auf, wann immer die Priester bereit waren, sich ihrer Qualen anzunehmen. Das volle Spektrum einer Vorstellung von »Besessenheit« erforderte Schauspielerin, Manager und Publikum.

Die Schwestern von Warboys hatten ein leichtgläubiges Publikum in ihren gutmütigen Eltern, in Lady Cromwell, als diese ihr Haus besuchte, und ferner, was am lohnendsten war, immer dann, wenn die angeklagte Witwe Mutter Samuel sich sehen ließ. Die Darbietung der Mädchen wies auch das kollektive Element auf. Anfänglich war es nur Jane, die älteste Tochter, welche die Anfälle der Gequälten zur Schau stellte, doch bald fielen ihre Schwestern ein, und kollektiv spielten sie die Rolle der »von einem Fluch Getroffenen«.

Die wahrscheinlich intensivste Zurschaustellung kollektiven Leidens lieferten die Mädchen von Salem, als sie die Anhörung von Goody Cory besuchten, die sie beschuldigt hatten, sie verhext zu haben. Als Martha Cory ihre Unschuld beteuerte und dem Gericht zu versichern suchte, sie sei eine gottesfürchtige »Bibelfrau«, schrie eines der Mädchen: »Bibelhexe!« Dieser Schrei wurde von den anderen Mädchen sofort übernommen. Gleichzeitig ahmten sie jede Bewegung der Frau nach. Die Bedeutsamkeit der beiden Verhaltensformen, Echolalie und Echomanie, lag in der kollektiven Methode und diente dazu, das individuelle Verhalten der Mädchen zu verstärken – obwohl man hier nicht einmal von individuellem Verhalten sprechen sollte; es handelte sich um *Gruppen*verhalten. Obwohl die moderne Soziologie den alten Begriff der »Gruppenpsyche« ablehnt, ist es verlockend, dieses Beispiel als passende Beschreibung zu benutzen. Gustave LeBon nimmt an, daß unter so beeindruckenden Bedingungen der Massenverstärkung das Überich (die kulturell erlernten Normen oder das sogenannte Gewissen) und das Ich (die Realitätseinschätzung) zurückweichen und dem Es freie Bahn geben, den grundlegenden emotionalen Impulsen, die bedeutsamerweise unter den Individuen der Spezies gleich sein sollen. Daher benahmen sich die Mädchen nicht nur übereinstimmend wie eine Gruppe von Verschwörerinnen, sondern *identisch*. Sie alle waren auf einen gemeinsamen emotional-viszeralen Nenner regrediert.

Es gibt wahrscheinlich nichts Machtvolleres, um die menschliche Psyche zu bewegen, als eine Masse von Menschen, die gleichzeitig eine starke Überzeugung zum Ausdruck bringen. Wehe den Andersdenkenden – nicht nur, weil sie Bestrafung durch die Angehörigen der frenetischen Masse riskieren, sondern auch, weil es ihnen passieren könnte, daß sie ihre abweichende Meinung aufgeben und sich von der Massenerregung so mitreißen lassen, daß sie mit der Masse eins werden. Dies kann ohne Wollen oder Wissen des Individuums geschehen. Klassische Beispiele für diese Gefahren sind bei den verschiedensten Kollektivhysterien beobachtet worden, von Hexenpanik über Massenversammlungen der Nazis bis zur hektischen Erregung lynchender Mobs.

Jüngere Beispiele für Massenekstase besonders unter jungen Menschen, die weit weniger gefährlich erscheinen als die obenerwähnten Exempel, entstammen soziologischen Untersuchungen über das Verhalten von Teenagern im Kontext von Gruppen oder Subkulturen.[4] Die Ähnlichkeit der viszeralen Äußerungen von Teenagern, die sich in einer Masse von Gleichaltrigen zur Vergötterung ihrer Helden mitreißen lassen, mit denen von Personen, die sich in den Fängen der »Besessenheit« befinden, ist unverkennbar. In beiden Situationen ist die aufreizende Ermutigung eines Vermittlers und eines Publikums die *sine qua non* der Ekstase. Helden dienen oft als katalytische Sachwalter für jugendliches Verhalten, die Hingabe und Emotionsabfuhr auslösen. Typische Schauplätze dessen waren (und sind) die sogenannten Jugendkonzerte, bei denen berühmte Idole der Teenager auftreten und Gelegenheit zur Heldenverehrung bieten. Das Verhalten bei solchen Konzerten wird von ganz anderen Regeln (und vielleicht Bedürfnissen) bestimmt als bei Konzerten für Erwachsene und besteht aus überschäumenden Äußerungen viszeraler Natur: Schreien, Kreischen, Springen, Berührung, rhythmische Bewegung, in manchen Fällen sogar Ohnmacht und Zusammenbruch. Was die Mädchen von Salem darboten, sah nicht viel anders aus. Ein großer Teil des Verhaltens bei Zusammenkünften Jugendlicher dient nicht dem Zuhören, sondern als Zeugnis dafür, daß man *dazugehört*, und hat eine gegenseitig verstärkende Wirkung auf die Teilnehmer. Die meisten der Teenager, die sich auf diese Weise »produzieren«, konzentrieren sich mehr auf ihre gleichaltrigen Zuschauer als auf ihre Helden, offensichtlich um sicherzustellen, daß diese sehen, wie sie schreien, springen, in Ohnmacht fallen und anderes prestigebringendes Verhalten an den Tag legen. Die Forschung hat festgestellt, daß die hinteren Reihen gewöhnlich keine solche viszerale Vorstellung geben, sondern nur konventionell applaudieren, da sie sich außerhalb des Sichtfeldes befinden und ihnen daher die Zuschauer fehlen.[5]

Die klassischen Beispiele für massenverstärktes adoleszentes Verhalten stammen aus den frühen Tagen der Rock-'n'-Roll-Ära. Frankie Avalons Auftritte und sein Gesang ließen stets einige Mädchen in Ohnmacht fallen – oder zumindest so tun. Die Ohnmacht wurde zur angemessenen Verhaltensweise. Bei einem Auftritt Avalons in Milwaukee wurden 21 Mädchen demonstrativ ohnmächtig. Bei einer anderen Vorstellung, als Avalon »Boy Without a Girl« sang, konzentrierte die Fernsehkamera sich auf eine Anzahl schluchzender Teenager. Damit war die Norm gesetzt, und von da an wurde routinemäßig geschluchzt, wann immer der Held erschien und das Lied sang.

1975 wurde Avalons Rekord gebrochen, als bei einem Konzert der schottischen Gruppe Bay City Rollers 250 junge Mädchen rituell in

Ohnmacht fielen. Michael Jacksons Magnetismus hob diese Anfälligkeit auf internationale Ebene, als er 1988 in Wien auftrat: Bei einem Konzert, das 50000 Fans besuchten, wurden etwa 130 Mädchen (kein einziger Junge) zu Ehren des amerikanischen Superstars ohnmächtig.[6]

Es scheint, daß unser Zeitalter weiterhin mit diesem Phänomen leben muß: Bei einem Konzert der »New Kids« 1995 in Deutschland fielen 400 Besucher (allesamt Mädchen) in Ohnmacht (oder taten so).

Diese Mädchen erlebten das zeitlose Phänomen der Euphorie, erzeugt durch das Eintauchen des Individuums in die Gruppe und durch das Gefühl des Einsseins mit ihr. Heute erkennen wir das sozialpsychologische Prinzip, das solchem Verhalten zugrunde liegt, doch zur Zeit der Salem-Panik hielt man es für den Ausdruck übernatürlicher Kräfte.

Solche Erfahrungen sind buchstäblich suchterzeugend. Wenn man die exaltierten Empfindungen einmal erlebt hat, sehnt man sich wieder und wieder danach. In seinem Buch *The Natural Mind* beschrieb Dr. Andrew Weil, Medizinprofessor an der *University of Arizona*, das Bedürfnis des menschlichen Gehirns nach gelegentlicher (vielleicht regelmäßiger?) Ekstase, um die »Verdauungsfähigkeit« von Neuronen und Synapsen zu läutern und zu reinigen.[7] Gewöhnlich geschieht dies naiv, d. h. ohne daß derjenige, der Ekstase sucht, sich ihrer Funktion bewußt ist, und kann durch eine Reihe von Mitteln erreicht werden – die Dr. Weil nicht unbedingt empfiehlt –, etwa durch psychedelische Drogen, Sex, Alkohol und die Art von Gruppenverhalten, welche die Mädchen von Salem und ihre modernen Kusinen in Milwaukee an den Tag legten.

Wenn wir nun zur Dämonopathie zurückkehren, so stellen wir fest, daß diese Art von Verhalten über die Insider-Gruppe hinaus ansteckend sein kann. Die Mädchen von Salem lösten spontane Imitationsverhalten aus, als sie von Haus zu Haus gingen und Menschen am Krankenbett besuchten, die vermeintlich ebenfalls verhext waren. Sie spürten und »sahen« die Dämonen, welche die Betten umgaben, und legten dann gespieltes oder echtes Mitgefühl an den Tag und reagierten mit dem typischen Schluchzen, Kreischen und Sich-Winden. Sofort begannen eine Reihe von Zuschauern die Äußerungen der Mädchen nachzuahmen und »sahen« und »fühlten« die Dämonen ebenfalls und zeigten sich von ihnen gequält.

Die Rolle des Besessenen zu spielen oder, besser, zu leben kann eine dramatische physiologische Wirkung haben. Ein machtvoller psychosomatischer Prozeß setzt ein. Die Grundannahme lautet: Wenn eine Person ihr Gehirn entsprechend einer bestimmten Rollendefinition programmiert, so folgt der Körper nach und legt, häufig mit High-Fidelity-Qualität, die entsprechenden somatischen Symptome an den Tag. Nicholas Hall, Professor für Psychiatrie und Mikrobiologie an der *University of South Florida*, hat Nachweise dafür gefunden, daß manche Persönlichkeiten in der Lage sind, spezifische biochemische Veränderungen auszulösen, darunter Allergien und andere Symptome des Immunsystems. Ursprünglich war seine Forschung auf Patienten mit multiplen Persönlichkeitsstörungen beschränkt, doch dann dehnte er seine Experimente auf Schauspieler und Schauspielerinnen aus. Während der Niederschrift dieses Buches führte er Blutanalysen an professionellen Schauspielern durch, wenn sie *It's Cold Wanderer, It's Cold* und *I Love Lucy* spielen. Man hofft, daß die Experimente Daten erbringen werden, die schlüssig zeigen, ob die Schauspieler biochemische Veränderungen durchlaufen, wenn sie zwischen Rollen und emotionalen Zuständen wechseln, die Furcht, Qual und Desillusion im ersten Stück und Freude im zweiten ausdrücken. Eine sorgfältige Methodologie ist benutzt worden, um die Auswirkungen unserer täglichen biologischen Rhythmen und anderer Einflüsse zu kontrollieren.[8] Die Studie ist wahrscheinlich der erste wissenschaftlich kontrollierte Versuch zur Bestimmung dessen, was biologisch geschieht, wenn Schauspieler eine Rolle verkörpern. Wenn die endgültigen Daten erst zusammengetragen und analysiert sind, wird die Studie möglicherweise ein signifikanter Nachweis dafür sein, daß Rollenspiel ein holistischer Prozeß ist.

Inzwischen gibt es hinreichende Anzeichen dafür, daß die Organismen der Kinder sich den Rollenerwartungen anpaßten. Möglicherweise sind somatische Manifestationen wie Erbrechen, Ohnmacht und Erstickungsanfälle echte Reaktionen des Körpers auf die neuralen Kommandos, die dem Drehbuch des Dramas folgen.

Jäger und Gejagter: eine psychiatrische Schablone

Wenn wir den Dämonopathen als jemanden definieren, der körper-
lich von einem Dämon oder Teufel gequält wird, dann sollten wir an-
merken, daß der Unterschied zwischen dämonopathischen Kindern
(wie in Bamberg, Salem, Warboys und anderswo) und Dämonologen
(wie Inquisitoren, Richtern, Bischöfen und anderen Autoritäten) nur
ein gradueller ist. Beide hingen identischen Glaubenssystemen an,
beide betrachteten physische Qualen und Angriffe durch böse übernatürliche Gestalten als reale Möglichkeiten, und beide haben solche Behauptungen aufgestellt. Dämonopathische Kinder haben die
Symptome mit künstlerischer Begabung ausagiert; und einige der
Dämonologen haben ihren Glauben an die Realität dämonischer
Qualen auf ähnliche Weise in Symptome umgesetzt, indem sie persönliche Begegnungen mit bösen Geistern erlebten. (Dies stimmt
mit der christlichen Theologie überein. Der Bibel zufolge hatte sogar
Jesus Begegnungen mit dem Teufel und »unreinen Geistern«.) Der
Prediger im schwedischen Mora, eine zentrale Figur bei der Hexenpanik um 1660, war überzeugt, daß Dämonen seinen Schlaf störten
und ihm Schmerzen und Beschwerden verursachten. Der renom-
mierte französische Rechtsgelehrte und Hexenjäger Jean Bodin behauptete den (manchmal wohltätigen) Einfluß eines Geistes, der
ihm ins Ohr zu flüstern pflege. Verschiedene andere Fürsten, Heilige und Eremiten der Kirche haben lebhafte Beschreibungen physi-
scher Attacken durch Dämonen gegeben.

Was den Qualen dieser angegriffenen Personen zugrunde liegt,
ist eine Geistesstörung, deren Symptome aus Halluzinationen,
psychosomatischen Beeinträchtigungen und obsessiv-zwanghaftem
Verhalten bestehen. Einige Gelehrte haben diese von Dämonen gequälten Individuen mit den chronischen Fällen von Hysterie verglichen, die in den bahnbrechenden Studien und Experimenten des
französischen Neurologen Jean Martin Charcot im späten 19. Jahrhundert gezeigt wurden. [9] In der Klinik *La Salpêtrière* in Paris wiesen
Patienten klassische Hysterien auf, bei denen sie das Gefühl in Teilen des Körpers verloren, sich wanden, kreischten oder in Ohnmacht
fielen – genau die gleichen Reaktionen, welche die Verhexten im

Mittelalter und in der Frühmoderne zeigten. Auch wurde klinisch festgestellt, daß dieses Verhalten für suggestible Individuen »anstekkend« sein kann.

Der dreiteilige Aufbau: kulturell, sozial und personal

Fälle von Rollenspiel – ob sie im Kontext relativ passiver Mythomanie oder im Kontext aktiver Dämonie auftreten – sind weder privat noch einzigartig. Die Grundzutaten solcher Rollenspiele stammen aus drei Quellen: 1. dem kulturellen Umfeld (Überzeugungen, Traditionen, Normen); 2. dem sozialen Umfeld (der direkten Teilnahme an sozialer Interaktion) und 3. den persönlichen Motiven.

Im Hinblick auf Kinder bedeutet dies, daß sie die Tagesanliegen nehmen, mit kulturellen Bildern verweben und dann daraus Geschichten formen, aus denen sie persönlichen Gewinn ziehen können. Bei diesem Prozeß nutzen sie die ihnen zugestandene Glaubwürdigkeit und verfolgen persönliche Ziele wie Prestige, Lob, Rebellion, Rache. Diese persönlichen Ziele werden von den Kindern selten als solche erkannt; sie liegen weitgehend auf unbewußter Ebene und wurzeln in einer Vielfalt von Emotionen und Bedürfnissen.

Die Salemer Mädchen Abigail und Betty beispielsweise, Mitglieder einer puritanischen Predigerfamilie, konnten ungestraft das beleidigen, was vermutlich der geheiligteste Gegenstand im Hause war, die Heilige Bibel, indem sie sie verächtlich durch das Zimmer schleuderten. Hier konvergieren kulturelle, soziale und persönliche Elemente: die Bibel als geheiligter Gegenstand in der Kultur der Puritaner; der Familienkontext mit der elterlichen Autorität; und der Ausbruch persönlicher Grollgefühle gegen Autorität. In der Rolle der »Besessenen« konnten sie geheiligte und elterliche Autorität ungestraft brüskieren. Betty Parris, vom strengsten aller Väter erzogen, hatte endlich einen Weg gefunden, um zurückzuschlagen.

Marion L. Starkey beschreibt in ihrem Buch *The Devil in Massachusetts* meisterhaft den Hintergrund von Bettys Groll. [10] Da war ein Kind, aufgewachsen in einer stark strafenden religiösen Umgebung, durchtränkt vom Begriff der sündigen Natur des Menschen, manipuliert mit Angst vor dem Teufel und dem ewigen Höllenfeuer, das unter unvermeidlichen Schuldgefühlen litt. Schließlich benutzte das Mädchen ihre mythomanische Begabung, um die übernatürlichen Bestandteile der puritanischen Kultur zu einem Szenario zusammenzuschmieden, das ihr gestattete, zu rebellieren und sich zu rächen. Wenn wir die Rolle von drei machtvollen verstärkenden Faktoren betrachten, verstehen wir den Prozeß vielleicht besser, durch den die anfängliche Posse zu einem tödlichen Spiel eskalierte: 1. die Komplizität anderer Mädchen; 2. die psychologische Belohnung, als »Leidende« verwöhnt und als Märtyrerin geehrt zu werden; und 3. die Gelegenheit, Personen zu Sündenböcken zu machen, die genau den puritanischen Lebensstil repräsentierten, der die Zielscheibe der versteckten Rebellion war.

Als der Junge aus Trier behauptete, beim Hexentanz die Trommel geschlagen und mehrere Stadtbewohner als Teilnehmer gesehen zu haben, kombinierte er das kulturelle Bild vom Hexensabbat mit dem sozialen Element der Denunziation und dem persönlichen Element, feindselige Gefühle abzuführen. Er und andere Kinder siegten durch ihre Zeugenaussagen in einer einzigartigen Vendetta: Es gelang ihnen, den obersten Prozeßrichter Dietrich Flade als Hexer zu denunzieren, was zu seiner Hinrichtung führte. Außerdem wurden noch zwei Bürgermeister, mehrere Ratsherren und einige der beisitzenden Richter denunziert und hingerichtet. Für all das heimsten der Junge und seine Kameraden Lob und Glückwünsche ein.

Als die heranwachsende Jungfrau Catalina an den Inquisitor Salazar y Frias herantrat, um Geschlechtsverkehr mit dem Teufel zu »gestehen«, bestand das kulturelle Element aus der religiösen Überzeugung, es gebe tatsächlich einen personifizierten Teufel, und die Hexen trieben Unzucht mit ihm. Das soziale Element war der Umstand, daß zahlreiche andere Mädchen mit ähnlichen Behauptungen hervorgetreten waren und Catalinas Entschluß bestärkten, das gleiche zu tun. Die persönlichen Elemente können wir nur vermuten – möglicherweise bestanden sie aus einer Mischung von Motiven und Trieben, etwa pervertiertem Streben nach Berühmtheit, frühreifem sexuellem Drang, pubertärem Exhibitionismus oder einer Form von Rebellion gegen die sexuellen Einschränkungen der Gesellschaft.

Was aus streng psychologischer Sicht unter der Maske der »Besessenheit« brodelte, war eine Mischung von Emotionen, welche in der sozialen Interaktion normalerweise unannehmbar sind: rücksichtslose Gier nach Aufmerksamkeit, Rachegefühle gegen eine Gemeinschaft, die – wie es eigentlich alle Gemeinschaften tun müssen – zahllose Vorschriften und Verbote aufzwang, Anvisieren spezifischer Individuen, welche die Gemeinschaft repräsentierten. Letzterer Punkt erklärt, warum die angegriffenen Personen oft Gemeindemitglieder von makellosem Ruf waren; logischerweise konnten nur solche Individuen als Sündenböcke für den angestauten Widerstand der anklagenden Kinder gegen den Sozialisationsprozeß dienen. Der Trierer Fall mit der Bestrafung von Richtern und Ratsherren ist hier ein klassisches Beispiel. Je strenger die soziale Umgebung, desto vehementer die Attacke der Kinder gegen sie. Hier muß man wieder an den Fall von Salem denken, wo angestaute Ängste und Schuldgefühle der calvinistischen Repression sich in Wut verwandelten und zu Verhalten explodierten, das gleichzeitig rächend und doch legitim war. Beides, die triumphale Erfahrung, Feindseligkeit abzuführen und dafür die Billigung der Gemeinschaft einzuheimsen, ergab zusammen eine Verhaltensverstärkung *par excellence*. Es ist wirklich eine sozialpsychologische Meisterleistung, sich den Status der Berühmtheit durch ebenden Personenkreis zu verschaffen, auf den man Strafe herabbeschwört.

12. Zur Kinderpsychologie

Suggestibilität von Kindern

Das Schlüsselelement sowohl bei der Mythomanie als auch bei der Dämonopathie ist Suggestibilität. Der bahnbrechende Forscher Emile Dupré wurde bei zahlreichen Gerichtsverfahren um angeblichen Kindesmißbrauch Zeuge einer Fülle mythomanischer Hervorbringungen. Er bemerkte, wie durch die unbewußte Zusammenarbeit von Befrager und Kind ein voreingenommenes und einseitiges Klima geschaffen wurde, in dem das Kind so dastand, als sei es erwiesenermaßen das Opfer eines perversen Verbrechens.

In der Mehrzahl der Fälle waren betroffene Erwachsene, vor allem die Eltern, ängstlich bemüht, alles über die Attacke zu erfahren – ihre Art, den Zeitpunkt, den Ort, das Motiv und so weiter. Vielleicht war das Kind anfänglich verwirrt und verlegen wegen all der Fragen – eine Reaktion, die vom Befrager oder dem Gericht allgemein als Anzeichen von Scham oder Reue gedeutet wurde. Sofort wurde das Kind mit ermutigenden Worten und suggestiven Fragen überschüttet. Das Kind folgte dem Hinweis und antwortete so, wie es den mehr oder weniger offenkundigen Erwartungen der Befrager entsprach. Die Anhörung wurde damit zu einer richtigen Probe für eine Geschichte, die das Kind nun auswendig lernte. Bei späteren Anhörungen hielt es sich an die Version, die es sich jetzt eingeprägt hatte. Die einzigen Veränderungen, die das Kind vornahm, bestanden in der Hinzufügung neuen Materials, das dieser Version entsprach.

Wir sprechen hier zwar von modernen Gerichtsverfahren, aber auch von der kindlichen Psyche, die zeitlos ist und sich seit der Ära der Hexenverfolgung nicht verändert hat. Was sich verändert hat oder zumindest verändert haben sollte, ist die Einsicht in die psychische Dynamik der Zeugenaussagen von Kindern. Rückblickend sind wir nun besser in der Lage, das zu bewerten, was in den Kinderhexenprozessen passierte.

Die moderne psychologische Forschung hat begonnen, sich mit der Suggestibilität von Kindern zu befassen. An der Wende zum 21. Jahrhundert hat dieses Thema an Bedeutung gewonnen, da in den Vereinigten Staaten und überhaupt in der westlichen Welt immer häufiger behauptet wird, Kinder seien belästigt und mißbraucht worden, was Eltern und juristische Instanzen beunruhigt. Viele dieser Geschehnisse sollen im Kontext okkulter Praktiken stattgefunden haben; die angeblichen Szenarios wimmeln von dämonischen Figuren, darunter auch Hexen. Ein Fall wurde nach langwierigen Ermittlungen und Anhörungen schließlich gelöst, weil die »mißbrauchten« Kinder auf eine Lehrerin hingewiesen hatten, die zu einer Halloween-Party in einem Hexenkostüm erschienen war.

Die Mehrzahl der Fälle umfaßte auch die Behauptung sexuellen Mißbrauches. Die Psychologen David Raskin und Phillip Esplin fanden bei ihren Forschungen heraus, daß Kinder in Fällen von Mißbrauch durch die Eltern ihre Macht bei Gerichtsverfahren oft ausnutzten, um sexuelle Übergriffe zu phantasieren oder zumindest stark zu übertreiben und so den einen oder anderen Elternteil zu bestrafen oder dessen Partei zu ergreifen. Die Forscher bemerkten, daß eine starke Tendenz zu derartigen Verzerrungen herrschte, wenn es um Scheidung, Sorgerecht oder die Regelung des Besuchsrechts ging. [1]

Die Erforschung der tatsächlichen forensischen Probleme erwies sich als extrem schwierig, doch eine Reihe von Psychologen haben versucht, mittels Laborsituationen die Prinzipien zu identifizieren, die der Empfänglichkeit von Kindern für Beeinflussung und Manipulation zugrunde liegen. Die Funde sind bei weitem noch nicht vollständig, aber man hat doch mehrere Einsichten gewonnen.

Einige Studien haben den Glauben von Kindern an außergewöhnliche, teils völlig illusorische Gestalten untersucht, um festzustellen, ob Kinder sich im Einklang mit den Bedeutungen verhalten, die an diese Figuren gebunden sind, ob sie den Erwartungen entsprechen, welche die Kultur diesen Gestalten zugewiesen hat, und unter welchen Umständen ihr Verhalten zu beeinflussen ist.

Ein Beispiel ist der Glaube von Kindern an den Weihnachtsmann. Obwohl es sich eindeutig um eine illusorische Gestalt handelt, wird er kleinen Kindern doch gewöhnlich als real präsentiert. Studien des Psychologen Norman M. Prentice haben ergeben, daß 85 Prozent der amerikanischen Vierjährigen an den Weihnachtsmann glauben; mit acht Jahren befinden sich noch über die Häfte der Kinder in einem Übergangsstadium, in dem sie zwischen Glauben und Unglauben hin- und herschwanken.[2] Doch in Situationen, in denen Mütter diesen Glauben entmutigten, übernahmen kleine Kinder die ungläubige Einstellung ihrer Mütter.

Einige Forscher versuchten zu bestimmen, ob eine Beziehung zwischen dem Glauben an imaginäre Figuren und der Fähigkeit zum Phantasieren besteht.[3] Signifikante Korrelationen zwischen verschiedenen Messungen, welche die Fähigkeit von Kindern zu Phantasie- oder Vorstellungsspielen feststellten, sowie dem Glauben der Kinder an Phantasiegestalten waren nicht festzustellen. Das bedeutet, daß das Denken eines Kindes von dem konditioniert wird, was es als real oder irreal zu betrachten lernt, und nicht von irgendwelchen angeborenen Fähigkeiten. Der Glaube an imaginäre Gestalten sollte nicht mit Phantasiespielen verwechselt werden. Phantasiespiele sind einfach imaginative Erfindungen des Kindes, die das Leben verschönern und kreativer machen können.

Für Kinder des 17. Jahrhunderts impliziert dies, daß sie die Hexe als reale Person und den Teufel als personifizierte Wesenheit betrachteten. Daher waren Geständnisse und Anklagen alles andere als spielerische oder imaginative Erfindungen, sondern Teil eines Glaubenssystems.

Hier sind zwei wichtige Einschränkungen zu beachten: 1. Mythomanische Kinder kombinierten Glauben *und* phantasievolle Ausarbeitung des Glaubens. 2. Wenn moderne Eltern den Weihnachtsmann als reale Person darstellen, wissen sie, daß sie ihre Kinder täuschen und belügen. Wenn Eltern und Autoritäten der Frühmoderne Hexen als reale Personen darstellten, dann waren sie von ihrer Wirklichkeit überzeugt, und sie logen nicht, sondern informierten ihre Kinder vielmehr über einen Glaubensartikel.

Die Suggestibilität verändert sich mit dem Alter. Die Psychologin Maria Zaragosa hat festgestellt, daß kleine Kinder (unter acht Jahren) größere Schwierigkeiten als andere Kinder und Erwachsene haben, zwischen vorgestellten Ereignissen und solchen zu unterscheiden, die sie tatsächlich erlebt haben. »Angesichts der größeren Tendenz, Vorstellung mit Wahrnehmung zu verwechseln, könnten kleine Kinder auch eher Dinge, die ihnen nur suggeriert wurden, mit solchen verwechseln, die sie tatsächlich wahrgenommen haben.«[4]

Wenn jedoch das Eindringen äußerer Information und das Stellen von Suggestivfragen vermieden werden – und so für das Kind eine Art kognitiv steriler Umgebung entsteht –, hat sich die Erinnerung von Kindern an faktisches Material als erstaunlich korrekt erwiesen; sie reicht qualitativ fast an die Erwachsener heran. Forschungsdaten zeigen, daß Kinder »fähig sind, gute Augenzeugen zu sein, daß jedoch ihre Erinnerungen empfindlicher gegen verschiedene verzerrende Einflüsse der Interviewsituation sind als die von Erwachsenen«.[5]

Ungeachtet dieser Feststellung darf man nicht vergessen, daß das Kind genügend voreingenommene Gefühle und vorgefaßte Begriffe in das Interview oder die Befragung mitbringt, um zu verzerrten Erinnerungen oder einer Form von Autosuggestion zu gelangen. Wie Jean Piaget einmal anmerkt, ist »jede Suggestion eine potente Störung der Wahrheit«.[6] Selektive Erinnerung ist als der Prozeß beschrieben worden, durch den »die Erinnerung die Vergangenheit und die Gegenwart integriert: Gegenwärtige Wünsche, Phantasien, Ängste, sogar die Stimmung können die Erinnerung färben«.[7] Gestaltpsychologen betonen die menschliche Vorliebe dafür, neue Erfahrungen in eine etablierte Struktur vorhergegangener Erfahrungen zu integrieren (meistens unbewußt). Die bereits bestehende Struktur teilt der neuen Erfahrung einen sinnvollen Platz zu, d. h., sie interpretiert die Bedeutung der Erfahrung im Kontext dessen, was bereits verinnerlicht und organisiert wurde. Wir wählen aus, was wir beobachten, oft, indem wir ausschließen, was nicht in die existierende mentale Gestalt zu passen scheint. Erinnern wird damit zu einem Akt der Rekonstruktion und nicht der Reproduktion, einem Akt, bei dem normale Lücken und fehlende Details oft ausgefüllt werden, während anderes Material ignoriert wird.[8]

Das Endresultat des Vorgangs ist, daß ein Zaun um die eigenen Ansichten herum errichtet, eine *Abgrenzung* geschaffen wird: So erhält die Psyche die beruhigende Versicherung, daß ihre Wahrnehmungen richtig zusammengefügt sind, ohne Disharmonie zwischen den Details. Das Streben nach Abgrenzung scheint ein natürlicher Prozeß, ja sogar ein Bedürfnis des menschlichen Gehirns zu sein. Und wenn diese Abgrenzung erst einmal vollendet ist, so ist eine klar definierte Realitätssicht errichtet, die sich gegen Wandel sträubt.

Die Mentalität von Kindern ist durch unvollständige psychische Strukturen gekennzeichnet, eine instabile Gestalt, die hochempfindlich für Suggestion ist, weil sie noch der Abgrenzung bedarf. Oft sind wir versucht, die Symptome dieser Unvollständigkeit als kindliche Impulsivität oder natürliche Spontaneität zu interpretieren. In Wirklichkeit sind sie Ausdruck der freischwebenden Reaktion einer versuchsweise integrierten mentalen Struktur. Piaget zufolge befinden sich Kinder etwa zwischen dem Alter von zwei und sieben Jahren in einem Stadium der kognitiven Entwicklung, das als »präoperationales Stadium« bekannt ist. Ein Kind in diesem Stadium hat Schwierigkeiten, objektiv zu sein und bei der Wahrheit zu bleiben. Ohne tatsächlich um des Lügens willen zu lügen, d. h. ohne den Versuch, jemanden zu täuschen, verzerrt es die Realität je nach seinen Wünschen und Träumen. [9]

Lügen kann auf zwei verschiedene Arten geschehen. *Mnemonische Verzerrung* präsentiert falsche Information, ohne daß die Person sich dessen bewußt ist, d. h., sie beabsichtigt oder weiß nicht, daß sie falsche Informationen gibt. *Nichtmnemonische Verzerrung* dagegen ist Lügen, wobei die Person sich bewußt ist, daß sie falsche Informationen gibt. [10] Wie zuvor schon erwähnt, kann nichtmnemonisches Lügen manchmal in mnemonisches Lügen umschlagen, wobei die Person allmählich anfängt, an ihre eigene Geschichte zu glauben. Dies ist eine Art Selbst-Gehirnwäsche und wurde in Situationen sozialer Isolation und länger anhaltenden psychischen Zwangs beobachtet wie etwa bei Gefängnishaft und ausgedehnten Verhören.

Selbst-Gehirnwäsche unterscheidet sich von der Gehirnwäsche, die beispielsweise Kriegsgefangene erleben. Erstere beginnt mit einer willentlichen Erfindung, die im Geist des Erzählers allmählich Wirklichkeitswert bekommt. Letztere fängt mit äußerem Druck an, der eine Person dazu bringen soll, ihr Denken zu ändern, und endet mit einer neuen Überzeugung. Ein weiterer Unterschied ist, daß die Erwachsenen oder Kinder in den Händen der Inquisition mit den Befragern von Anfang an dieselbe Kosmologie samt ihrer Population übernatürlicher Gestalten teilten. Das bedeutete, daß die Glaubensinhalte beider Parteien eng verwandt waren, ein Umstand, der den Überzeugungsprozeß förderte.

Die Untersuchungen des Psychologen Paul Ekman konzentrierten sich auf den Wahrheitswert des verbalen Verhaltens von Kindern. [11] Seine Umfrageergebnisse aus den 1980er Jahren in den Vereinigten Staaten zeigen, daß die meisten Kinder geneigt sind, mit Lügen zu experimentieren. Zu den Beispielen dafür gehört ein Dialog, der geradewegs aus einem Hexenprozeß stammen könnte. Ein kleines Mädchen, Lori, beschloß eines Tages, an der Wand des Kinderzimmers die neuen Buntstifte auszuprobieren.

Die erzürnte Mutter rief: »Lori, hast du an die Wand gemalt?«

»Nein«, antwortete Lori mit völlig ungerührtem Gesicht.

»Wer war es denn dann?« drängte die Mutter. »Ich nicht«, beharrte das Mädchen. »War es ein kleiner Geist?« fragte die Mutter sarkastisch.

»Ja, genau«, antwortete Lori. »Es war ein Geist.«

Lori ließ sich von diesem »Geständnis« nicht abbringen, und die Mutter ging schließlich auf das, was sie als lustiges Rollenspiel betrachtete, ein und sagte: »Nun, dann sag dem kleinen Geist, er soll das nicht wieder machen, sonst wird es ihm leid tun.« [12]

Die Worte der modernen Mutter waren scherzhaft spöttisch gemeint, doch dieselben Worte hätte ein Inquisitor aus der Renaissance in völligem Ernst aussprechen können.

Diese Vignette zeigt uns, daß Kinder lügen, wenn sie sich bedroht fühlen – und sie lügen innerhalb des Rahmens, der ihnen zur Verfügung steht, vor allem, wenn dieser von einer machtvollen Autorität errichtet wurde. Eine Psychodynamik weitgehend unbewußter Natur treibt die Verbalisierungen des Kindes in die Richtung, aus der es die am wenigsten unangenehmen Folgen erwartet.

Man hat noch weitere Studien durchgeführt, die sich auf den Wahrheitswert kindlicher Verbalisierungen konzentrierten. Forscher des *Institute for the Study of Child Development* an der *University of Medicine of New Jersey* haben festgestellt, daß bereits im Alter von drei Jahren die meisten Kinder in gewissen Situationen lügen. Auf die Lügen angesprochen, gaben nur 38 Prozent von ihnen zu, gelogen zu haben; und es war interessant, daß Gesichtsausdruck und allgemeine Körpersprache der Lügner und der Ehrlichen sich *nicht* unterschieden. Die Studie ergab auch, daß Jungen ihre Unehrlichkeit mit größerer Wahrscheinlichkeit eingestehen als Mädchen. [13]

Eine Studie der *Arizona State University* bestätigt einige der obigen Feststellungen. Man fand heraus, daß Täuschung normalerweise entdeckt werden kann, weil Lügen unbewußte Körperbewegungen auslöst, die sich von den normalen Bewegungen der Person unterscheiden. Bei »pathologischen Lügnern oder solchen Personen, die beim Lügen keine Gewissensbisse empfinden«, fehlt diese unterscheidende Körpersprache allerdings. [14]

Diese Funde sind für die Glaubwürdigkeit von kindlichen Zeugenaussagen und Anschuldigungen in mehr als einer Hinsicht von Bedeutung. Erstens erinnern sie uns daran, daß eine Mehrheit der Kinder lügt; zweitens zeigen sie die verstörende Tatsache, daß Lügner und Ehrliche nicht leicht zu unterscheiden sind.

Eine aufschlußreiche Studie zeigte einige der Gefahren, die aus den Berichten von Kindern entstehen können. Die Psychologinnen Karen Saywitz vom *Harbor-UCLA Medical Center* und Gail Goodman von der *State University of New York* in Buffalo interviewten 72 Mädchen im Alter zwischen fünf und sieben Jahren über medizinische Routineuntersuchungen, die man an ihnen vorgenommen hatte. Die Hälfte war voll untersucht worden, einschließlich vaginaler und analer Untersuchung; die andere Hälfte war nur allgemeinärztlich untersucht worden. Als der ersten Gruppe allgemeine und unspezifische Fragen über die Prozedur gestellt wurden, erwähnten nur acht Mädchen die Vaginaluntersuchungen, und als man den Kindern anatomisch korrekte Puppen zeigte, wiesen sechs auf den Vaginalbereich. Doch von den Mädchen, die nur einer allgemeinen Untersuchung unterzogen worden waren, behaupteten drei ebenfalls, vaginal oder anal untersucht worden zu sein; ein Kind sagte sogar, der Arzt habe »es mit einem Stock gemacht«. [15]

Zum Abschluß muß ein allgemeines psychologisches Prinzip erwähnt werden. Nicht nur Kinder, sondern Menschen schlechthin sind nicht immer fähig zu unterscheiden, welche Wahrnehmungen rein intern vom Gehirn und welche von der realen Außenwelt verursacht werden. Und das ist keineswegs immer eine Frage von Psychopathologie, sondern ein Zustand des normalen Wahrnehmungsprozesses. Leider kann das zu falschen Annahmen und irrigen Glaubensvorstellungen führen. Ein erklärendes Konzept wurde in diesem Zusammenhang von Daniel Goleman geprägt: *source amnesia* (Quellen-Amnesie). Wenn ein Quellennachweis fehlt oder unklar ist, setzt sich ein mentaler Mechanismus in Aktion, bei dem das Gehirn Einbildung oder Phantasie als authentisches Erlebnis interpretiert. [16]

Bedeutung für das moderne Leben

Es liegt auf der Hand, welche Gefahren solche Phantasien im wirklichen Leben hervorrufen können. Sie spiegeln sich in gerichtlichen Statistiken wider und haben epidemische Ausmaße angenommen. Eine Anzahl von Fällen aus den achtziger und neunziger Jahren unserer Jahrhunderts illustriert die Starrollen von Kindern in menschlichen Tragödien.

Zuerst muß jedoch klar gesagt werden, daß wir nicht annehmen, alle von Kindern vorgebrachten Anschuldigungen seien falsch. Die Belästigung von Kindern ist leider eine Tatsache des Lebens. Das wirkliche Problem besteht darin, die falschen von den wahren Anschuldigungen zu unterscheiden. Diese Unterscheidung wird oft auf tragische Weise hinausgezögert, wenn sie denn überhaupt je getroffen wird. Nur zu häufig werden unschuldige oder zumindest nicht zu verurteilende Personen so schwer gestraft, daß ihr ganzes Leben zerstört ist. Das Ironische daran ist die rückblickende Erkenntnis, daß man die Behauptungen der Kinder sofort als das hätte erkennen sollen, was sie waren: bösartige Täuschungen oder bizarre Wahnvorstellungen. Ihre Anschuldigungen waren, wie wir sehen werden, so phantastisch, daß man sich verblüfft fragt, wie irgend jemand solche Absurditäten für möglich halten konnte. Diesen Teil der Prozesse werden wir untersuchen.

Bei den meisten der Prozesse geht es um Tagespflegezentren, Vorschulen und Streitigkeiten um Scheidung/Sorgerecht. Dr. Richard Gardner, Professor für Kinderpsychologie an der *Columbia University* und Autor von *Sex Abuse Hysteria: Salem Witch Trials Revisited*, kam zu dem Schluß, daß Klagen wegen sexuellen Mißbrauchs zu einem häufigen Bestandteil von Sorgerechtsauseinandersetzungen geworden sind. Seinen Schätzungen nach wird diese Klage in etwa fünf Prozent der Sorgerechtsprozesse erhoben.[17] Eine Studie der *Association of Family and Conciliation Courts* aus dem Jahre 1988 schloß, daß die Klagen wahrscheinlich in 30 bis 40 Prozent der Fälle unbegründet sind.[18] Dr. Ralph Underwager vom *Institute of Psychological Therapies* in Northfield, Minnesota, untersuchte das psychologische Profil der Anschuldigenden und stellte fest, daß 75 Prozent von ihnen unter schweren Persönlichkeitsstörungen litten.[19] Ungeachtet ihrer Probleme haben sie gewöhnlich Erfolg, wenn sie Klagen wegen sexueller Belästigung als Strategie benutzen, um das Sorgerecht zu erhalten und sich an ihrem Ex-Ehepartner zu rächen.

Die Kinder werden zu Schachfiguren in diesem Prozeß, und die Gegner wetteifern um ihre Kooperation. Die gewinnende Partei ist normalerweise die, welche die Kinder am erfolgreichsten zu manipulieren versteht.

Dabei fällt eine erstaunliche Parallele zwischen der früheren Hexenjagden und den heutigen Gerichtsverfahren ins Auge. Bei beiden Szenarios wurden Kinder häufig aufgefordert, über ihr Familienleben zu berichten, insbesondere darüber, ob es unmoralische (= häretische) Elemente enthielt. Und in beiden Situationen bedienten die Kinder die Wißbegierde der Autoritätsfiguren, um geschätzt zu werden und sich wichtig zu fühlen.[20]

Neue Spieler haben den Kampfplatz betreten und bevölkern heute zahlreich die serviceorientierte postmoderne Gesellschaft: Berater, Anwälte und Therapeuten. Sie sind die Inquisitoren der postmodernen Zivilisation und wirken gegen gesalzene Honorare auf die Suggestibilität der Kinder ein. Es gibt unter ihnen sogar Spezialisten, von denen man bislang noch nie gehört hatte, Erinnerungstherapeuten, die Patienten, jung oder alt, helfen, lange verlorene Erinnerungen an Traumata wie Inzest, satanische Rituale und Menschenopfer zurückzugewinnen.

Eine solche Patientin, eine 39jährige Frau, wollte von einer längeren Depression befreit werden und eine Erklärung für ihre Ursache finden. Während mehrerer Behandlungswochen leitete eine Familienberaterin ihr Bewußtsein zurück auf Inzest in ihrer Kindheit, obwohl die Patientin anfänglich keine Erinnerung an einen derartigen Mißbrauch hatte. Doch die Therapeutin bohrte weiter, und schließlich tauchten gräßliche Details auf, die sie für verdrängte Erinnerungen daran hielt, wie ihr Vater die Patientin verführt hatte, als sie noch ein Baby war. Daraufhin stellte diese ihren Vater zur Rede, brach ihre Beziehung zu ihm ab, zog um und gründete eine Selbsthilfegruppe für Inzestopfer.[21] Später, nachdem sie Psychologiekurse im College besucht hatte, die ihr die Augen öffneten, untersuchte sie ihre »Erinnerungen« sorgfältiger und erkannte, daß sie vollkommen falsch waren. Sie bat ihren Vater um Verzeihung und verklagte das psychiatrische Krankenhaus.

Wenn schon die Suggestibilität eines Erwachsenen so fehlgeleitet werden kann, wie mag es dann erst um die von Kindern stehen? Schlimmer noch, falsche Anleitung in so jungen Jahren kann einen Eindruck hinterlassen, den später kein Berater und kein Collegekurs jemals mehr zu tilgen vermögen.

Immer häufiger werden Schulen für kleine Kinder zur Zielscheibe von Klagen wegen Kindesmißbrauch. Eine traf einen Sonntagsschullehrer aus San Diego, Dale Akiki, den neun Kinder der Vergewaltigung, Sodomie und Folter beschuldigten. Bei den langwierigen Anhörungen vor Gericht behaupteten die Kinder, der Lehrer habe ein Baby getötet, Kaninchen geopfert sowie einen Elefanten und eine Giraffe geschlachtet. Der *Superior Court* kam schließlich zu dem Schluß, die Kinder seien nicht glaubwürdig, und ließ Akiki frei – nach zweieinhalb Jahren hinter Gittern.[22]

Ein weiterer Fall in der jüngeren amerikanischen Geschichte, bei dem Kinder Verheerungen anrichteten, betraf eine Lehrerin in einem Tagespflegezentrum in New Jersey. Margaret Michaels, 25, wurde 115 sexueller Übergriffe auf 20 Schüler der *Wee Care Day Nursery* in Maplewood während des Schuljahres 1984/1985 für schuldig befunden. Zur Zeit des angeblichen Mißbrauchs waren die Kinder zwischen drei und fünf Jahre alt gewesen, zur Zeit ihrer Zeugenaussagen waren sie zwischen sechs und acht. Michaels wurde schuldig gesprochen, obwohl ihr Anwalt demonstrierte, daß es sich bei den Geschichten der Kinder um Phantasien handelte, ausgelöst durch suggestive Fragen übereifriger Ermittler, und daß es keine medizinischen Nachweise für einen Mißbrauch gab. Die Geschworenen glaubten jedoch den Eltern, die sagten, sie hätten »deutliche Veränderungen im Verhalten ihrer Kinder« wahrgenommen, als sie sich in Michaels' Obhut befanden. Sie berichteten, einige Kinder hätten »Alpträume und Angst vor der Dunkelheit, eine Aversion gegen Erdnußbutter und ein gesteigertes Interesse an Sexspielen« entwickelt. [23] Die Verurteilungen wurden schließlich aufgehoben; wäre dies nicht geschehen, so hätte die Angeklagte eine Strafe zu erwarten gehabt, die sich auf Hunderte von Jahren Gefängnis hätte summieren können.

Ein Beispiel für eine von den Medien suggerierte Imitation wurde aus Clearwater, Florida, berichtet, wo ein neunjähriges Mädchen eine Zeugenaussage machte, die dem Freund ihrer Mutter einen Schuldspruch einbrachte, weil er sie angeblich vergewaltigt hatte. Der Mann verbrachte 513 Tage im Bezirksgefängnis und hätte möglicherweise sein ganzes Leben lang hinter Gittern gesessen. Im Alter von elf Jahren widerrief das Mädchen ihre Geschichte und gestand, sie erfunden zu haben, nachdem sie eine Folge der Fernsehkrimiserie *21 Jump Street* gesehen hatte, in der ein Vergewaltigungsfall geschildert wurde. »Ich kann das nicht verstehen«, sagte die Mutter des Mädchens. »Sie hat mich überzeugt. Sie hat die Geschworenen überzeugt. Sie hat meine Eltern überzeugt. Sie hat die Sache einfach durchgezogen.« [24]

Eine überaus zerstörerische Version des Genres begann 1983 an einer Vorschule in Manhattan Beach, Kalifornien, ihren verhängnisvollen Lauf. Zwei Lehrer an der McMartin Pre-School, Peggy Buckey, 63, und ihr Sohn Raymond, 31, wurden von Judy Johnson, der Mutter eines zweieinhalbjährigen Jungen, der einige von Buckeys Klassen besucht hatte, beschuldigt, sich an ihrem Sohn vergangen zu haben. Eine medizinische Untersuchung zeigte, daß der Junge möglicherweise tatsächlich mißbraucht worden war. Daraufhin breitete sich eine öffentliche Hysterie aus, die fast der im alten Mora oder in Salem gleichkam, und bald waren 41 Kinder verwickelt und 208 Anschuldigungen gegen sieben Individuen aktenkundig. Johnsons Anschuldigungen gegen die Lehrer wurden immer bizarrer. Sie beschuldigte Raymond Buckey, er habe »ihren Sohn sodomisiert, während er den Kopf des Jungen in eine Toilette steckte, ihn nackt auf einem Pferd reiten lassen und ihn mit diversen Geräten gefoltert«. [25] Später, während die Ermittlungen noch im Gange waren, stellte sich heraus, daß Johnson an akuter paranoider Schizophrenie litt; sie starb an einem alkoholbedingten Leberleiden. Doch inzwischen hatte die Strafverfolgung genügend andere Zeugen aufgestöbert und hielt es nicht für nötig, die Aussage der ersten Zeugin zu revidieren, die rückblickend als unglaubhaft galt. Die Polizei hatte 200 Eltern mit der Mitteilung angeschrieben, sie untersuche Behauptungen über oralen Sex und Sodomie, die angeblich in der Vorschule stattgefunden hätten. Diese Bekanntgabe fachte die Hysterie an und bereitete die Bühne für weitere Kinder mit schauerlichen Mißbrauchsgeschichten. Die Kinder wurden von Kee MacFarlane vernommen, einer Administratorin am *Children's Institute International*, die sich zur Therapeutin weitergebildet hatte und bald erklärte, 369 der 400 interviewten Kinder seien mißbraucht worden. Ihre Technik war höchst suggestiv: Sie gab den Kindern, welche die Lehrer anschuldigten, emotionale Belohnungen, und diejenigen, die das nicht taten, lehnte sie ab. »Wozu taugst du schon? Du mußt dumm sein«, sagte sie zu einem Kind, das nichts von dem Spiel »Nackter Filmstar« wußte. [26] Zur Sammlung von Geschichten, die sie den Behörden als glaubwürdige Berichte präsentierte, gehörte, daß Kinder in Friedhöfen Leichen ausgruben; zu Flügen in Flugzeugen mitgenommen wurden; mit Knüppeln Tiere töteten (darunter ein Pferd); Teufelsverehrungen beobachteten; lebendig begraben wurden; nackte Priester in einem geheimen Keller unter der Schule herumtollen sahen; einen Lehrer fliegen sahen; rote oder rosa Flüssigkeiten erhielten, um sie schläfrig zu machen. [27]

Wie bei den Denunziationen von Kindern bei Hexenprozessen in früheren Jahrhunderten identifizierten die Kinder bestimmte Gemeindemitglieder, indem man sie in der Stadt herumfuhr und auf-forderte, die Personen zu bezeichnen, die sie belästigt hätten. Die Kinder zeigten auf »führende Gemeindemitglieder, Geschäftsange-stellte, Tankwarte; ein Kind wählte Fotos des Schauspielers Chuck Norris und des Staatsanwalts von Los Angeles City, James Hahn, aus«.[28] Statt die Zeugenaussagen der Kinder zurückzuweisen, trieb der Bezirksstaatsanwalt von Los Angeles die Strafverfolgung voran und stellte 18 Kinder der Grand Jury vor, die im März 1985 Ankla-geschriften gegen Raymond Buckey, seine Mutter, Schwester, Großmutter sowie drei Vorschullehrer vorlegte. Diese wurden mit aller denkbaren Publizität verhaftet: Fernsehkameras surrten, als sie aus ihren Häusern geführt wurden; eine von ihnen verhaftete man am Katheder ihrer High-School-Klasse. 1986 bzw. 1990 wurden die Anklagen gegen die Inhaftierten unerwartet fallengelassen, als ein neuer Bezirksstaatsanwalt das Amt übernahm und erklärte, es fehle vollkommen an Beweisen. Die Angeklagten wurden freigelassen – nachdem Peggy Buckey und ihr Sohn Raymond zwei bzw. fünf Jahre im Gefängnis verbracht hatten. Man braucht wohl nicht weiter aus-zuführen, welches Maß an emotionalem und materiellem Schaden diesen Opfern kindlicher Zeugenaussagen und erwachsener Leicht-gläubigkeit zugefügt worden war. Auch hier gleicht die Dynamik auffallend der, die wir in vorangehenden Kapiteln bei den Berichten über Hexenprozesse geschildert haben.

Die kalifornische Episode und ihr Abschluß wurden von den Mas-senmedien ausgeschlachtet und hatten im ganzen Land ungeheure Auswirkungen – allerdings nicht im Sinne größerer Vorsicht, wie man hätte erwarten können. Die Reaktion bestand darin, daß Kinder sie nachahmten und ähnliche Behauptungen zunahmen. »Landes-weit bewirkte die Aufmerksamkeit, die der Fall erregte, eine Explo-sion von Berichten über den behaupteten sexuellen Mißbrauch von Kindern; die Zahl derartiger Vorfälle nahm von 6000 im Jahre 1976 auf geschätzte 350000 im Jahre 1988 zu.«[29] Die Hauptverantwor-tung für diese Explosion muß den Massenmedien angelastet werden, die sich in reißerischen Details ergingen. Zu den Gefahren, welche die Suggestivkraft der Medien erzeugt, gehört auch die Möglichkeit, daß Eltern und Behörden die formbare Macht von Kindern benutzen, um hintergründige Zeugenaussagen zu erwirken, die den Voreingenommenheiten und Plänen parteiischer Erwachsener dienen. Wie jemand warnte: »Einige Eltern, entschlossen, einander bei einer Scheidung zu schaden, werfen mit Mißbrauchsvorwürfen nur so um sich. Wer jemandes Ruf zerstören möchte, hat damit eine todsichere Waffe in der Hand.«[30]

Man gelangt zu der Schlußfolgerung, daß diese moderne »todsichere Waffe« das Äquivalent der Hexenanklage vergangener Zeiten ist; sie beruht ebenfalls auf der Zeugenaussage von Kindern, einer Aussage, deren Wahrheitsgehalt schwer zu beweisen oder zu widerlegen ist und die in der modernen Welt noch immer zu oft gläubig akzeptiert wird. Diese Beispiele gelten für die Psychologie der Kindesmißbrauchprozesse ebenso wie für die Psychologie der Hexenprozesse. Leider sieht es so aus, als würden in naher Zukunft weder das Vorkommen solcher Beispiele aufhören noch ihre Natur sich ändern.

Die Macht der modernen Medien macht nicht vor nationalen Grenzen halt, sondern erweitert sich auf die internationale Ebene. Als der oben genannte McMartin-Vorschul-Skandal und der Prozeß abliefen, teilten sich die internationalen Medien ihre Beobachtungen. Auch die deutschen Medien waren vertreten; sie sind ja bekannt als die eifrigsten Berichterstatter über den *American way of life* – von unsinnigen Hollywood-Darstellungen der Unwirklichkeit über White-House-Happenings bis hin zum vielfältigen Spektrum der Verbrechen.

1983 war das Jahr, in dem die Medien begannen, über den McMartin-Fall zu berichten. Schon von Anfang an hatten sich die deutschen Medien, besonders natürlich das Fernsehen, engagiert. 1983 war auch das Jahr, in dem die Kinder im Münsterland ihren Montessori-Lehrer Rainer Möllers des Mißbrauchs bezichtigten.

War diese Gleichzeitigkeit reiner Zufall?

Die deutschen Kinder brachten frappierend ähnliche Beschuldigungen vor, die das amerikanische Muster widerspiegelten. Auch die münsterländischen Kinder sprachen von Leichenhallen, Särgen, geheimen Falltüren, unterirdischen Räumen, sadomasochistischen Ritualen. Es dreht sich hier um die Macht des Fernsehens, einer internationalen Macht, die die Wohnzimmer der deutschen Kinder genauso beherrscht wie die der amerikanischen Kinder. Die Medien verleiten zur Nachahmung, auch auf internationaler Ebene, die wahre Epidemien verursacht und sich wie eine ansteckende Krankheit auswirkt.

Ähnlichkeiten erscheinen sogar in der Vorgehensweise der deutschen Obrigkeiten. Auch im Falle Möllers sandte die Polizei Fragebögen an Eltern, und zu Hause wurde Kindesmißbrauch heftig thematisiert. Eine Sachverständige des Falles Möllers bemerkte: »Die Kinder wären demnach durchaus in der Lage, ihre Ängste auch fallgerecht projektiv darzustellen und sie mit der inzwischen erfolgten ›Personifizierung des Bösen‹, der Person des Angeklagten Möllers und seiner vermuteten Mittäter, zu verbinden.«[31]

Rainer Möllers ging es nicht viel besser als seinen amerikanischen Kollegen. Er verbrachte über zwei Jahre in Untersuchungshaft. Dann wurde er freigesprochen – aufgrund fehlender Beweise.

Forschungsergebnisse

Genug der Beispiele. Fahren wir mit den Forschungsergebnissen fort. Im allgemeinen neigen Kinder unter dem Alter von acht Jahren dazu, eine Einstellung absolutistischer Redlichkeit an den Tag zu legen, das heißt: »Jede Art von Lüge ist falsch.« Dabei muß man sich allerdings klarmachen, daß dies eine *Einstellung* ist und nicht unbedingt ein *Verhalten*, was bedeutet, daß sie Lügen zwar in fast allen Situationen falsch finden, aber dennoch unter vielen Bedingungen lügen. »Im Alter von vier Jahren oder sogar früher können Kinder lügen und tun dies auch – sie machen nicht einfach Ausflüchte oder verwechseln Phantasie mit Realität, sondern versuchen mit voller Absicht zu täuschen, gewöhnlich, um Strafe zu vermeiden.«[32]

Der Absolutismus von Kindern und ihr fast gleichzeitiger Verrat daran sind Albert Bandura bei seinen Experimenten in den psychologischen Labors der *Stanford University* aufgefallen. In einer experimentellen Umgebung waren sich zwar alle Kinder darüber einig, daß Rocky, der Bösewicht, Unrecht tat oder »gemein« war, als er Johnny, dem guten Jungen, Spielzeug wegnahm, doch Kinder aus der

Gruppe, die später dabei ertappt wurden, daß sie Rockys Verhalten nachahmten, entschuldigten ihre Handlungen damit, daß Rockys Aggression sich »ausgezahlt« oder »funktioniert« habe.[33] Diese Inkongruenz zwischen moralischer Einstellung und tatsächlichem Verhalten spricht für alles andere als Rousseaus Porträt von der kindlichen Unschuld.

Nach dem Alter von etwa acht Jahren betrachten Kinder Lügen nicht länger kategorisch als falsch. Ihre Einstellung verändert sich. Jetzt »hängt es von den Umständen« ab. Ein Beispiel aus Professor Ekmans Umfragen schlägt eine vertraute Saite an und erklärt die Tendenz von Kindern, bestimmte Personen zu denunzieren: In seinen Interviews fragte Ekman die Kinder, unter welchen Umständen Lügen in Ordnung seien. Eine typische Antwort gab Robert, elf Jahre alt, der sagte: »Nehmen wir an, ein Kind ist wirklich böse, ein Rabauke, der anderen Kindern weh tut. Wenn man dann lügt und sagt, er habe etwas getan, auch wenn er es gar nicht getan hat, dann bekommt er Schwierigkeiten, und weil er Leuten weh tut, ist es in Ordnung, wenn er bestraft wird.«[34] Um die situationsgebundene Moral des Elfjährigen zu paraphrasieren: Lügen ist moralisch und berechtigt, wenn dadurch böse Menschen bestraft werden.

Die meisten Kinder tun dies allerdings nur, wenn sie in die Enge getrieben sind, wenn sie versuchen, Strafe oder unangenehme Situationen zu vermeiden, und wenn ihnen schnell genug jemand einfällt, von dem sie meinen, er habe Strafe verdient. Unglücklicherweise entscheiden sich einige Kinder, ohne unter Druck zu stehen, Geschichten zu erfinden, die anderen schaden sollen.

Mehrere Studien haben gezeigt, daß die Suggestibilität von Kindern erhöht und ihre Tendenz zum Erfinden intensiviert wird, wenn man ihnen falsche Informationen gibt und Antworten erzwingt, vor allem, wenn diese falschen Informationen irgendeinen Aspekt des ursprünglichen Geschehens nur ergänzen, ihm aber nicht widersprechen.[35] Als der Inquisitor beispielsweise den Hexenjungen fragte, wie er und seine Kumpane zu dem Weinkeller gelangt seien, den sie ausgeraubt hatten (Waren sie zu Fuß gegangen? Oder auf einer Mistgabel geflogen?), entschied der Junge sich für den Flug, weil diese Fortbewegungsart ihm so plausibel erschien wie dem Inquisitor.

Im Hinblick auf die Situation vor der Inquisition bedeutet das, daß die Denkmuster des Angeklagten mit der Kosmologie des Inquisitors kompatibel waren; das vom Inquisitor suggerierte Szenario wurde durch das Denken der verhörten Person ergänzt. Diese Art von Suggestibilität bewirkt leicht, daß die Fehlinformation des Befragenden in die Zeugenaussage des Verhörten eingeht.

Der Psychologe S. J. Ceci bemerkte, daß der Prozeß des Erfindens stark davon beeinflußt wird, wie der Verhörte Rang und Autorität des Verhörenden wahrnimmt.[36] Je höher dessen Status ist, desto anfälliger sind Kinder dafür, Suggestivfragen zu folgen und sogar mit ungewöhnlichen Geschichten zu reagieren. Mit welcher Ehrfurcht müssen Kinder die Inquisitoren betrachtet haben, vor die sie gebracht wurden! Kinder wurden von den gleichen allgemein wohlbekannten – und sicherlich allgemein gefürchteten – Beamten verhört wie Erwachsene. Im Falle des Hexenjungen beispielsweise führte der prominente Jurist Dr. M. Herrenberger, Mitglied des Anwaltskomitees des Fürstbischofs, beim »Geständnis« des Jungen den Vorsitz.

Ein weiterer Faktor, der die Zeugenaussagen von Kindern beeinflußt, ist die Rolle der interpretierenden Fragen, die für das Kind überzeugende Hinweise auf das darstellen, was die Leute hören wollen. Eine Frage wie: »Auf welche Weise hat er dich angegriffen?« definiert den Status des Kindes bereits als Opfer eines Angriffs, ohne dem Kind Gelegenheit zu geben, das Geschehen unbeeinflußt zu beschreiben. Interpretierende Fragen rufen gefällige und kooperative Antworten hervor. Je stärker und ausschließender die interpretierenden Fragen, desto gefälliger die Antworten. Laborstudien zeigten, daß nach starken Suggestionen des Befragenden »zwei Drittel der Kinder von dem, was sie gesehen hatten, zu dem überwechselten, was der Befragende gesagt hatte«.[37]

Die wiederholte Befragung eines Kindes, wie sie für den Verlauf der Inquisitionsverhöre typisch war, hatte eine zusätzliche Auswirkung auf die Suggestibilität des Befragten. Wie die Psychologinnen Gail Goodman und Alison Clark-Stewart feststellten, ging die beim ersten Verhör gesetzte Suggestion, wenn ein zweiter Befrager vom gleichen Typ war wie der erste, auf diesen über, »und am Ende der zweiten Befragung gab nur ein Kind weniger als sechs von sechs Antworten auf die interpretierenden Fragen im Einklang mit dem Verhör. Die Kinder veränderten ihre Geschichten auch nicht, als sie am Ende der Sitzung von ihren Eltern befragt wurden: Alle Kinder antworteten in Übereinstimmung mit der Interpretation des Befragenden.«[38]

Was läßt sich nun zusammenfassend aus der Vielzahl der obigen Studien ableiten, das uns hilft, die Dynamik in Prozesse verwickelter Kinder besser zu verstehen? Der Schlüsselbegriff ist die *Suggestibilität* von Kindern, und die meisten Punkte der Zusammenfassung spiegeln dieses Element wider:

1. Je jünger das Kind, desto suggestibler ist es.

2. Die Erinnerung kann durch Voreingenommenheiten und von dem Kind bereits vor der Befragung verinnerlichte Begriffe stark verzerrt werden.

3. Die unvollständige psychische Gestalt von Kindern läßt ungehinderte Antworten von manchmal höchst erfinderischer und phantasievoller Natur zu.

4. Gerade die Unvollständigkeit ermöglicht eine Selbst-Gehirnwäsche, das heißt, sie fördert den Glauben an die Realität der eigenen Erfindung.

5. Eng verwandte Weltsichten von Befrager und Befragtem fördern den Überzeugungsprozeß.

6. Kleine Kinder neigen dazu, mit Lügen zu experimentieren, wobei sie oft die Grenzen der Leichtgläubigkeit von Erwachsenen testen.

7. Absolutistische Einstellungen kontrastieren mit relativistischen Verhaltensweisen; Kinder treten also auf verbaler Ebene für ehrliches und faires Spiel ein, doch auf der Verhaltensebene verstoßen sie gegen diese Einstellung.

8. Ältere Kinder entwickeln eine situationsgebundene Ethik, bei der sie Lügen nicht falsch finden, wenn sie zur Bestrafung einer »bösen Person« führen.

9. Informationen oder Fehlinformationen, die in die Fragen eingebettet sind, vertiefen die Suggestibilität von Kindern, wenn derartiges Material das Hauptthema ergänzt, statt ihm zu widersprechen.

10. Die Suggestibilität wird durch den Status des Befragers signifi-

kant verstärkt: je höher dieser ist, desto größer die Suggestibilität.
11. Interpretierende und suggestive Fragen sind starke Magneten,
    um die »richtigen« Antworten hervorzuholen.
12. Wiederholtes Befragen vertieft die Tendenz des Kindes, Sugge-
    stivfragen zu folgen.
13. Sind Suggestionen einmal gesetzt, so übertragen Kinder diese
    auf den nächsten Befrager.
14. Je deutlicher ein Befragender seine oder ihre Ansicht übermit-
    telt, desto suggestibler wird das Kind und desto eher ist es bereit,
    sich dieser Ansicht anzuschließen.
15. Je größer die Zweideutigkeit des Schlüsselereignisses, also je
    stärker seine Ähnlichkeit mit einer sozialen Rorschach-Situation
    mit amorpher Struktur, desto produktiver ist der Einfluß der
    Suggestivfragen.
16. Zeugenaussagen von Kindern können persönliche Motive ent-
    halten, etwa, bestimmte Erwachsene zu bestrafen, manchmal
    auch einfach das Schwelgen im Glanz des Gefühls der Wichtig-
    keit und der Macht.
17. Kinder glauben an legendäre Gestalten, so illusorisch diese auch
    sein mögen, wenn ihre Eltern ihnen dies nahelegen. Kinder, de-
    ren Eltern sich anders verhalten, legen Unglauben an den Tag.

Berücksichtigt man diese Punkte in Situationen, in denen die Zeugenaussage von Kindern die Wahrheit an den Tag bringen soll, so ist
man gewarnt, denn Wahrheit ist eine überaus heikle Angelegenheit,
gebildet aus der Interaktion zwischen voreingenommenem Befrager
und suggestiblem Befragten. Bei der inquisitorischen Situation ver-
woben die beiden Parteien harmonisch ihre Skripten – der Inquisitor
spielte seine Rolle, das Kind reagierte gefällig und spielte dement-
sprechend seine oder ihre Rolle.

Im Hinblick auf mythomanische Kinder ist die Forschung vorerst
noch unzulänglich. Indirekte Nachweise und plausible Annahmen
deuten darauf hin, daß Kinder mit einer mythomanischen Begabung, wenn sie den oben erörterten Schlüsselbedingungen ausgesetzt waren, anfingen, bunte Geschichten auszuspinnen.

»Verdrängte Erinnerung« – neue Mode, neues Geschäft?

Schließlich muß eine alte Freudsche These revidiert werden, daß nämlich Kindheitstraumen aus dem Bewußtsein verdrängt werden – also die Frage der Kindheits-Amnesie. Diese These stößt zur Zeit auf scharfe Kritik, die Veröffentlichungen wie etwa Leona Terrs Buch *Schreckliches Vergessen, heilsames Erinnern* (München 1995) als eher unterhaltsame Geschichten denn als Berichte über verläßliche Fallstudien bewertet. Die psychologische Wirklichkeit scheint eher gegenteilig zu sein: Traumen werden nicht vergessen, sie werden bewußt gespeichert. [39]

Das Problemfeld »Erinnerung« – ob oder in welchem Maß sie verläßlich ist – wird zur Zeit neu erforscht. Zum Beispiel hat die Psychologin Elizabeth Loftus von der *University of Washington* dazu plausible Beiträge geliefert. In einer Reihe von Experimenten konnte sie Erinnerungen durch suggestive und falsch gewichtete Fragen radikal ändern. In anderen Experimenten wurden verschiedene kriminelle Situationen zum Ausgangspunkt genommen, und bei späteren Erinnerungen zeigten sich bemerkenswerte Verzerrungen der wirklichen Situationen. Schließlich fragte sich die Psychologin, ob es wohl möglich wäre, Erinnerungen von Begebenheiten auszulösen, die es überhaupt nicht gegeben hat. Beispielhaft ist der Fall des jungen Chris. Die Psychologin erzählte einem Jungen eindringlich eine imaginäre Szene: Vor zehn Jahren sei er von seinen Eltern in einem großen Verkaufszentrum getrennt worden, habe sich verlaufen und sei von einem älteren Mann aufgegriffen worden. Chris – so hieß der Junge – sollte diese Episode in seinem Tagebuch festhalten. Später wurde der Junge über diese Begebenheit wiederholt befragt, und es zeigte sich, daß Chris dieses Ereignis allmählich für wirklich hielt. Er beschrieb den älteren Mann und schmückte die Episode mit Einzelheiten aus, die in der ursprünglichen Geschichte nicht vorgekommen waren. [40]

Solche Erinnerungsexperimente beleuchten den psychischen Hintergrund von Fällen, in denen Therapeuten einen vermeintlichen Kindesmißbrauch aus dem Unterbewußtsein heraufgeholt haben wollen. In einigen Fällen war es möglich, solche Erinnerungen als falsch zu belegen. Zum Beispiel wurde Ruth, eine junge Patientin, die unter Depressionen litt, von ihrer Therapeutin so lange suggestiv befragt, bis sie einräumte, daß die Ursache für ihren Zustand in Kindesmißbrauch liege – und zwar in der Verführung durch den Vater, deren Erinnerung sie bislang verdrängt habe. Beinahe von Anfang an versicherte die Therapeutin, sie habe Verständnis für Ruths Vergessen, denn sie selbst wäre Opfer väterlicher Verführung gewesen und wüßte, wie schwierig es sei, sich solche Traumen einzugestehen. Die mitfühlende Erklärung erzeugte eine Atmosphäre von Vertrautheit und gegenseitigem Mitleid. Daraufhin brach Ruth alle familiären Beziehungen ab und drohte ihrem Vater mit gerichtlicher Verfolgung. Einige Zeit später belegte sie das Fach Psychologie am College und sah sich anschließend gezwungen, ihre sogenannten Erinnerungen zu revidieren. Sie gewann ein objektiveres Verständnis für die psychologische Dynamik und erkannte, daß sie jene Erinnerungen ganz und gar erfunden hatte, allerdings unter der Anleitung und suggestiven Befragung ihrer Therapeutin. Daraufhin leitete sie ein Gerichtsverfahren gegen die Therapeutin und gegen das Institut ein, an dem diese tätig war.[41]

Die Amerikanerin Anne Norris berichtete im April 1995 ein ähnliches Erlebnis. Die junge Frau, die mit Hilfe eines Therapeuten Stück für Stück an Erinnerungen ausgegraben hatte, kam zu der Überzeugung, daß ihr Vater, ihre Mutter und ihre Großeltern sie als Kind mißbraucht hätten. Die ersten Erinnerungen tauchten auf, erklärte sie, als sie in ihren 20er Jahren vergewaltigt worden sei und das Gesicht des Vergewaltigers sich während des Sexualaktes in das ihres Vaters verwandelt habe. Das deutete sie als Beweis dafür, daß ihr Vater sie als Kind mißbraucht habe. Sie konfrontierte ihre Familie mit dieser Behauptung. Ihre entsetzten Eltern verwiesen auf ärztliche Unterlagen aus ihrer Kindheit, die nichts Ungewöhnliches belegten; sie verwiesen auf ihre Schulzeugnisse und die Berichte ihrer Lehrer, die alle auf eine normale Kindheit hindeuteten; tatsächlich hatte sie keinen einzigen Schultag versäumt. Die Symptome eines Mißbrauches, so verteidigten sich die Eltern, hätten aus diesen Unterlagen ersichtlich sein müssen. Auch Annes Geschwister waren verblüfft – sie hatten nie etwas Ungewöhnliches beobachtet.

Annes Therapeut meinte daraufhin: Sie seien alle in »deep denial«, d. h., sie hätten ihr Wissen radikal aus ihrem Bewußtsein verdrängt. Er kenne sich mit solchen Reaktionen aus, denn auch er sei von seinen Eltern als Kind mißbraucht worden. Übrigens spiele es ohnehin keine Rolle, was tatsächlich vorgefallen oder nicht vorgefallen sei; wichtig sei allein die »narrative reality«, die »dargestellte Realität«. Schließlich sei es seine Aufgabe, sich mit der Patientin ausschließlich *innerhalb* dieser subjektiven Realität zu bewegen; die Frage, was die objektive Realität sei, gehe ihn in einem gewissen Sinne gar nichts an.[42]

Wir müssen uns im klaren sein, daß wir es hier mit einer neuen Philosophie von Therapie zu tun haben: 1. Das Ziel ist nicht wie bislang, die Patientin zur tatsächlichen Wirklichkeit zu führen, sondern sie auf eine Reise in eine imaginäre Welt zu begleiten. 2. Allen widersprechenden Zeugen und allen nichtgestehenden Beschuldigten wird »deep denial« vorgeworfen, d. h. die Annahme, ihre Schuldgefühle verdrängten das Wissen über ihre Taten. 3. Dieser Vorwurf ähnelt der inquisitorischen Prozedur, nach der Menschen schuldig gesprochen wurden, ehe Schuld bewiesen worden war. 4. Der Therapeut ermutigt die Patientin, ihre »narrative reality« in empirische Realität umzuwandeln, und er hilft dabei, Familienangehörige anzuzeigen und Schadenersatz in Millionenhöhe zu verlangen. (Das widerspricht übrigens seiner Erklärung, sich ausschließlich mit der »narrative reality«, der »inneren Welt« der Patientin, zu beschäftigen.)

Dieser neuen Therapie-Philosophie begegnet man in den Vereinigten Staaten in wachsendem Maße. Sie ist ein Echo auf die New-Age-Bewegung der sechziger und siebziger Jahre, die solche und ähnliche Pseudowissenschaften kultivierte, Lehren wie »Channeling«, »Past Life Therapy«, »Near-Death Experience« und »Repressed Memory Therapy«.

Kollektive Suggestibilität – eine Feldstudie

Man hat beobachtet, daß im Verlauf menschlicher Interaktion gewisse soziale Qualitäten auftauchen, die eine überwältigende Dominanz über die Persönlichkeit des beteiligten Individuums gewinnen. Moderne Beispiele für kindliche Hysterie, wie man sie bei Teenager-Konzerten sehen kann, enthalten die gleichen Elemente wie das »verhexte« Verhalten von Kindern, die behaupteten, unter einem Fluch zu stehen. In beiden Situationen sind die Kinder buchstäblich verzaubert. Sie spielen Rollen, die durch kollektive Übereinstimmung verstärkt werden, so unausgesprochen und unbewußt diese Übereinstimmung auch sein mag. Dies bedeutet, daß »unter einem Bann stehen« kein Persönlichkeitsmerkmal ist, sondern eine soziale Situation.

Leider sind Manifestationen dieser Art von kollektivem und »ansteckendem« Verhalten wissenschaftlicher Untersuchung schwer zugänglich. Gewöhnlich handelt es sich um »natürliche«, unkontrollierte Vorfälle, die man nicht zur Analyse in ein Labor verlegen kann.

Zu den sehr seltenen Ausnahmen gehört eine Feldstudie, die um 1960 an einer vorwiegend schwarzen Junior High School in Louisiana durchgeführt wurde, wo sich besondere psychosomatische Symptome junger Teenager beobachten und mit medizinischen und psychologischen Methodologien messen ließen.[43] Der Ausbruch einer epidemischen Hysterie erfaßte zahlreiche pubertierende und postpubertäre Mädchen von 13 bis 14 Jahren; die indivuellen Symptome waren Hyperventilation, flatternde Augenlider, Prickeln der Finger, Mundtrockenheit, Schwindel, Zittern und Ohnmachten. Die Anfälle glichen epileptischen Anfällen vom Typ *petit mal* und wurden lokal als »Blackout-Anfälle« bezeichnet. Binnen weniger Wochen verbreitete sich das Verhalten in der Schule wie eine ansteckende Krankheit und erfaßte mindestens 400 Schüler. Das *State Board of Health*, das die Epidemie untersuchte, stand anfangs vor einem Rätsel – eine physische Ursache der »Anfälle« war nicht zu finden, und regionale Zeitungen kommentierten: Geheimnisvolles Leiden trifft schwarze Schüler.

Daß der Zustand ansteckend war, wurde zuerst bemerkt, als ein

Mädchen in der Kirche einen Anfall hatte und eine Altersgenossin, die ihn mitangesehen hatte, ihn am nächsten Tag in der Schule imitierte. Innerhalb von drei Wochen simulierten über 20 Mädchen und ein Junge das Leiden. Bei manchen Gelegenheiten hatten bis zu sieben Mädchen in Anwesenheit der Ermittler gleichzeitig Anfälle. Wahrscheinliche Opfer dieser Anfälle waren diejenigen Schüler, die ein Mädchen mit »Blackout« berührten, stützten oder in die Halle trugen. Dies deutet auf ein Prinzip der Massenhysterie hin: die erhöhte Wahrscheinlichkeit, durch physischen Kontakt oder Nähe zu der betroffenen Person »infiziert« zu werden – eine faszinierende Ähnlichkeit zu den vorher nicht betroffenen Jugendlichen in Salem, die das Leiden bekamen, wenn die verschwörerischen Mädchen sie besuchten.

Ein weiteres Prinzip wurde deutlich: die Rolle des Publikums als Auslöser. »Am zahlreichsten erfolgten die Anfälle an den Tagen, an denen Besucher in der Schule Untersuchungen über den Ausbruch der Hysterie anstellten. Einige der Schüler hatten auch zu Hause, in der Kirche und im Kino Anfälle.«[44] Wieder Parallelen zu zuvor erörterten Fällen von Hysterie.

Inzwischen hatten die Gesundheitsbeamten erkannt, daß sie mit einer Massenhysterie konfrontiert waren, und versuchten nun, Gerüchte über Schwarze Magie zu zerstreuen, die in der Gemeinde zu kursieren begonnen hatten. Man schlug eine wissenschaftlichere Ätiologie vor und konzentrierte sich darauf, gewisse sozial »infektiöse Wirkstoffe« zu identifizieren, welche die Probleme verursachten. In der abschließenden Analyse stellten die Ermittler fest, daß der Ausbruch begonnen hatte, als die Schulbehörden eine beträchtliche sexuelle Promiskuität unter den Schülern entdeckten und Gerüchte umgingen, alle Mädchen würden Schwangerschaftstests unterzogen und diejenigen, die schwanger seien, würden in die nahe gelegene staatliche Besserungsanstalt geschickt. Die Angst vor strafenden Behördenreaktionen auf die Promiskuität der Schüler veranlaßte die Teenager, in akute Angst zu verfallen.

Verhaltenswissenschaftler nutzten die Panik und führten Batterien von medizinischen Tests und psychologischen Messungen durch, sowohl an den betroffenen Schülern als auch an einer Kontrollgruppe (Schülern, die keine Symptome aufwiesen). Zunächst ergaben Intelligenztests einen mittleren IQ von 72,4 bei einer Bandbreite von 55 bis 92 bei der hysterischen Gruppe und einen Mittelwert von 73,4 mit einer Bandbreite von 40 bis 105 bei der Kontrollgruppe – also einen bemerkenswerten Mangel an signifikanten Unterschieden zwischen den Gruppen. Das *Minnesota Multiphasic Personality Inventory* und der Rorschach-Test zeigten, daß die Kontrollgruppe eine etwas geringere emotionale Instabilität aufwies; ein niedriges emotionales Reifeniveau und ein geringes Niveau innerer Affektkontrollfähigkeit waren charakteristisch für beide Gruppen. Elektroenzephalographische Techniken ergaben ungewöhnlich hohe Prozentsätze von Abnormitäten in beiden Gruppen: 53 Prozent bei den hysterischen Schülern und 57 Prozent bei den Kontrollschülern – ein unwesentlicher Unterschied.

Kurz gesagt, keiner der Tests erwies irgendwelche signifikanten Unterschiede angeborener Fähigkeiten oder Zustände, die erklärt hätten, warum einige Schüler hysterisch wurden. Doch als ein Psychiater jeden Schüler, der »Blackouts« hatte, sowie jedes Mitglied der Kontrollgruppe einzeln interviewte, begannen gewisse klinische Unterschiede aufzutauchen: 1. Die betroffenen Schüler waren wesentlich stärker an sexuellen Angelegenheiten interessiert; sie sprachen mehr über Sex und verhielten sich verführerischer als die Kontrollschüler. 2. Sie waren sozial viel stärker in »die Szene« eingebunden, hatten häufiger Rendezvous und mehr Interaktionen mit Gleichaltrigen. 3. Sie zeigten größere Wertschätzung für die Aufmerksamkeit, die der Sache gewidmet wurde, und genossen es, über ihr Leiden zu reden. Die Kontrollschüler dagegen zeigten wenig Interesse, über das Thema oder ihre persönliche Gesundheit im allgemeinen zu sprechen. 4. Die betroffenen Schüler hatten ein viel reicheres Phantasieleben und teilten aufregendere Pläne für die Zukunft mit. Sie waren dramatischer, expressiver und konnten sich leichter mitteilen. Der Psychiater stellte fest, daß er mit der Gruppe der Betroffenen leichter eine Beziehung herstellen konnte. [45]

Insgesamt wurzelte die Ätiologie der Epidemie in einer Reihe von Faktoren: 1. Schuldgefühle wegen Fehlverhaltens; 2. Angst vor der

Mißbilligung der Gesellschaft; 3. starke Suggestibilität gewisser Individuen und 4. Entwicklung einer Krankheit als Mittel, Konflikte zwischen Autorität und persönlichem Impuls zu bewältigen. Die Feldstudie betont die machtvolle Rolle von Schuldgefühlen und der Art, wie Individuen diese zu bewältigen versuchen. Es gibt vielfältige Arten, Emotionen in den Griff zu bekommen, die an unserem Selbstwertgefühl nagen. Die Teenager wählten eine davon, indem sie sozusagen eine höhere Macht anriefen, die herabsteigen und eingreifen sollte, ehe die tatsächlichen Autoritäten sie erreichen konnten. Die Anfälle von »Blackout« dienten als selbstauferlegte Bestrafung und gleichzeitig als Schutz vor Bestrafung durch Autoritäten.

Ein anderer Mechanismus, der Schuld reduziert, besteht darin, diejenigen zu bestrafen, welche die Quelle der Schuldgefühle repräsentieren. Dies scheint das unbewußte Leitprinzip der Salemer Mädchen gewesen zu sein, die sich gegen puritanische Einschränkungen auflehnten, darüber Schuldgefühle empfanden und die gesamte Gemeinde – das repressive Establishment – dafür bestraften. Das soll nicht heißen, daß dies die ganze Geschichte der Motivation und des Verhaltens der Mädchen von Salem gewesen wäre. Zusätzliche Elemente spielten eine wichtige Rolle. Doch die Bewältigung von Schuld – oder vielmehr deren Nichtbewältigung – ist eine der bemerkenswerten Dimensionen.

Politischer und religiöser Nutzen

Daß keine Gesellschaft – geschweige denn eine totalitäre – ohne effektive Ausnutzung der Suggestibilität von Massen bestehen kann, steht außer Frage und ist hier nicht weiter zu untersuchen. Hinzugefügt sei, daß Kinder von solcher Manipulierbarkeit keineswegs verschont sind. Kinder sind nicht immer Störenfriede der bestehenden Ordnung, sondern, unter anderem, auch ideale Werkzeuge, die dazu benutzt werden können, politische oder religiöse Auffassungen durchzusetzen und die dazu notwendigen Sanktionen zu ermöglichen. Die Rolle von Kindern in totalitären Gesellschaften wie

Nazi-Deutschland, der Deutschen Demokratischen Republik, der Sowjetunion oder China und ihr einflußreicher Status als Hitlerjugend, Freie Deutsche Jugend, Komsomol oder Rote Wache sind wohlbekannte Beispiele des 20. Jahrhunderts.

Aber diese nutzbare Suggestibilität der Kinder ist nicht neu. Ein aufschlußreiches Beispiel aus dem ausgehenden Mittelalter enthält so ziemlich alle Elemente und läßt die allfällige Dienstbarkeit von Kindern in den Händen manipulierender Persönlichkeiten erkennen. Da ist die Geschichte des Reformers Girolamo Savonarola und seiner mitstreitenden Kinderscharen, die für die fanatischen Ideen ihres Gebieters eintraten und bereitwillig als Spitzel und Denunzianten tätig waren. Die Kinder halfen Savonarola in seinem Versuch, das Florenz der 1490er Jahre von »religiösen Unsitten« zu säubern und einer neuen Frömmigkeit Geltung zu verschaffen, und sie schraken nicht davor zurück, alle Formen von Grausamkeit zu verüben.

Helmut Krausser meint treffend: All diese Kinder waren begeisterte und eilfertige Spitzel und Denunzianten. Sie mußten nicht einmal dafür bezahlt werden; sie leisteten polizeiliche Kleinarbeit und zwangen ihre Eltern, nach Savonarolas Vorschriften zu leben. Sie kontrollierten jede Taverne, durchsuchten jeden Keller, krochen in alle Schlupflöcher. Und all das konnten sie ohne Strafe tun, sondern wurden noch dafür gelobt.

»Allein dieses Abenteuerspiels wegen liebten sie Savonarola, nur deswegen liefen sie morgens noch vor ihren Müttern zur Messe, zum Singen und Beten..., bereitwillig unterwarfen sie sich dem Prediger, empfingen seinen Segen samt seinen Direktiven. Und sie konnten grausam sein, die Biester, sehr grausam. Erst neulich, in der Via Martegli, hatten fünf von ihnen einen alten Mann, der sie beschimpfte, mit ihrem Miniaturdolch erstochen. Kinder sind zu Unglaublichem fähig.«[46]

Savonarolas Verwendung von Kindern für seine Sache war eine geniale Idee – aber kaum genialer als die von Hitler, Honecker, Stalin oder Mao Tse-tung. Das Doppelgespann aus Überredungskunst und Abenteuerverschaffen ist ein verführerisches Gefährt, das, einmal in Fahrt gekommen, ein rasendes Tempo entwickeln und die Mitfahrenden zur Ekstase treiben kann. Und für Kinder spielt es kaum eine Rolle, *wer* dieses Gespann antreibt und *wer* ihnen Abenteuer verschafft, solange sie Spaß daran haben. Sie fahren begeistert mit – ob nun Gott oder der Teufel der Kutscher ist. Die kindliche Wandlungsfähigkeit kann Fluch wie Segen bringen.

Epilog
Von Kesseln und Feueröfen

Wenn eine Gemeinschaft im Entsetzen vor Hexen aufschreit, so ergreifen Kinder rasch die Gelegenheit und benutzen Anklagen, um alle möglichen emotionalen Wünsche und Leiden zu transportieren. Zur Fülle der Emotionen und Motive gehören Schuldgefühle, Angst, Rebellion, Rache, Streben nach Status und Lob, Wagemut, die Ekstase der Macht und manchmal reine Bosheit.

Es spielt kaum eine Rolle, ob die Anklage mit Hexerei, Satanismus oder Kinderbelästigung etikettiert ist. Jedes verfügbare Etikett reicht aus, solange es genügend sozialen Eindruck macht, um Erwachsene und Behörden zum Handeln zu bewegen. Die Suggestibilität hat nämlich zwei Seiten: Kinder manipulieren Erwachsene ebenso wie umgekehrt. Und gewöhnlich ist sich keine der beiden Seiten dessen bewußt. Die wahre Kunst des Beratens oder Richtens besteht darin, klarzustellen, wer wen manipuliert und was die Wahrheit ist.

Die Bestandteile des Szenarios des Hexenwahns sind schwer auseinanderzusortieren; sie bilden ein Gebräu aus verschiedenen Emotionen, die zusammen eine emotionale Brühe ergeben, die dem brodelnden Kessel der legendären Hexen nicht unähnlich ist. Läßt man die Zutaten lange genug fermentieren, so ist die passende Metapher, um die Auswirkungen auf die Gemeinschaft zu beschreiben, der Feuerofen, in dem menschliche Ignoranz und Irrationalität unschuldige Menschen zerstören, die als Verschwörer und Übeltäter gebrandmarkt werden. Die Verflechtungen zwischen der Irrationalität und einer Gemeinschaft, die als Feuerofen tätig wird, sind höchst empfindlich, und die vorliegende Arbeit weist auf zwei historische Umgebungen hin, die frühmoderne Periode und die heutige westliche Zivilisation, um zu zeigen, wie der Auslöser eine von Angst und Verfolgungsmentalität geprägte Bühne schuf.

Die Parallelen zwischen den beiden Umgebungen sind bemerkenswert. Wenn Kinder heute über satanische Rituale sprechen, dann genießen sie fast ebensoviel Glaubwürdigkeit wie während der klassischen Ära der Hexenjagd. Damals wie heute gibt es Bücher und Nachschlagewerke, die eine angebliche Verschwörung darlegen und raten, wie sie zu beseitigen sei. Langwierige Kriminalprozesse zerstören Leben und Lebendigkeit von Personen, die wegen Mangels an Beweisen schließlich freigelassen werden.

Bei der Mehrzahl der Anklagen ist die ideenmäßige Begründung identisch mit der traditionellen christlichen Theologie: Die Annahmen der Existenz eines personifizierten Teufels, von Dämonen und gefallenen Engeln sowie menschlicher Kollaborateure sind logische Möglichkeiten. Es spielt kaum eine Rolle, ob wir sie Hexen, Satanisten oder Kinderschänder nennen – jedes Etikett wird den Zorn jener erregen, die für den Feuerofen zuständig sind.

Obwohl die christliche Theologie beim Feuerofen der Gesellschaft noch immer eine schwerwiegende Rolle spielt, ist die tatsächliche juristische Macht der Kirche gebrochen. Inquisitoren und Exorzisten können Häretiker nicht länger dem Gefängniswärter oder Henker überantworten. Ihre Macht, zu exkommunizieren, zu verbannen und zu verdammen, ist auf innerkirchliche Bereiche beschränkt.

Diese Beschränkungen sind die Folgen der Trennung von Staat und Kirche – keine geringe Leistung, wenn wir bedenken, daß das christliche Europa noch im 18. Jahrhundert Hexen hinrichtete. Zu verdanken ist diese Leistung dem Aufstieg des humanistischen Geistes, der das Zwangsmonopol des Christentums in Zweifel zog und der Anschwärzung der Menschheit als von Geburt aus sündig und durch eine von Dämonen und Teufeln wimmelnde Unterwelt bedroht entgegenwirkte.

Glossar

Abgrenzung
Von ähnlicher Bedeutung wie Grenzerhaltung; gewöhnlich jedoch auf individueller Ebene verwendet (besonders von Gestaltpsychologen), wobei das Gehirn Erfahrungen in sinnvolle Strukturen integriert. Eine Art unbewußter »Fehler«neigung des Gehirns.

Corporum mutatio in bestias
Der Glaube, durch Schwarze Magie könne ein Mensch sich in ein Tier verwandeln. Auch Metamorphose genannt. Die klassische Version war der Werwolf.

Crimen exceptum
Der rechtliche Status der den Hexen zugeschriebenen Verbrechen war außergewöhnlich und ließ Verfahrensweisen zu, die gewöhnlich bei anderen oder »normalen« Verbrechen nicht angewandt wurden. Die Verbrechen von Hexen wurden sowohl als weltliche wie auch als kirchliche Verbrechen behandelt, da man annahm, sie seien ebenso gegen Menschen gerichtet wie gegen Gott.

Cuius regio, eius religio
Die nach der Reformation entwickelte Regel, nach der Bürger und Untertanen die Religion ihrer Herrscher annehmen mußten.

Dämonologie
Die Gesamtheit von Annahmen und Beschreibungen, die sich mit bösen Geistern, Dämonen und dem Teufel befassen. Ein Dämonologe war (und ist noch immer) ein Spezialist, der diese Annahmen darlegt und häufig sehr detailliert darüber predigt und schreibt. Ein Exorzist, von der katholischen Kirche noch immer anerkannt, ist ein

praktizierender Dämonologe, manchmal offiziell von Bischöfen autorisiert, den Teufel auszutreiben. Viele sogenannte gelehrte Doktoren der Kirche (wie Thomas von Aquin, Hieronymus, Augustinus und viele andere) waren Pioniere bei der Errichtung komplexer dämonologischer Paradigmen und rieten zur Verfolgung von Hexen.

Dämonopathie
Verhalten, das als Manifestation dafür gedeutet wird, daß eine Person unter Teufelsbesessenheit leidet oder von Dämonen oder dem Teufel angegriffen wird. Synonym für Dämonomanie.

Gestalt
Psychische Struktur; das Resultat der Abgrenzung; mit Prägnanzdimensionen als wesentlichen Stützstrukturen.

Gnadenzettel
Ein besonderer Gnadenerlaß, ausgegeben von den Behörden, gewöhnlich dem Fürstbischof, der dem Verurteilten Strangulation oder Enthauptung vor dem Verbrennen gewährte.

Grenzerhaltung
Das soziologische Prinzip, das annimmt, soziale (einschließlich religiöser) Integration werde erreicht, indem Normen für das gesetzt werden, was als akzeptables Verhalten von Mitgliedern der Gesellschaft gilt.

Häresie
Eine religiöse Orientierung, die vom »wahren Glauben«, nämlich dem der kirchlichen Autoritäten, abwich. Daß die Hexen dem Teufel dienstbar waren, galt als übelste Häresie, denn man nahm an, daß Hexen das Werk des Teufels unmittelbar und wissentlich förderten.

Häretiker
Eine Person, die eine vom »wahren Glauben« abweichende religiöse Orientierung predigte, praktizierte oder sonstwie förderte. Solche

Personen wurden streng verfolgt, manchmal massenhaft, wie im Falle der Waldenser oder der Templer. Hexen galten als die schlimmsten aller Häretiker, weil sie dem Teufel willentlich dienten.

Heterodox
Abweichung vom Orthodoxen, also dem »wahren« religiösen Glauben; manchmal synonym für häretisch benutzt, doch oft auf andere etablierte Denominationen bezogen, die nicht als Häresien verfolgt werden konnten.

Hexenbischof
Der Beiname des Fürstbischofs Johann Georg II., der von 1623 bis 1633 in Bamberg regierte; er war ein notorischer Hexenjäger und errichtete besondere Hexengefängnisse mit Folterkammern; verantwortlich für die Hinrichtung von mehr als 600 Hexen.

Hexensabbat
Die angebliche Versammlung der Hexen, um unter der Leitung des Teufels zu feiern, Unzucht zu treiben und zu tanzen. Autoritäten wie gewöhnliches Volk glaubten, der Hexensabbat werde an versteckten Orten wie dem berüchtigten Blocksberg oder, näher an Bamberg, im dunklen Hauptmoorwald abgehalten. Angeblich flogen die Hexen auf Besenstielen oder Mistgabeln zu diesen Orten. Synonym für Hexentanz.

Hilfsgeist
Ein Dämon in Gestalt eines Tieres, gewöhnlich eines Haustieres wie Hund oder Katze oder eines Nutztieres. Man nahm an, daß Hexen ihre Gesellschaft suchten. Schwarze Katzen hatten einen besonders schlechten Ruf und wurden in manchen Fällen ebenso wie die Hexen getötet.

Indicia
Die scheinbaren Beweise für Verbrechen der Hexerei (oder irgendwelche anderen Verbrechen), die häufig Denunziationen, Verleumdungen und theologische Interpretationen einschlossen.

Inquisition
Organisation, die zur Bekämpfung von Häresie und Hexerei eingerichtet wurde; vom Papst um 1233 eingesetzt; sie besaß regionale
Büros; 1512 wurde der Name in Kongregation des Heiligen Stuhls
umgewandelt.

Kanonisches Recht
Die Gesamtheit der Kirchengesetze, basierend auf theologischen
Annahmen; synonym zu *canon episcopi*. Im Falle eines Fürstbistums
verschmolzen die Kirchengesetze mit den weltlichen Gesetzen und
hoben die Unterscheidung zwischen Kirche und Staat weitgehend
auf.

Lykantrophie
Die angebliche Verwandlung einer Person in einen Wolf; synonym
für das Werwolfphänomen; ein Beispiel für *corporum mutatio in bestias*.

Maleficia
Verbrechen, die der Hexe zugeschrieben wurden. Charakteristisch
waren die Methode der Schwarzen Magie, der Verschwörung mit
dem Teufel und die zweckfreie oder rein boshafte Natur (die nur
Schaden anrichten sollte) der Handlung.

Malefiz-Kommission
Eine Kommission des Herrschers, bestehend aus Anwälten, die Rat
in juristischen Angelegenheiten gaben. Die Mitglieder waren persönlich an der Verfolgung und dem Verhörprozeß beteiligt. Sie
übten die juristischen Verantwortlichkeiten der Inquisition aus und
erließen Urteile.

Malefiz-Personen
Personen, die beschuldigt wurden, zerstörerische oder mörderische
Handlungen mittels Schwarzer Magie begangen zu haben; synonym
für Hexen.

Malleus maleficarum
Lateinisch für »Hexenhammer«, ein Buch von zwei deutschen Priestern, Heinrich Kramer und Jakob Sprenger, veröffentlicht 1484. Es
war eines von vielen dämonologischen Werken der damaligen Zeit,
wurde aber am bekanntesten und erhielt den Status eines Hand-
buchs der Inquisition, das die Vorgehensweise für Verfolgung, Verurteilung und Hinrichtung von Hexen beschrieb.

Marginalität / Randgruppen
Kategorien oder Segmente der Bevölkerung außerhalb des Haupt-
stroms der Gesellschaft, stigmatisiert durch unerwünschten Charakter. Beispiele sind Jugendbanden, Bettler, Vagabunden, religiöse
Fanatiker, Obdachlose. Die Betonung liegt stärker auf dem Mangel
an sozialer Anpassung als auf Kriminalität.

Mythomanie
Eine zwanghafte Gewohnheit, phantastische Geschichten zu erfinden. Gilt bei Erwachsenen als Psychopathologie, bei Kindern jedoch
gewöhnlich nicht. Nicht gleichzusetzen mit Halluzinationen. Zu
verstehen als spezifische Fertigkeit von Kindern, die benutzt wird,
um persönlichen Profit zu erzielen.

Nachtflug
Die Annahme, daß Hexen auf verschiedenen Gegenständen durch
die Luft fliegen konnten, hauptsächlich auf Besenstielen, Mistgabeln, Rechen oder manchmal auch Tieren.

Orthodox
Bezieht sich auf die »wahre« religiöse Orientierung; das Gegenteil
von heterodox oder häretisch.

Osculum infame
Eine Hexe, die ihre Anbetung ihres Herrn, des Teufels, dadurch de-
monstriert, daß sie ihm das Gesäß küßt. Angeblich eines der Rituale,
die beim Hexensabbat vollzogen wurden.

Pseudologia phantastica
Eine Psychopathologie, deren Symptom zwanghaftes Erfinden von Geschichten ist. Synonym für Mythomanie.

Ratifizierung
Die endgültige Unterschrift (oder sonstige Bestätigung) eines Geständnisses als wahr. Diese hatte eigentlich (dem Gesetz nach) freiwillig und ohne den Zwang der Folter zu erfolgen. Die Unterzeichnung signalisierte das Ende der Untersuchung; danach konnte das Urteil verkündet werden.

Strappado
Eine Foltermethode, bei der der Delinquent an hinter dem Rücken gefesselten Händen aufgehängt wurde, wodurch die Schultergelenke heraussprangen. Außerdem wurden ihm häufig schwere Gewichte an die Füße gebunden.

Territio
Die erste Reaktion des Inquisitors, wenn sich eine angeklagte Person zu Beginn der Verhöre widerstrebend zeigte; sie bestand darin, die verschiedenen Folterwerkzeuge vorzuführen und ihren Gebrauch zu erklären.

Trudenzeitung
Ein 1627 vom Fürstbischof Johann Georg II., dem Hexenbischof, veröffentliches Flugblatt, das vor den Übeln der Hexerei warnte. Die Veröffentlichung wurde im benachbarten protestantischen Nürnberg verboten, um eine Ausbreitung der Hexenpanik zu verhindern.

Vermutungsbeweis
Eine juristische Praxis, die Vermutungen und Spekulationen als »Beweise« in Hexenprozessen zuließ. Das Oxymoron wurde von dem sächsischen Juristen und Hexenjäger Benedict Carpsov geprägt.

Werwolf
Die Mythologie einer in einen Wolf verwandelten Person. Manch-

mal mit dem Glauben assoziiert, daß Hexen sich in Wölfe oder andere Tiere verwandeln könnten. Es gab Fälle, in denen die Inquisition Personen auf der Grundlage dieser Anschuldigung auf dem Scheiterhaufen verbrannte. Eine Form von *corporum mutatio in bestias*. Synonym für Lykanthropie.

Wotan

Die wichtigste Gottesgestalt im Pantheon der alten Germanen vor der Christianisierung.

Hexenszene. Holzschnitt aus: Johann Geiler von Kaisersberg,
Die Emeis, o. O., 1516.

Vorbereitung zum Hexensabbat.
Ausschnitt aus einem Holzschnitt von Hans Baldung Grien, 1508.

Anmerkungen

Einführung

1 Beachten Sie die neuen Gefahren durch neue »Autoritäten«: Man hat festge-stellt, daß Therapeuten und Berater versuchten, Patienten zu helfen, sich an vergangene Traumata zu »erinnern«, dabei aber nicht erkannten, daß viele der Details Illusionen und Erfindungen waren, teilweise hervorgerufen durch die suggestiven Fragen des Therapeuten oder Beraters. Siehe Martin Gardner, »The False Memory Syndrome«, *Skeptical Inquirer*, XVII (Sommer 1993), S. 370–375.

2 Zu den wenigen gehören Hartwig Weber, *Kinderhexenprozesse*, Frankfurt a. M. 1991; Wolfgang Behringer, »Kinderhexenprozesse«, *Zeitschrift für historische Forschung*, XVI (1989), S. 31–47; Ingo Koppenberg, »Die soziale Funktion städtischer Hexenprozesse«, in G. Wilbertz u. a. (Hg.), *Hexenver-folgung und Regionalgeschichte*, Bielefeld 1994, S. 184–198, und Rainer Walz, »Kinder in Hexenprozessen«, in G. Wilbertz u. a. (Hg.), *Hexenverfol-gung und Regionalgeschichte*, Bielefeld 1994, S. 211–223.

3 Die Wahl des Hexenknaben als Beispiel war nicht nur durch dessen auf-schlußreichen Charakter bestimmt, sondern auch durch einen technischen Umstand: Der Schauplatz war Franken, und die Sprache des Gerichtsschrei-bers, der das Geständnis niederschrieb, umfaßt Dialektausdrücke, die der Autor verstehen kann, weil er in der Nähe des historischen Schauplatzes aufgewachsen ist. Das Archivmaterial als solches wurde in der Abteilung für Seltene Bücher und Manuskripte der Cornell University entdeckt.

4 »Schuldig auf Verdacht«, *Der Spiegel*, XXXXVII (19. April 1993), S. 111–121.

5 Vgl. Crewdson, John, *By Silence Betrayed. Sexual Abuse of Children in Ame-rica*, Boston, Little, Brown & Co., 1988, S. 170.

6 Siehe die generalisierte Anwendung des Konzepts der Hexenjagd in der mo-dernen Gesellschaft, darunter die Rote Gefahr, die McCarthy-Ära, die Große Säuberung und den Holocaust in Jan Oplinger, *The Politics of Demono-logy*, London, Associated University Presses, 1990. Eine interessante und ge-wagte Ergänzung zu den Kategorien der Opfer moderner Hexenjagden wurde von der Autorin Katharina Rutschky insinuiert. Sie glaubt, daß die Darstellung einer Epidemie der Kindesmißbrauch-Anklagen in Wahrheit nichts anderes sei als eine Erfindung des aggressiven Feminismus, der versu-che, Männer, insbesondere Väter, zu dämonisieren und als sexuelle Miß-braucher hinzustellen. Ihr Buch *Erregte Aufklärung* erschien 1992 im Klein-Verlag, Hamburg.

7 Nancy Gibbs, »Angels among us«, *Time*, 27. Dezember 1993, S. 61.
8 Siehe Forschungsberichte: James T. Richardson et al. (Hg.), *The Satanism Scare*, Hawthorne, N.Y., Aldine de Gruyter, 1991; Jeffrey S. Victor, »A Rumor-Panic About a Dangerous Satanic Cult in Western New York«, *New York Folklore*, XV (1989), S. 23–49, und »Satanic Cult Rumors as Contemporary Legend«, *Western Folklore*, XXXXVIII (Januar 1990), S. 51–81, und »The Spread of Satanic-Cult Rumors«, *Skeptical Inquirer*, XIV (Frühjahr 1990), S. 287–291.
9 Robert D. Hicks, »Police Pursuit of Satanic Crimes«, *Skeptical Inquirer*, XV (Frühjahr 1990), S. 276.
10 Jeffrey S. Victor, »Satanic Cult ›Survivor‹ Stories«, *Skeptical Inquirer*, XV (Frühjahr 1990), S. 278, und Satanic Panic: *The Creation of a Contemporary Legend*, Peru, Illinois, Open Court, 1993.
11 Ibid., S. 279.
12 James T. Richardson, »Deconstructing the Satanism Scare: Understanding an International Social Problem«, Forschungspapier, vorgetragen beim jährlichen Treffen der *Association for the Sociology of Religion*, Los Angeles, 1994, S. 19.
13 George H. Gallup, Jr., und Frank Newport, »Belief in Paranormal Phenomena among Adult Americans«, *Skeptical Inquirer*, XV (Winter 1991), 137–146; dazu eine Zahl aus *The Gallup Youth Survey*, Princeton, NJ, 1988.
14 Lawrence Wright, »Remember Satan«, *The New Yorker*, Teil I (17. Mai 1993), S. 60–81; Teil II (24. Mai 1993), S. 54–76.
15 Paul Eberle und Shirley Eberle, *The Abuse of Innocence: The McMartin Preschool Trial*, Buffalo, NY, Prometheus Books, 1993.

1. Wie ein Drama entstand

1 Leser, die die historische Entwicklung und die Fluktuationen des Teufelsbegriffs erforschen möchten, finden nützliches Material in Jeffrey B. Russells Werken: *The Devil: Perceptions of Evil from Antiquity to Primitive Christianity*, 1977; *Satan: The Early Christian Tradition*, 1981; *Lucifer: The Devil in the Middle Ages*, 1984; und *Mephistopheles: The Devil in the Modern World*, 1986; Ithaca, Cornell University Press. Oder: Alfonso di Nola, *Il diavolo. Le forme, la storia, le vicende di Satana*, Rom, Newton Compton, 1987.
2 Giovanni Levi, *Inheriting Power. The Story of an Exorcist*, Chicago, Chicago University Press, 1988, S. 4.
3 Johann Looshorn, *Das Bisthum Bamberg von 1623 – 1729*, Bd. VI, Bamberg, Handels-Druckerei, 1906, S. 98.
4 Die orthodoxe Kirche von Ost- und Südosteuropa war eine Ausnahme, da es dort fast keine Hexenverfolgung gab – die Gründe sind vielen Historikern noch immer ein Rätsel.
5 Das Standardgeschichtsbuch, das in deutschen katholischen Seminaren benutzt wird, ist Johannes Janssen und Ludwig Pastor, *Geschichte des deutschen*

Volkes, 8 Bde., Freiburg, Herder, 1890. (1924 hatte es 15 unveränderte Auf-
lagen erlebt.) Die Autoren schieben die Schuld für die Exzesse der Hexenjagd auf Luther und seine Störung des theologischen Friedens. Siehe Bd. 8,
S. 378 ff.

6 Dieses Handbuch der Hexenjäger wurde von zwei deutschen Priestern geschrieben, Heinrich Institutoris und Jakob Sprenger, und erlebte viele Aufla-
gen. Es wurde das populärste und angesehenste Werk der Dämonologie. Es
strotzt von Argwohn, wenn nicht Haß, gegen Frauen und jede Form der
Sexualität. Es droht sogar Personen, die nicht an die Existenz der teuflischen
Hexenverschwörung glauben, sie seien *ipso facto* der Häresie schuldig. Er-
staunlicherweise hat die Kirche das Buch nie widerrufen, es nicht einmal
kritisiert. Tatsächlich enthält eine seiner jüngeren Ausgaben, aus dem Lateinischen neu übersetzt und mit verschiedenen literarischen Referenzen versehen von Montague Summers, einem katholischen Priester, ein Vorwort, in
dem der Geistliche dem Leser versichert, dies sei eines der nobelsten, erhe-
bendsten und aufrüttelndsten Bücher des Christentums, und es würde sich
für jeden guten Christen ziemen, täglich darin zu lesen. Siehe: Montague
Summers, Übersetzer und Herausgeber, *Malleus maleficarum*, New York,
Dover, 1971 (Vorwort von 1946), S. IX–X.

7 Paul Kurtz, »The New Skepticism«, *Skeptical Inquirer*, XVIII (Winter 1994),
S. 141.

8 Ibid., S. 72.

9 H.C. Erik Midelfort, *Witch Hunting in Southwestern Germany 1562–1684*,
Stanford, Stanford University Press, 1972, S. 137.

10 Besondere Gefängnisse mit Folterkammern wurden z. B. von Fürstbischof
Johann Georg II, 1623–1633, erbaut. Die meiste Zeit waren sie voll belegt,
und die über 600 Personen, die durch den Bischof zur Hinrichtung verurteilt
wurden, verbrachten verzweifelte Tage darin.

11 John Tedeschi, »Preliminary Observations on Writing a History of the Roman Inquisition«, in F. F. Church und T. George (Hg.), *Continuity and Discontinuity in Church History*, Leiden, Brill, 1979, S. 232–249.

12 In der Tradition der fränkischen Hexenvorstellung und der deutschen im
allgemeinen wurde selten vom Hexen*sabbat* gesprochen, sondern gewöhnlich vom Hexen*tanz*, was sie von der Nomenklatur anderer Regionen unterscheidet, beispielsweise Spanien. Ich benutze beide Ausdrücke synonym.

13 Das vielleicht phantasmagorischste Buch, das je über die Natur des Hexensabbats geschrieben wurde, war Henri Boguets *Discours des Sorciers* (1602).
Der Autor war Inquisitor im schweizerisch-französischen Jura und wertete
mit größter Leichtgläubigkeit die »Geständnisse« der Angeklagten und Ge-
folterten aus, wobei er sich ausführlich über pornographische Aspekte der
Hexenfeste verbreitete. Dämonologische Werke mit ähnlichen Details und
von ähnlicher Leichtgläubigkeit ließen sich zu einer langen Liste von Trakta-
ten zusammenstellen, welche die Phantasie der Inquisitoren belegen, was die
Hexen ihrer Meinung nach taten, wenn sie zusammenkamen.

14 Siehe Beispiel aufgrund von Dokumenten aus Bamberger Archiven: Hans Sebald, »Witches' Confessions: Stereotypical Structure and Local Color«, *Southern Humanities Review*, XXIV (Herbst 1990), S. 301–319.

15 Mehrere solcher Originalbriefe aus den Jahren um 1620 und unterzeichnet von Kaiser Ferdinand persönlich befinden sich in der Abteilung für seltene Bücher der Cornell University Library: *Witchcraft Documents from Bamberg*, Mss. Bd. Wft., BF H63++.

16 Siehe Beispiel: Hans Sebald, *Witchcraft – The Heritage of a Heresy*, New York, Elevier North Holland, 1978, passim; E. William Monter, *European Witchcraft*, New York, Wiley, 1969, und *Witchcraft in France and Switzerland: The Borderlands during the Reformation*, Ithaca, Cornell University Press, 1976, passim.

17 So hielt es beispielsweise im November 1628 Fürstbischof Johann Georg II. für nötig, einen Brief an den Kaiser zu schreiben, in dem er die Unschuld des Dechanten der Kathedrale und seines Suffraganbischofs verteidigte, die beide wegen Hexerei denunziert worden waren. Siehe Looshorn, VI, S. 49. Siehe auch den Bericht über einen Verwandten des Fürstbischofs von Würzburg sowie die Nennung des Fürstbischofs selbst als Mitglieder der Hexenverschwörung in W. G. Soldan und H. Heppe, *Geschichte der Hexenprozesse*, Kettwig, Magnus-Verlag, 1986 (original 1880), Band II, S. 52–54. Beachten Sie eine leicht unterschiedliche Interpretation der Episode durch Friedrich Merzbacher, *Die Hexenprozesse in Franken*, München, Beck, 1970, S. 46. Siehe auch Midelfort, passim.

18 Zu ihnen gehörte der Jesuit Friedrich von Spee, der zahlreichen verurteilten Hexen als Beichtvater gedient hatte und sie alle für unschuldig hielt. Er schrieb seine Beobachtungen heimlich nieder: *Cautio criminalis*, Frankfurt a. M. 1632.

19 Johannes Weyer, *De praestigiis daemonum*, Basel, 1563. Es stellt sich die Frage, warum das medizinische Establishment des frühmodernen Europa es versäumte, der Hexenverfolgung Einhalt zu gebieten. Es ist gesagt worden, die Ärzte hätten die Verfolgung befürwortet, statt sich ihr zu widersetzen. Siehe die Argumente von Leland L. Estes, »The Medical Origin of the European Witch Craze: A Hypothesis«, *Journal of Social History* 17 (1983): 271–284. Eine umfassendere Arbeit, die versucht, die Unfähigkeit der medizinischen Wissenschaft zu erklären, die Verfolgung zu beenden, stammt von Hans Sebald, »Fire for the Female, Medicine for the Male. Medical Science and Demonology during the Era of the Witch Hunt«, in Rudolf Käser und Vera Pohland (Hg.), *Disease and Medicine in Modern German Culture*, Ithaca, Cornell University Western Societies Program, 1990, S. 13–35.

20 Für eine Einführung in die Geschichte der Hexenverfolgung und eine Untersuchung von Überresten des Hexenglaubens im 20. Jahrhundert, besonders anwendbar auf die fränkische Region, siehe Hans Sebald, *Hexen damals – und heute?*, Bindlach, Gondrom, 1993. Erkenntnisreiche Forschungen in verschiedenen Teilen Europas siehe in E. William Monter, *Witchcraft in France*

and Switzerland: The Borderlands during the Reformation; H.C. Erik Midelfort, Witch Hunting in Southwestern Germany 1562 – 1684; Alan J. D. Macfarlane, Witchcraft in Tudor and Stuart England, New York, Harper, 1970. Außerdem bahnbrechende Klassiker von Joseph Hansen, Quellen und Untersuchungen zur Geschichte des Hexenwahns, Hildesheim, Olms, 1901; Henry C. Lea, A History of the Inquisition of the Middle Ages, London, 1888, und Materials toward a History of Witchcraft, New York, Yoseloff, 1957; und W. G. Soldan und H. Heppe, Geschichte der Hexenprozesse. Letztere Autoren waren frühe Vorkämpfer im Dschungel der Geschichte der Hexenverfolgung und haben ihre Empörung über die Verwicklung der Kirche offen bekundet. Infolgedessen wurde ihre Leidenschaft gelegentlich als »Mangel an Objektivität« bezeichnet und hat ihnen akademische Kritik eingebracht. (Siehe beispielsweise John Tedeschi, »Preliminary Observations on Writing a History of the Roman Inquisition« in F. F. Church und T. George (Hg.), Continuity and Discontinuity in Church History, Leiden, Brill, 1979, S. 232–249.

21 Vgl. Hartwig Weber, Kinderhexenprozesse, Frankfurt a. M., Insel, 1991, S. 123, 143–144. Jean Bodin, im 16. und 17. Jahrhundert eine bekannte Autorität für internationales Recht, hatte für mißgebildete Kinder eine andere Interpretation: Sie waren Gottes Rache an sündigen Eltern. De daemonomania, Straßburg, 1581, S. 62, 64, 160.

22 John Boswell, The Kindness of Strangers, New York, Vintage Books, 1990, S. 379–380.

23 Uta Ranke-Heinemann, Eunuchen für das Himmelreich; Katholische Kirche und Sexualität, Hamburg, Hoffmann und Campe, 1989, S. 249. (Der Autorin wurde vom Vatikan die Lehrerlaubnis entzogen, da sie Fragen nicht nur über die Menschlichkeit der Kirche aufwarf, sondern auch über die Jungfrauengeburt Mariens.)

24 John Tedeschi, S. 238.

25 Brian P. Levack, The Witch Hunt in Early Modern Europe, New York, Longman, 1987, S. 21.

26 Beispiele, in denen Angeklagte nach Foltersitzungen tot in ihren Gefängniszellen gefunden wurden, berichten G. von Lamberg, Criminal-Verfahren vorzüglich im ehemaligen Bisthum Bamberg während der Jahre 1624 bis 1630, Nürnberg, Riegel & Wiessner, 1835, Beilage R, S. 22, und Herbert Pohl, »Hexenglaube und Hexenverfolgung im Kurfürstentum Mainz«, Geschichtliche Landeskunde, XXII (Universität Mainz, 1988), S. 69, 163.

27 Hans Küng, »Kardinal Ratzinger, Papst Wojtyla und die Angst vor der Freiheit«, in Beate Kuckerts (Hg.), Kreuz-Feuer. Die Kritik an der Kirche, München, Wilhelm Heyne, 1991, S. 150.

28 Die ersten Bände sind in Reinbek bei Rowohlt erschienen, 1987.

29 Wolfgang Behringer, Hexenverfolgung in Bayern, München, Oldenbourg, 1987, S. 359.

30 Siehe beispielsweise Wolfgang Behringers Überlegungen in »Kinderhexenprozesse«, Zeitschrift für historische Forschung, XVI (1989), S. 31–47.

31 Ein Elector (Kurfürst) war ein Fürstbischof oder weltlicher Regent, der im Rat des Heiligen Römischen Reiches Deutscher Nation amtierte und berechtigt war, den deutschen Kaiser zu wählen.

32 Emil Zens, *Ein Opfer des Hexenwahns: Dr. Dietrich Flade*, Trier, Spee-Verlag, 1977.

33 Aus einem Straßburger Dokument, zitiert von Wolfgang Behringer, *Hexen und Hexenprozesse*, München, dtv, 1988, S. 204.

34 Sebald, *Witchcraft*, S. 46 f.

35 Behringer, »Kinderhexenprozesse«, S. 39.

36 Einsichtsvolle Erörterungen, wie der Wunsch nach »Abgeschlossenheit« oder Aufrechterhaltung von Grenzen sich während der Reformationszeit äußerte, in Dieter Harmening, *Zauberei im Abendland*, Würzburg, Königshausen & Neumann, 1991, S. 57–59; Hartwig Weber, *Kinderhexenprozesse*, Frankfurt a. M., Insel, 1991, S. 193 ff.

37 Steven Ozment, *When Fathers Ruled – Family Life in Reformation Europe*, Cambridge, MA, Harvard University Press, 1983, S. 135.

38 Hans Sebald, *Adolescence – A Social-Psychological Analysis*, Englewood Cliffs, NJ, Prentice-Hall, 1992, S. 329.

39 Ozment, S. 164.

40 Weber, S. 193–194.

41 Ozment, S. 149.

42 Weber, S. 233, 234 Anm.

43 Ibid., S. 196.

44 Ibid., S. 219 ff.

45 Siehe Sigmund von Riezler, *Geschichte der Hexenprozesse in Bayern*, Aalen, Scientia Verlag, 1968 (Reprint des Originals von 1896), S. 271.

46 Zedler, *Grosses vollständiges Universal-Lexikon*, Leipzig, 1732–1754 (63 Bände), Band 61, S. 97, zitiert von Behringer, »Kinderhexenprozesse«, S. 135.

47 Zedler, Bd. 61 (1749), Col. 97.

48 Behringer, *Hexenverfolgung in Bayern*, S. 175–179.

49 Ibid., S. 44 f.

50 Ibid., S. 136.

2. Variationen eines Grundthemas

1 Siegmund von Riezler, *Geschichte der Hexenprozesse in Bayern*, Aalen, Scientia, 1968, S. 228 f.

2 Wolfgang Behringer, »Kinderhexenprozesse«, *Zeitschrift für historische Forschung*, XVI (1989), S. 38.

3 (Anonymus), *Newer Tractat von der verführten Kinder Zauberey*, Aschaffenburg, Quirin Botzer, 1629.

4 Hartwig Weber, *Kinderhexenprozesse*, Frankfurt a. M., Insel, 1991, S. 244 f.

5 Heide Dienst, »Hexenverfolgung«, in H. Valentinitsch (Hg.), *Hexen und Zauberer*, Graz 1987, S. 268–271.

6 Julio C. Baroja, *The World of Witches*, Chicago, University of Chicago Press, 1965, S. 186.
7 Vgl. Adalbert Mischlewski, »Alltag im Spital zu Beginn des 16. Jahrhunderts«, in A. Kohler u. H. Lutz (Hg.), *Alltag im 16. Jahrhundert*, Wien, Verlag für Geschichte und Politik, 1987, S. 152–173, und Hartwig Weber, *Kinderhexenprozesse*, Frankfurt a. M., Insel, 1991, S. 265, 270, 272.
8 Rossell H. Robbins, *The Encyclopedia of Witchcraft and Demonology*, New York, Crown, 1959, S. 94.
9 Erik H.C. Midelfort, »Witch-Hunting and the Domino Theory«, in James Oberkevich (Hg.), *Religion and the People, 800 to 1700*, Chapel Hill, University of North Carolina Press, 1979, S. 283.
10 W. G. Soldan und H. Heppe, *Geschichte der Hexenprozesse*, Kettwig, Magnus-Verlag, 1986 (eine revidierte Ausgabe der Cotta-Veröffentlichung von 1880), S. 45–51.
11 Ibid., S. 54.
12 H. C. E. Midelfort, *The Witch Hunt in Southwestern Germany 1562–1684*, Stanford, Kalifornien, Stanford University Press, 1972.
13 Felicitas D. Goodman, *Anneliese Michel und ihre Dämonen. Der Fall Klingenberg in wissenschaftlicher Sicht*, Stein am Rhein, Schweiz, 1980. Eine englische Version derselben Arbeit erschien ein Jahr später: *The Exorcism of Anneliese Michel*, Garden City, N.Y. Doubleday, 1980. Unterstützt wird Goodmans Theorie von der »wirklichen Besessenheit« in Georg Siegmund (Hg.), *Von Wemding nach Klingenberg*, Stein am Rhein, Christiana-Verlag, 1985. Letztere Veröffentlichung ist insofern bemerkenswert, als sie als Vorwort eine Feststellung von Joseph Kardinal Ratzinger verwendet, den an Autorität nur der Papst übertrifft und der Vorsitzender der Glaubenskongregation ist, der einstmaligen Heiligen Inquisition. In seinem Vorwort hören wir von höchster Stelle, daß der Teufel ein rätselhaftes, aber reales und personifizierbares Wesen und *nicht* nur eine symbolische Gestalt sei (Hervorhebung von mir, S. 6).
14 Ich beziehe mich bei der Beschreibung von Mora auf Robbins, *The Encyclopedia of Witchcraft and Demonology*, S. 348 ff., sowie auf Brian P. Levack, *The Witch-Hunt in Early Modern Europe*, New York, Longman, 1987, S. 191 f.
15 Ich beziehe mich auf die deutsche Fassung, eine Übersetzung aus dem Lateinischen, von W. G. Soldan und H. Heppe, *Geschichte der Hexenprozesse*, S. 52 ff.

3. Amerikanische Version: der Teufel in Salem

1 Siehe Beschreibungen englischer Hexenprozesse in Alan Macfarlane, *Witchcraft in Tudor and Stuart England*, London, Routledge & Kegan Paul, 1970.
2 Das genaue Jahr ist fraglich. Christina Hole spricht von 1684 (*Witchcraft in England*, Totowa, NJ, Rowman, 1977, S. 18); Rossell H. Robbins von 1685 (*The Encyclopedia of Witchcraft and Demonology*, New York, Crown, 1959,

S. 429); Charles Mackay von 1716 (*Extraordinary Delusions and the Madness of Crowds*, New York, Noonday Press, 1974 [original 1841], S. 521).

3 *USA Today*, 21. September 1992, S. 3A.

4 Das nicht enden wollende Interesse an Salem hat zahllose Forschungsarbeiten hervorgebracht, und zwar vom 19. Jahrhundert an bis heute. Um nur einige wenige zu erwähnen: Charles W. Upshaw, *Salem Witchcraft*, Boston, Wiggins & Lunt, 1867, 2 Bde. (eine geschätzte Pionierarbeit); Marion L. Starkey, *The Devil in Massachusetts*, New York, Time Inc., 1949 und 1963; P. Boyer und S. Nissenbaum, *Salem Possessed: The Social Origins of Witchcraft*, Cambridge, Mass., Harvard University Press, 1974; John Putnam Demos, *Entertaining Satan. Witchcraft and the Culture of Early New England*, New York, Oxford University Press, 1982 (hier handelt es sich allerdings um eine Arbeit über den weiteren Umkreis von Neuengland).

5 Kein anderes Land, in dem es Hexenverfolgungen gegeben hat, begeht die Jahrestage von Prozessen; kein anderes Land hat eine Organisation wie die Daughters of Early American Witches, die unter anderem zu Feiern und Reden anläßlich des 300. Jahrestages der Salemer Hexenprozesse einlud. *Miami Herald*, 15. März 1992.

6 Starkey, op. cit., S. 22.

7 Einige Forscher haben Ergotismus (Vergiftung durch einen halluzinogenen Pilz) als Ursache des bizarren Verhaltens der Mädchen vermutet. Diese Auffassung halten nur wenige Historiker für stichhaltig. Doch wie auch immer, selbst halluzinierende Individuen können sich nur innerhalb der kulturellen Parameter bewegen, die ihnen vertraut sind, in diesem Falle Hexenvorstellungen, denen die Menschen zu jener Zeit allgemein anhingen. Daher hat die Frage, ob es sich um Ergotismus handelt oder nicht, kaum Einfluß auf die Bedeutung des Geschehens in Salem. Vertreter der Ergotismus-Theorie: Linnda R. Caporael, »Ergotism: The Devil loosed in Salem«, *Science* 191 (2. April 1976), S. 21–26; und Mary K. Matossian, »Ergot and the Salem Witchcraft Affair«, *American Scientist* 70 (Juli/August 1982), S. 355 ff.

8 Robbins, op. cit., S. 433.

9 Ibid.

10 Starkey, op. cit., S. 237.

11 Ibid., S. 194.

12 Ibid., S. 190.

13 Ibid., S. 139.

14 Hartwig Weber, *Kinderhexenprozesse*, Frankfurt a. M., Insel, 1991, S. 200 f.

15 Ibid., S. 202 f.

16 Starkey, op. cit., S. 60.

17 Ibid., S. 203.

18 Gustave LeBon, *Psychologie des Foules*, Paris, Olean, 1895. Mackay, *Extraordinary Popular Delusions and the Madness of Crowds*.

4. Englische Versionen

1 Zur Rolle der medizinischen Wissenschaft bei den Hexenverfolgungen und zur Unfähigkeit der Ärzte in der frühen Moderne, »Besessenheit« als geistige oder körperliche Krankheit zu diagnostizieren, siehe: Oskar Diethelm, »The Medical Teaching of Demonology in the 17th and 18th Centuries«, *Journal of the History of the Behavioral Sciences*, VI (Januar 1970), S. 3–15; Garfield Tourney, »The Physician and Witchcraft in Restoration England«, *Medical History*, XVI (April 1972), S. 143–155. Ein Autor geht so weit, kooperierenden Ärzten die Schuld an der Hexenverfolgung zu geben: Leland L. Estes, »The Medical Origins of the European Witch Craze: A Hypothesis«, *Journal of Social History*, XVII (Winter 1983), S. 271–284. Eine andere Diskussion konzentriert sich auf die misogyne Voreingenommenheit sowohl der medizinischen Wissenschaft als auch der christlichen Theologie: Hans Sebald, »Fire for the Female. Medicine for the Male. Medical Science and Demonology during the Witch Persecution«, in Rudolf Käser und Vera Pohland (Hg.), *Disease and Medicine in Modern German Culture*, Ithaca, N.Y., Cornell University Western Societies Program, 1990, S. 13–35.
2 Zitiert nach Christina Hole, *Witchcraft in England*, Totowa, NJ. Rowman, 1977, S. 61.
3 Charles Mackay, *Extraordinary Popular Delusions and the Madness of Crowds*, New York, Noonday Press, 1974, S. 490.
4 Rossell H. Robbins, *The Encyclopedia of Witchcraft and Demonology*, New York, Crown, 1959, S. 527.
5 Ibid., S. 92.
6 Cecil H. Ewen, »A noted Case of Witchcraft at North Moreton, Berks, in the early 17th Century«, *The Berkshire Archeological Journal*, XXXX (1936).
7 Margaret Murray, *The Witch Cult in Western Europe*, Oxford, Oxford University Press, 1921.
8 Hole, *Witchcraft in England*, S. 85 f., 100–106.
9 Ibid., S. 104.
10 Glaube an und Ausübung von Schwarzer Magie als Bestandteile des Familienlebens sind nicht auf frühere Jahrhunderte und historische Annalen beschränkt. Die Forschung hat nachgewiesen, daß noch Mitte des 20. Jahrhunderts in der westlichen Kultur solche Zusammenhänge bestanden. So stellte man beispielsweise fest, daß die Bauernkultur des fränkischen Jura in Mitteldeutschland nicht nur an Hexerei glaubte und zwischen weißen Hexen (Heilerinnen) und schwarzen Hexen unterschied, sondern auch einer Tradition anhing, nach der von bestimmten Familien bekannt war, daß sie Schwarze Magie von einer Generation zur nächsten weitergaben. In früheren Jahrhunderten wären solche Familien Gefahr gelaufen, verfolgt zu werden. Siehe Forschungsdaten in Hans Sebald, *Witchcraft – The Heritage of a Heresy*, New York, Elsevier, 1978; oder *Hexen damals – und heute?* Bindlach, Gondrom, 1993.

11 Robbins, *The Encyclopedia of Witchcraft and Demonology*, op. cit., S. 94.
12 Mackay, *Extraordinary Popular Delusions and the Madness of Crowds*, op. cit., S. 510.
13 Zur Beschreibung von Satan als Katze, wie sie beim Hexenprozeß von Essex eine Rolle spielte, siehe in Hole, *Witchcraft in England*, op. cit., S. 40 ff.

5. Als der Vorhang fiel

1 Wolfgang Behringer, *Hexenverfolgung in Bayern*, München, Oldenbourg, 1987, S. 351.
2 Ibid., S. 179.
3 H. E. Erik Midelfort, *Witch Hunting in Southwestern Germany*, 1562 – 1684, Stanford, Kalifornien, Stanford University Press, 1972, S. 158 – 163.
4 Johann Looshorn, *Die Geschichte des Bisthums Bamberg*, Bamberg, Handels-Druckerei, 1906, Bd. 6, S. 40.
5 Ibid., S. 49.
6 Ibid., S. 65.
7 Midelfort, S. 104 – 105.
8 Behringer, *Hexenverfolgung in Bayern*, S. 347 – 356.
9 Marion Starkey, *The Devil in Massachusetts*, New York, Time Inc., 1963, S. 1 – 2.
10 G. R. Quaife, *Godly Zeal. Furious Rage. The Witch in Early Modern Europe*, New York, St. Martin's Press, 1987, S. 189.
11 Vgl. Hartwig Weber, *Kinderhexenprozesse*, Frankfurt a. M., Insel, 1991, passim.
12 Ibid., S. 188 – 189.
13 Alan J. D. Macfarlane, *Witchcraft in Tudor and Stuart England*, New York, Harper, 1970.

6. Der Schauplatz

1 Siehe die Einschätzungen in Rossell H. Robbins, *Encyclopedia of Witchcraft and Demonology*, New York: Crown, 1959, S. 35 ff.; und Graf von Lamberg, *Criminalverfahren vorzüglich bei Hexenprozessen im ehemaligen Bisthum Bamberg*, Nürnberg: Rieger & Wiessner, 1835, S. 21.
2 Pius Wittmann, »Das Bamberger Trudenhaus«, *Zeitschrift des Münchener Alterthumsvereins*, V (Dezember 1892), S. 21 – 26.
3 Bis 1624 ließ der *Hexenbischof* alle Hexen lebendig verbrennen. Danach war es möglich, einen *Gnadenzettel* zu erhalten, eine besondere Notiz des Bischofs, und enthauptet oder stranguliert zu werden, ehe der Körper verbrannt wurde. Siehe Herbert Pohl, »Hexenglaube und Hexenverfolgung im Kurfürstentum Mainz«, *Geschichtliche Landeskunde*, XXXII (Universität Mainz, 1988), S. 185.
4 Johannes Janssen und Ludwig Pastor, *Geschichte des deutschen Volkes*, Freiburg, Herder, 1924, Bd. 8, S. 289, 432.

5 Johannes Looshorn, *Geschichte des Bisthums Bamberg*, Bamberg, Handels-Druckerei, 1906, Bd. 5, S. 29–32, 91 ff., 163–173, 264 ff.
6 Ibid., S. 91 f.
7 Janssen und Pastor, op. cit., Bd. 5, S. 243 f.; Bd. 8, S. 170.
8 Ibid., Bd. 8, S. 289 Anm. 432.
9 Ibid., Bd. 5, S. 203.
10 Looshorn, op. cit., Bd. 6, S. 402.
11 Siehe: Nürnberger Staatsarchive, S.I.L., 196, '9, S. 2–9.
12 Michael v. Deinlein, »Zur Geschichte des Fürstbischofs Johann Georg II.«, *Bericht des Historischen Vereins Bambergs*, XXXX (1877), S. 1–41.
13 Looshorn, op. cit., Bd. 6, S. 39.
14 Ibid., Bd. 6, S. 36, 40.
15 Die CCC spezifizierte beispielsweise, daß die Folter nur einmal angewandt werden durfte und das anschließende Geständnis oder Nichtgeständnis als entscheidender rechtlicher Hinweis zu gelten hatte. Bamberg verstieß regelmäßig gegen die Regel, indem wiederholte Folterungen als »fortgesetzte« Folter definiert wurden. Solche »Fortsetzungen« bestanden häufig aus zehn oder mehr separaten Sitzungen. Siehe ibid., Bd. 6, S. 37 f.
16 Ibid., Bd. 5, S. 252, 262, 334.
17 Ibid., Bd. 6, S. 73.
18 Ibid., Bd. 6, S. 38, 48, 69, 70, 72, 79.
19 Ibid., Bd. 6. S. 35.
20 *Witchcraft Documents from Bamberg*, Cornell University Library, Rare Books Dpt., Mss. Bd. Wft. BF H63++.
21 Die Einkerkerung (und Hinrichtung) von Kindern war in der Bamberger Geschichte nicht selten. So überschnitt sich beispielsweise die Einkerkerung eines kleinen Mädchens wegen Verdachts der Hexerei zeitlich mit der Episode des Hexenjungen (1628–1629). Quellen lassen erkennen, daß sie 1629 bereits seit zwei Jahren im Gefängnis einsaß und daß ihr Vater, ein Schafhirte, den Bischof wiederholt und erfolglos gebeten hatte, sie freizulassen. Siehe Looshorn, op. cit., Bd. 6, S. 70.
22 Es besteht eine Parallele zwischen dieser Studie und Giovanni Levis Untersuchung des Prozesses gegen den Priester Giovan Battista Chiesa, der 1697 vor die Römische Inquisition gebracht wurde. Levis Studie kann das Leben des Angeklagten vor und nach der gerichtlichen Untersuchung ebenfalls nicht dokumentieren. Ähnlich der beim Hexenjungen angewandten Methode entnimmt Levi der Prozeßmitschrift wichtige Informationen, um zu vermitteln, wie Realität und Alltagsleben damals ausgesehen haben müssen. Siehe Giovanni Levi, *Inheriting Power. The Story of an Exorcist*, Chicago, Chicago University Press, 1988.
23 Looshorn, op. cit., Bd. 6, S. 35.
24 Ibid.
25 Wie schon erwähnt, waren unter den Verurteilten in den Fürstbistümern Bamberg und Würzburg zahlreiche Jungen und Mädchen im Alter zwischen

263

fünf und zwölf Jahren. Siehe insbesonders W. G. Soldan und H. Heppe, *Geschichte der Hexenprozesse*, Kettwig, Magnus Verlag, 1986 (Original 1880), Bd. 2, S. 45–51.

26 Lamberg, op. cit., Anhang, S. 27.

27 Die Behauptung des Jungen bezieht sich zwar auf das vermeintliche Erlebnis eines »Unfalls«. Doch ein Maler gestaltete etwa 1650, eine Generation nach der Erfindung des Hexenjungen, eine auffallend ähnliche Szene. Michael Herrs Gemälde zeigt nicht nur einen Jungen, der auf einer Mistgabel fliegt, sondern daneben noch ein derartiges »Gefährt«, das seinen Piloten verloren hat.

28 Eine Studie mit ähnlicher Zielsetzung und Methodologie – der Gegenüberstellung von Elite- und Volkskultur auf der Grundlage von Dokumenten über Verhör und Geständnis eines Ketzers – ist von Carlo Ginzburg veröffentlicht worden, *The Cheese and the Worms. The Cosmos of a 16th-Century Miller*, New York, Penguin Books, 1982 (original italienisch, 1976). Ginzburgs Arbeit ist jedoch wesentlich umfassender, und er hatte das Glück, sich auf eine größere Vielfalt von Dokumenten stützen zu können. Außerdem ist die Hauptperson, Menocchio, ein sehr viel proteischerer Charakter als der Hexenjunge; seine Häresie war relativ raffiniert, und er schlug eine alternative Kosmogonie vor. Dennoch lassen sich einige Parallelen erkennen. Die auffallendste ist die verbale und imaginative Intensität der Protagonisten, wie man sie in Gerichtsdokumenten selten findet.

7. Das Geständnis

1 Der Junge bezieht sich auf eine der vier Bußzeiten, die im liturgischen Kalender der katholischen Kirche verzeichnet sind. Hier meint er die Woche nach dem dritten Sonntag im September.

2 Der Glaube der Inquisitoren, der Dämon besuche die Hexe, um ihr Schweigen zu befehlen, war nichts Ungewöhnliches. Solche Fälle sind aus vielen Gerichtsbarkeiten berichtet worden. Siehe als bemerkenswertes Beispiel, bei dem eine verhörte Frau die Inquisitoren anflehte, ihren Dämonenliebhaber auszutreiben, damit sie sprechen und gestehen könne: Herbert Pohl, »Hexenglaube und Hexenverfolgung im Kurfürstentum Mainz«, *Geschichtliche Landeskunde*, XXXII (Universität Mainz, 1988), S. 171. Grundsätzlich haben die Befrager nicht nur beobachtet und aufgezeichnet, was der Delinquent während eines Verhörs sagte, sondern auch seine oder ihre Körpersprache, den Tonfall der Stimme, Tränen, Gesten und dergleichen. Dies galt sowohl für die Ankläger als auch für die Denunzierten bei einer Gegenüberstellung. Die Reaktionen der Denunzierten wurden gedeutet und oft als zusätzliche *indicia* verwendet. So wurden Erbleichen, Erröten, Weinen, Rastlosigkeit, Verlegenheit, Wut, Schüchternheit, Geschrei etc. *ad infinitum* zu wichtigen Indikatoren und konnten als Schuldbeweis herangezogen werden. Da es keine objektiven Bewertungsnormen gab, konnten die Befrager die

Deutung entsprechend ihren Voreingenommenheiten vornehmen. Negative Einstellungen zur verhörten Person brachten die Neigung mit sich, *jede* Form der Körpersprache als Bestätigung der Schuld anzusehen. Vgl. Herbert Pohl, »Hexenglaube und Hexenverfolgung im Kurfürstentum Mainz«, *Geschichtliche Landeskunde,* XXXII (Universität Mainz, 1988), S. 168.

3 Der Main ist einer der Hauptflüsse Westdeutschlands; Bamberg liegt an seinem Südufer.

4 Hier schob der Schreiber einen lateinischen Ausdruck ein, der den volkstümlichen Begriff des Jungen, nämlich *Saich,* erklärte – und sozusagen sterilisierte –, und fügte *id est urina* hinzu.

5 Um die Beobachtung des Befragers festzuhalten, benutzte der Schreiber den lateinischen Satz *Narranit cum quadam admiratione.*

6 Dieses Weinmaß bezeichnet eine Menge von 800 oder 1800 Litern, je nach Region.

7 Das *Agnus Dei,* wie der Schreiber es ausdrückte.

8 Der Schreiber benutzte den lateinischen Satz *Incipit flere a nihil ulterius loquitur,* um anzuzeigen, daß der Junge zusammenbrach und zu weinen begann.

9 Der Junge bezieht sich hier auf die sogenannten Hilfsgeister, Dämonen in Gestalt von Haus- oder Nutztieren. Die Inquisitoren nahmen diese Angelegenheit sehr ernst und waren stark daran interessiert, das genaue Aussehen der verräterischen Augen der Hausgeister zu erfahren. Sie baten den Jungen um eine Beschreibung, und pflichtschuldig versuchte der Schreiber, das Aussehen wiederzugeben, indem er die grobe Zeichnung eines starrenden Auges in den Text einfügte.

10 Der Junge versuchte den Inquisitoren die Zeichen zu erklären, indem er ein Kreuz malte, das einem einfachen Additionszeichen glich, gefolgt von der Darstellung einer langen horizontalen Linie, von der eine Reihe kurzer, vertikaler Linien nach unten zeigte, ähnlich wie bei einem Kamm.

8. Leitmotiv und Drehbuch des Dramas

1 Von Spee war der Beichtvater zahlreicher verurteilter Hexen und zeichnete seine Beobachtungen über sie heimlich auf. Sein Buch, *Cautio criminalis* (Frankfurt a. M. 1632), sollte nach seinem Tod veröffentlicht werden, damit er sich nicht die Mißbilligung der Inquisition zuzöge. Er hatte das sichere Gefühl, daß die Verurteilten dessen, was man ihnen vorwarf, völlig unschuldig und Opfer einer Massenhysterie waren.

2 Salazar war ein einflußreicher spanischer Inquisitor, der zu Beginn des 17. Jahrhunderts sorgfältig Geständnisse überprüfte, darunter auch die Selbstanklagen junger Mädchen, und zu dem Schluß gelangte, es fehle ihnen an Glaubwürdigkeit. Siehe die Diskussion in Julio C. Baroja, *The World of Witches,* Chicago: Chicago University Press, 1965, S. 184–187.

3 Der Fall von Andreas Förster, Staatsbibliothek Bamberg, R. B. Msc. 148

(452–454). Vgl. Johann Looshorn, *Die Geschichte des Bisthums Bamberg*, Bamberg, Handels-Druckerei, 1906, Bd. 6, S. 64.

4 Siehe Recherchen auf der Grundlage von Dokumenten aus Bamberger Archiven: Hans Sebald, »Hexengeständnisse: Stereotype Struktur und lokale Farbe«, *Spirita – Zeitschrift für Religionswissenschaft*, IV (Mai 1990), S. 27–38.

5 Wolfgang Behringer, *Die Hexenverfolgung in Bayern*, München, dtv, 1987, S. 352.

6 Der Fall von A. Förster, Staatsbibliothek Bamberg, R. B. Msc. 148, S. 454: »Seie dieses Mädlein Zue ihme in sein Cämmerlein kommen, habe ihm beim schwantzt nackerten genommen, vnnd einander geschmeisselt.« Bei der Übersetzung dieses Satzes traten interessante zufällige Informationen zutage, die zeigen, wie sich die Bedeutung von Worten mit der Zeit verändert. Mir fiel auf, daß der Schreiber eine verblüffende Unterlassung begangen hatte, indem er nicht die Phrase *sit venia verbo* (man verzeihe den Ausdruck) einfügte, nachdem er das Wort *Schwantz* für Penis benutzt hatte. (Gewöhnlich legten die Schreiber einen scheinheiligen Zwang an den Tag, sich für Worte zu entschuldigen, die eine direkte viszerale oder obszöne Nebenbedeutung hatten. Dieses Wort würde in *heutigem* Deutsch als durchaus obszön gelten und niemals in einem offiziellen Transkript benutzt werden, es sei denn bei sofortigem entschuldigendem Hinweis auf die Gossensprache, die der Befragte benutzt hatte, und es würde nur zu Protokollzwecken wiederholt. Die Frage stellte sich also, warum die übliche Abneigung des Schreibers gegen die Sprache der Gosse hier aussetzte, als er den Ausdruck *Schwantz* verwendete. Eine Überprüfung des historischen Hintergrundes des Wortes erklärte die Sache: Zur Zeit des Hexenjungen war der Ausdruck vollkommmen angemessen und keusch, analog dem heutigen sterilen Ausdruck »Glied«. Mit der Zeit jedoch veränderte sich die Bedeutung, und *Schwantz* wurde Gossensprache. Siehe Jakob und Wilhelm Grimm, *Deutsches Wörterbuch*, Leipzig, Hirzel, 1899, Bd. 9, S. 2262.

7 Hier ergibt sich allerdings die Frage, ob der »kleine Freund« ein Dämon sein sollte. Er kann auch als schlichter Freund zu verstehen sein, der zu Hause Schwierigkeiten bekommen würde, wenn Andreas ihn nannte, denn er hatte, wie Andreas es ausdrückte, einen sehr strengen Vater.

8 Der Fall von A. Förster: »Habe ihn Bauma asten gehaissen… seie ein schüssela mit wasser dorten gewesen, Babel habs über ihn abgegossen«, op. cit., S. 456. »Seine Babel habe wüste händt gehabt, wie ein schlothfeger, auch wüste Stocksfüeß undt einen schandtlichten lawsigen Kopf, seie ihr die Nasen abgeschnitten gewest«, op. cit., S. 455.

9 Tanzen als solches hatte im 17. Jahrhundert nicht die sexuelle oder erotische Konnotation, die es später annahm. Es galt eher als Spiel. Siehe Philippe Ariès, *Geschichte der Kindheit*, München 1975.

10 Gewisse Versionen der nächtlich fliegenden Frau gehen dem christlichen Bild der fliegenden Hexe voran. Tatsächlich mögen frühere heidnische Formen die christliche Interpretation fliegender Dämonen inspiriert haben. Das

Bild der Göttin Diana zum Beispiel war eine heidnische Vorstellung, mit der sich die frühe Christianisierung der heidnischen Stämme in Europa auseinanderzusetzen hatte. Das heidnische Bild wurde als böse und diabolisch umgedeutet und war zuletzt eines der Hauptmerkmale der Hexe. Siehe die interessanten Diskussionen zu diesem Thema in Hans Peter Duerr, *Traumzeit – über die Grenze zwischen Wildnis und Zivilisation*, Franfurt: Syndikat, 1978, sowie Margaret A. Murray, *The Witch-Cult in Western Europe*, Oxford: Oxford University Press, 1921, und *The God of the Witches*, London 1933. Murrays Arbeit erfordert jedoch ein *caveat emptor* insofern, als ihre Theorien empirisch nicht hinreichend gestützt und nur von wenigen Historikern akzeptiert werden. Neue Studien haben die Vorstellung des heidnischen Zusammenhangs auf der Basis sorgfältigerer Untersuchung wiederbelebt und mit dem uralten Bild der »wilden Jagd« in Zusammenhang gebracht, mit der Horde durch den Nachthimmmel fliegender Jäger: Carlo Ginzburg, *Storia Notturna. Una Decifrazione del sabba*, Turin, Giulio Einaudi editore, 1989. Hans Sebald konstatierte den anhaltenden Glauben an die nächtlichen Horden, das *Wütenker* (abgeleitet von dem vorchristlichen germanischen Begriff für Wotans Heer), noch in diesem Jahrhundert unter fränkischen Bauern. Siehe *Hexen damals – und heute?* Bindlach, Gondrom, 1993.

11 Nach dem Jahre 1625 wurde die Unmöglichkeit, sich einem Geständnis zu widersetzen, in den deutschen Ländern so weithin bekannt, daß die meisten Verhafteten schon beim ersten Verhör alles zugaben, was die Inquisition hören wollte. Siehe Herbert Pohl, »Hexenglaube und Hexenverfolgung im Kurfürstentum Mainz«, *Geschichtliche Landeskunde*, XXXII (Universität Mainz, 1988), S. 167, 169.

12 Siehe Beispiele für offenkundige psychische Störungen bei gestehenden Hexen in Gregory Zilboorg, *A History of Medical Psychology*, New York: Norton, 1941; Judith S. Neaman, *Suggestions of the Devil. Insanity in the Middle Ages and the 20th Century*, New York: Octagon Books, 1978; Otto Snell, *Hexenprozesse und Geistesstörung*, München: Lehmann, 1891; Hans Sebald, »Fire for the Female, Medicine for the Male. Medical Science and Demonology during the Era of the Witch-Hunt«, in Rudolf Käser und Vera Pohland, *Disease and Medicine in Modern German Culture*, Ithaca, NY, Cornell University Western Societies Program, 1990, S. 13–35.

13 K. Hümmer, *Bamberg im Schwedenkriege*, Bamberg, Buchner Verlag, 1890, S. 12.

14 Ibid.

15 Siehe die klassische Behandlung dieses Themas bei Sir James Frazier, *The New Golden Bough*, New York: New American Library, 1964, S. 62–70.

16 Der Glaube an die magischen Eigenschaften von Kinderleichen war weit verbreitet und ermunterte anscheinend gelegentlich zu Grabräuberei. Siehe die Diskussion in R. Po-Chia Hsia, *The Myth of Ritual Murder. Jews and Magic in Reformation Germany*, New Haven, Yale University Press, 1988.

17 Siehe ethnologische Details in Sebald, *Hexen damals – und heute?*, op. cit.

18 Mikhail Bakhtin, *Rabelais and his World* sowie *The Dialogic Inversion*, Cambrige, Mass., Harvard University Press, 1968.

19 Die Bamberger Behörden umgingen das kaiserliche Verbot »wiederholter« Folter, indem sie diese als »fortgesetzte« Folter bezeichneten. Sie stützten sich dabei auf den *Malleus maleficarum*, der »fortgesetzte« Folter rechtfertigte, wenn in dem Fall neue Beweise gefunden wurden. Was genau natürlich als »neue Beweise« zu gelten hatte, war weitgehend eine Frage der Deutung und ließ den Henkersknechten unzulässig große Freiheit. Vgl. Johannes Janssen und Ludwig Pastor, *Geschichte des deutschen Volkes*, Freiburg, Herder, 1924, Bd. 8, S. 565.

9. Die Persönlichkeit des Jungen

1 Vgl. ähnliche Fälle in: Hartwig Weber, *Kinderhexenprozesse*, Frankfurt a. M.: Insel, 1991, S. 98f.

2 Das Thema Geisteskrankheit in Verbindung mit dem Hexenphänomen ist häufig auf sensationelle Weise behandelt worden. Weit verbreitet ist die falsche Auffassung, ein großer Teil der Angeklagten, wenn nicht die meisten von ihnen, hätten unter Geistesstörungen gelitten, welche die Inquisition als teuflische Besessenheit oder aber als Zeichen dafür angesehen habe, daß sie mit dem Teufel unter einer Decke steckten. Noch heute kommen zu Vorträgen über das Thema viele Zuhörer mit vorgefaßten Meinungen über die Hexenverfolgungen und äußern Meinungen wie: »Damals verbrannten sie die Geisteskranken, heute stecken wir sie in Anstalten.« Das ist weit übertrieben. Geisteskranke Personen machten während der Hexenverfolgungen nur einen geringen Anteil der Angeklagten und Verurteilten aus. Doch der Mythos hält sich am Leben. Gregory Zilboorgs vielzitiertes Werk über die Geschichte der medizinischen Psychologie hat wenig dazu beigetragen, diese irrige Vorstellung zu beseitigen; im Gegenteil, es hat sie bestärkt. Der Autor sieht die Hexenjagd im Kontext frühmoderner Psychiatrie, die sich der dämonologischen Theologie angebiedert und bewirkt habe, »daß Hunderttausende von Geisteskranken Opfer dieser gewalttätigen Reaktion (der Hexenjagd) wurden«; *A History of Medical Psychiatry*, New York: Norton, 1941, S. 153.

3 E. Dupré, *Pathologie de l'imagination et de l'émotion*, Paris 1925.

4 Die verhängnisvolle Rolle von Kindern bei Vorgängen im Gefolge der Hexenhysterie wurde erwähnt von John P. Demos, *Entertaining Satan*, New York: Oxford University Press, 1982; Marion L. Starkey, *The Devil in Massachusetts*, New York: Time Book, 1963; Sigmund von Riezler, *Geschichte der Hexenprozesse in Bayern*, Aalen: Scientia Verlag, 1968; Rossell H. Robbins, »Mora Witches«, in *The Encyclopedia of Witchcraft and Demonology*, New York: Crown, 1959, S. 348ff.

5 Robbins, op. cit., S. 348ff.

6 *Bamberg Witchcraft Manuscripts*, Cornell University Library, Rare Books

Dept., Mss. Bd. Wft. BF H 63++. Siehe auch Hinweise auf denunzierende Kinder in Franken bei Friedrich Merzbacher, *Die Hexenprozesse in Franken*, München: Beck, 1970, S. 50 Anm., 114, 162, 173, 190 ff.

7   Riezler, op. cit., S. 270 ff.

8   Siehe W. G. Soldan und H. Heppe, *Geschichte der Hexenprozesse*, Kettwig: Magnus Verlag, 1986, Bd. II, S. 83.

9   Merzbacher, S. 173 (siehe Merzbachers Hinweise auf Hans Fehr, *Massenkunst im 16. Jahrhundert*, Berlin 1924). Eberhard Freiherr von Künssberg, *Rechtsbrauch und Kinderspiel*, Sitzungsberichte der Heidelberger Akademie der Wissenschaften, Phil.-Hist. Klasse, Bd. 1952, 3. Abhandlung, Heidelberg 1952.

10   Richard van Dülmen, *Theatre of Horror. Crime and Punishment in Early Modern Germany*, Cambridge, England, Polity Press, 1990, S. 1.

11   Ähnlich wurde die Wut des Eingekerkerten im Falle von Menocchio geäußert, dem Häretiker in Carlo Ginzburgs *The Cheese and the Worms. The Cosmos of a 16th-Century Miller*, New York: Penguin, 1982, S. 81: »Sein Ausbruch ohnmächtiger Verzweiflung und Isolation... (trieb ihn) sich an seinen Verfolgern zu rächen, die Symbole der Unterdrückung zu zerschlagen und zum Gesetzlosen zu werden.«

12   Dies beruht auf dem Modell von Robert J. Lifton in *Thought Reform and the Psychology of Totalism. A Study of Brainwashing in China*, New York: Norton, 1961.

13   Erving Goffman, *The Presentation of Self in Everyday Life*, New York: Doubleday, 1959, S. 17.

14   Benedict Carpsov, *Practica rerum criminalium*, Wittenberg 1635.

15   Versprechen von Gnade und Vergebung haben in der Geschichte der Inquisition einen schlimmen Ruf. Schon der *Malleus maleficarum* schlug vor, solche Versprechen als Mittel zu benutzen, um Geständnisse zu erlangen; sie müßten später nicht eingehalten werden. So beschrieb das Handbuch beispielsweise Machenschaften, die ein Inquisitor einsetzen könne, um sein Versprechen, die Todesstrafe in eine geringere Strafe umzuwandeln, zu umgehen, ohne den Anschein einer Lüge zu erwecken. Er schlug auch vor, ein Richter könne Versprechungen abgeben, um das gewünschte Geständnis zu erzielen, und anschließend den Fall niederlegen, so daß der nachfolgende Richter jede Strafe verhängen könne, die ihm angemessen erscheine. Siehe Jakob Sprenger und Heinrich Institoris, *Der Hexenhammer (Malleus maleficarum)*, München: dtv, 1982.

16   Siehe eine Kopie von Junius' Brief in Robbins, op. cit., S. 289–293.

17   Charles Mackay, *Extraordinar Popular Delusions and the Madness of Crowds*, New York: Noonday Press, 1974 (ein Nachdruck des Originals von 1841), S. 501 f.

18   Otto Snell, *Hexenprozesse und Geistesstörung*, München: Lehmann, 1891, S. 87.

1 Klaus Arnold, *Kind und Gesellschaft in Mittelalter und Renaissance*, Paderborn, Ferdinand Schönigh, 1980, S. 11.

2 Looshorn verurteilte die Bamberger Hexenverfolgungen und bezeichnete sie als schrecklichen Fehler. Dafür zog er sich das Mißfallen des Erzbischofs zu, des Nachfolgers der Fürstbischöfe, der sich im Jahre 1906 weigerte, seinen Büchern das Imprimatur zu gewähren, die offizielle Billigung der katholischen Kirche.

3 Wertvolle Beiträge stammen von Hartwig Weber, *Kinderhexenprozesse*, Frankfurt a. M.: Insel, 1991; Wolfgang Behringer, *Hexenverfolgung in Bayern*, München, Oldenbourg, 1987; ders. (Hg.), *Hexen und Hexenprozesse*, München, dtv, 1988; sowie sein Artikel »Hexenkinderprozesse«, *Zeitschrift für historische Forschung*, XVI (1989), S. 31–47; Sigmund von Riezler, *Geschichte der Hexenprozesse in Bayern*, Aalen: Scientia Verlag, 1968; Rossell Robbins, *Encyclopedia of Witchcraft and Demonology*, New York: Crown, 1959, passim.

4 Elin McCoy, »Childhood through the Ages«, *Parents* (Januar 1981), S. 61.

5 Ibid., S. 37.

6 Siehe herausragende Beispiele in Lloyd de Mause (Hg.), *The History of Childhood*, New York, 1975.

7 Edward Shorter, »Der Wandel der Mutter-Kind-Beziehungen zu Beginn der Moderne«, *Geschichte und Gesellschaft. Zeitschrift für historische Sozialwissenschaft*, I (1975), S. 256–287.

8 Hartmut Kugler, »Gelobtes Bamberg«, in Horst Brunner (Hg.), *Literatur in der Stadt*, Göppingen: Kümmerle, 1982, S. 103.

9 Max Spindler, *Handbuch der Bayerischen Geschichte*, München: Beck'sche Verlagsbuchhandlung, 1966, S. 698.

10 Johann Looshorn, *Das Bisthum Bamberg von 1623 bis 1729*, Bamberg: Handels-Druckerei, 1906, passim.

11 Friedrich Wachter, *Pottenstein*, Bamberg: Kollerer, 1895, S. 138f.

12 Philippe Ariès argumentiert, der größte Teil der Jugend habe, wenn überhaupt, Lesen und Schreiben »zu Hause oder als Lehrlinge eines Gewerbes« gelernt; *Geschichte der Kindheit*, München, 1975. Ariès' Bericht bezieht sich freilich vor allem auf reiche oder adelige Familien. Sein Vorurteil wird deutlich, wenn er erklärt, zuweilen habe ein Jugendlicher einen gelehrten Erwachsenen, etwa einen Priester, gefunden, der es übernommen habe, ihn zu erziehen. Sicherlich wurde einem gewöhnlichen Kind, von einem Straßenkind ganz zu schweigen, diese Art Zuneigung höchst selten zuteil.

13 K. Hümmer, *Bamberg im Schweden-Kriege*, Bamberg: Buchner, 1890, S. 8. Daß solche Spiele unter Jugendlichen der Frühmoderne sehr beliebt waren, kann man daraus schließen, daß die Stadtväter der Nachbarstadt Nürnberg versuchten, Auswüchse zu unterbinden, indem sie 1525 alle Karten- und Würfelspiele verboten. Siehe Harold Grimm, »The Role of Nuremberg in

the Reformation«, in F. F. Church und T. George (Hg.), *Continuity and Discontinuity in Church History*, Leiden, Brill, 1979, S. 192.

14 Die Prachtentfaltung des »Kinderbischofs« war wohlbekannt und ihre Kunde in den deutschen Ländern weit verbreitet. Sie begann mit einer Prozession von Schulkindern, gewöhnlich mit dem Lehrer an der Spitze, und endete damit, daß die Kinder von Haus zu Haus zogen und um Gaben baten, meistens Speise und Trank. Bamberg verbot die Parodie, vielleicht aus pietistischen Gründen, aber vielleicht auch, weil die Schullehrer den Anlaß auszunutzen pflegten, indem sie das Gesammelte für sich behielten und davon drei Monate lang zehren konnten. Siehe Karl-Sigismund Kramer, *Volksleben im Hochstift Bamberg und im Fürstentum Coburg*, Würzburg, Schöningh, 1967, S. 96 f.

15 Eberhard Freiherr von Künssberg, »Rechtsbrauch und Kinderspiel«, *Sitzungsbericht der Heidelberger Akademie der Wissenschaften*, Bd. 3, 1952, S. 40 ff.

16 Ibid., S. 11, 16 ff., 24.

17 C. Ernst, *Teufelsaustreibungen. Die Praxis der katholischen Kirche im 16. und 17. Jahrhundert*, Bern 1972, S. 59.

18 Siehe »imitation file« in Hans Sebald, *Adolescence – A Social Psychological Analysis*, Englewood Cliffs, NJ, Prentice Hall, 1992, S. 205–213.

19 Künssberg, op. cit., S. 51.

20 Looshorn, op. cit., Bd. VI, S. 98.

21 Carlo Ginzburg, *The Night Battles. Witchcraft and Agrarian Cults in the 16th and 17th Centuries*, New York: Penguin Books, 1985.

22 Carlo Ginzburg, übers. von John Tedeschi, *The Cheese and the Worms. The Cosmos of a 16th-Century Miller*, S. XIX.

23 Vgl. Philip Soergel, *Wondrous in His Saints: Propaganda for the Catholic Reformation in Bavaria*, Berkeley, University of California Press, 1993.

24 Karin Baumann, *Aberglaube für Laien. Zur Programmatik und Überlieferung mittelalterlicher Superstitionskritik*, Würzburg, Königshausen & Neumann, 1989, Bd. I und II.

25 Pius Wittman, »Die Bamberger Hexenjustiz (1595–1631)«, *Archiv für katholisches Kirchenrecht*, 50 (Mainz 1883), S. 195.

26 Sebald, op. cit., S. 15 f.

27 Looshorn, op. cit., Bd. VI, S. 129–133.

28 Gerald Mülleder, »Neuere Forschungen zur Geschichte der Hexenverfolgung«, *Fachtagung der Akademie der Diözese Rottenburg-Stuttgart mit dem Arbeitskreis Interdisziplinäre Hexenforschung*, Stuttgart-Hohenheim, März 1990, S. 3.

29 Riezler, op. cit., S. 272 ff.

30 Weber, op. cit., S. 120.

31 Ibid., S. 244.

32 Rainer Walz, »Kinder in Hexenprozessen«, in G. Wilbertz et al. (Hg.), *Hexenverfolgung und Regionalgeschichte*, Verlag für Regionalgeschichte, Bielefeld, 1994, S. 211–223.

33 Weber, op. cit., S. 230 f.

34 Künsberg, S. 71.

35 Ibid., S. 28.

36 Details über den Jungen von Henneberg stammen aus Ludwig Bechstein, *Hexengeschichten*, Rostock, Historff Verlag, 1986, S. 229–249. Bechstein nahm sich zwar literarische Freiheiten und erzählte »Geschichten«, doch die grundlegenden Daten stammen aus zuverlässigen Archivunterlagen.

37 Behringer, *Hexenverfolgung in Bayern*, op. cit., S. 353.

38 Looshorn, *Die Geschichte des Bistums Bamberg*, op. cit., Bd. 6, S. 30.

39 Behringer, *Hexen und Hexenprozesse*, op. cit., S. 426.

40 P. Beck, »Hexenprozesse aus dem Fränkischen«, *Bericht des Historischen Vereins für das Württembergische Franken*, 84, 1883 / 1884, S. 79.

41 Christian Lehmann, *Erzgebirgsannalen des 17. Jahrhunderts*, Berlin, Union Verlag, 1986, S. 106–111.

42 Siehe Pius Wittmann, »Die Bamberger Hexenjustiz (1595–1631)«, S. 180.

43 Wie verbreitet der Glaube an schädliche Mittel war, läßt sich an der Tatsache ablesen, daß er keine konfessionellen Grenzen kannte. Sowohl katholische als auch protestantische Obrigkeiten beschuldigten Hexen, schädliche Getränke zu verwenden. Doch das war nicht alles. In einer überaus komischen Komödie warfen protestantische und katholische Polemiker sich gegenseitig vor, magische Getränke zu verwenden, um sich der Gläubigen zu vergewissern und Konvertiten zu gewinnen. In einem 1566 gedruckten Pamphlet beispielsweise erklärte ein lutherischer Pastor, »daß die Jesuiten fähig seien, ihre zahlreichen Konversionen mit Hilfe magischer Salben zu erreichen, die sie auf ihre Kanzeln schmierten, um die Jungen und Einfältigen anzuziehen«. Siehe Philip M. Soergel, *Wondrous in His Saints*, op. cit., S. 152.

44 Behringer, *Hexenverfolgung in Bayern*, op. cit., S. 353–363.

45 Ibid., S. 361.

46 Siehe für eine anschauliche Darstellung der Kirchweih mit Abbildungen von mehreren Holzschnittkünstlern und Malern des späten Mittelalters und der frühen Moderne, Alison G. Steward, *The First Peasant Festivals: Eleven Woodcuts Produced in Reformation Nuremberg*, Ph.D.-Dissertation, Columbia University, 1986.

47 Bemerkenswert, daß die Spiele der damaligen Zeit nicht wie heutzutage in Spiele für Kinder und Spiele für Erwachsene unterteilt waren. Sie waren vielmehr einheitlich und brachten Jung und Alt zusammen. Siehe Ariès, *Geschichte der Kindheit*, München op. cit., 1975.

48 Johannes Janssen und Ludwig Pastor, *Geschichte des deutschen Volkes*, Bd. 8, Freiburg, Herder, 1924, S. 319.

49 Ibid., Bd. 8, S. 371.

50 W. G. Soldan und H. Heppe, Geschichte der Hexenprozesse, Kettwich, Magnus-Verlag, 1986, Bd. II, S. 83.

11. Mythos und Manie

1 Emile Dupré, *Pathologie de l'imagination et de l'émotion*, Paris, 1925; vgl. Julio C. Baroja, *The World of Witches*, Chicago, Unviersity of Chicago Press, 1965, S. 250 ff.

2 Vgl. H. Weber, *Kinderhexenprozesse*, Frankfurt a. M., Insel, 1991, S. 101 f.

3 Zitiert von Edward Dolnick in »The Great Pretender. What makes a pathological liar tick?«, *Utne Reader*, November/Dezember 1992, S. 67.

4 Hans Sebald, *Adolescence – A Social Psychological Analysis*, Englewood Cliffs, NJ, Prentice-Hall, 1992, S. 289–292.

5 Ibid., S. 289 f.

6 Ibid., S. 290.

7 Andrew Weil, *The Natural Mind. A New Way of Looking at Drugs and Higher Consciousness*, New York, Houghton Mifflin, 1973.

8 James Hathaway, »Schizophrenic Show Calls on Actors to Play Unusual Roles«, *Arizona State University Insight*, XII (2. März 1992), S. 2.

9 Vgl. Baroja, op. cit., S. 248 ff.

10 Marion L. Starkey, *The Devil in Massachusetts*, New York, Time, 1963, S. 4, 23–28, 31, 51.

12. Zur Kinderpsychologie

1 David C. Raskin und Phillip W. Esplin, »Assessment of Children's Statements of Sexual Abuse«, in John Doris (Hg.), *The Suggestibility of Children's Recollections*, American Psychological Association, Washington 1991, S. 153–164.

2 Norman M. Prentice et al., »Imaginary Figures of Early Childhood: Santa Claus, Easter Bunny and the Tooth Fairy«, *American Journal of Orthopsychiatry*, XXXXVIII (1978), S. 620–21.

3 J. Singer und D. Singer, »Imaginative Play and Pretending in Early Childhood: Some Experimental Approaches«, in A. Davis (Hg.), *Child Personality and Psychopathology; Current Topics*, Bd. 3, New York, Wiley, 1976.

4 Maria S. Zaragosa, »Preschool Children's Susceptibility to Memory Impairment«, in John Doris (Hg.), *The Suggestibility of Children's Recollections*, American Psychological Association, Washington, 1991, S. 27–39.

5 Helen R. Dent, »Experimental Studies of Interviewing Child Witnesses«, in John Doris (Hg.), *The Suggestibility of Children's Recollections*, American Psychological Association, Washington D.C., 1991, S. 138–146.

6 Zitiert von Anastasia Toufexis, »When Can Memory be Trusted?«, *Time*, 28. Oktober 1991, S. 88.

7 Ibid.

8 Siehe eine Diskussion über die Definition von Erinnerungsspuren und ihre Anwendung in der Gestalttheorie: Charles Brainerd und Peter A. Ornstein, »Children's Memory for Witnessed Events«, in John Doris (Hg.), *The Sugge-*

stibility of Children's Recollections, American Psychological Association, Washington D.C., 1991, S. 10–20.

9 Jean Piaget, *The Moral Judgement of the Child*, New York, The Free Press, 1965, S. 164.

10 Stephen J. Ceci, »Some Overarching Issues in the Children's Suggestibility Debate«, in John Doris (Hg.), *The Suggestibility of Children's Recollections*, American Psychological Association, Washington D.C., 1991, S. 1–9.

11 Paul Ekman, »Would a Child Lie?« *Psychology Today*, Juli/August 1989, S. 62–65.

12 Ibid., S. 63 f.

13 Michael Lewis et al., »Deception in 3-Year-Olds«, *Developmental Psychology*, XXV (1989), S. 439–443.

14 Rebecca L. Jahn, »Detecting Deception«, *Research at Arizona State University* 8 (Herbst 1993): 6.

15 Zitiert von Jerome Cramer, »Why Children Lie in Court«, *Time*, 4. März 1991, S. 76.

16 Daniel Goleman, »Miscoding Seen as Root of False Memory«, New York Sunday Times, 31. Mai 1994, S. B5, B8.

17 Zitiert von Robert Dvorchak in »Custody fights use sex charges as weapon«, *Arizona Republic*, 22. August 1992, S. A1; A8.

18 Ibid., S. A8.

19 Ibid.

20 Vgl. Hartwig Weber, *Kinderhexenprozesse*, Frankfurt, Insel, 1991, S. 243 f.

21 Leon Jaroff, »Lies of the Mind«, *Time*, 29. November 1993, S. 52.

22 Associated Press, »Man found not guilty of molestation«, *Mesa Tribune*, 20. November 1993, S. A7.

23 Ein Bericht von United Press International in *The Arizona Republic*, 16. April 1988, S. A8.

24 Zitiert in *The Mesa Tribune*, 28. Januar 1990, S. 3.

25 Margaret Carlson, »Six Years of Trial by Torture«, *Time*, 29. Januar 1990, S. 26.

26 Ibid., S. 26.

27 Ibid., vgl. außerdem Vern L. Bullough, »The Salem Witch Trials and the Modern Media«, *Free Inquiry*, X (Frühjahr 1990), S. 6.

28 Carlson, »Six Years of Trial by Torture«, op. cit., S. 26.

29 Ibid., S. 27.

30 Ibid.

31 Gisela Friedrichsen und Gerhard Mautz, »Jetzt ist niemand sicher«, *DER SPIEGEL*, 13. Juni 1994, S. 105.

32 Carlson, »Six Years of Trial by Torture«, S. 62.

33 Albert Bandura et al., »Imitation of Film-Mediated Aggressive Models«, *Journal of Abnormal and Social Psychology*, LXVI (Januar 1966), S. 3–11.

34 Ibid., S. 64.

35 Ibid., S. 37.

36 S. J. Ceci, D. F. Ross und M. P. Toglia, »Suggestibility of Children's Memory: Psycholegal Implication«, *Journal of Experimental Psychology*, CXVI (1987), S. 38–49.
37 Gail S. Goodman und Alison Clark-Stewart, »Suggestibility in Children's Testimony«, in John Doris (Hg.), *The Suggestibility of Children's Recollections*, American Psychological Association, Washington D.C., 1991, S. 101.
38 Ibid., S. 101.
39 Zum Beispiel ist man noch keinem ehemaligen KZ-Häftling begegnet, jung oder alt, der seine schrecklichen Erfahrungen ins Unterbewußtsein verdrängt hätte – obwohl, ironischerweise, viele von ihnen das gern hätten zustande bringen wollen. Der Schrecken des Geschehenen bleibt ihnen erhalten.
40 Elizabeth Loftus, »Remembering Dangerously«, *Skeptical Inquirer* 19, April 1995, S. 20–29.
41 Ibid., S. 22 f.
42 Ofra Bikel, »Memories – a House Divided«, *A Frontline TV Production*, CPB, Boston, 4. April 1995.
43 James A. Knight et al., »Epidemic Hysteria: A Field Study«, *American Journal for Public Health*, LV (Juni 1965), S. 858–865.
44 Ibid., S. 862.
45 Ibid., S. 863.
46 Helmut Krausser, *Melodien – oder Nachträge zum quecksilbernen Zeitalter*, München, List Verlag, 1993, S. 26. (Fischer Taschenbuch Bd. 12180.)

Literaturverzeichnis

Leser, die sich mit der Geschichte der Hexenverfolgung beschäftigen möchten, sollten wissen, daß sie sich auf ein Unternehmen einlassen, bei dem der Ausdruck *caveat emptor* (der Käufer möge sich hüten) besonders angemessen ist. Sie sollten das Material sorgfältig auswählen. Zu diesem Thema sind viele unsinnige und verzerrte Informationen publiziert worden. Quellen von zuverlässigen Autoren und Forschern sind im folgenden aufgelistet.

Behringer, Wolfgang, »Kinderhexenprozesse«, *Zeitschrift für historische Forschung*, 16 (1989), S. 31–47.

Boyer, P. und S., Nissenbaum, *Salem Possessed: The Social Origins of Witchcraft*, Cambridge, Mass.: Harvard University Press, 1974.

Cohn, Norman, *Europe's Inner Demons*, New York: Basic Books, 1975.

Demos, John Putnam, *Entertaining Satan. Witchcraft and the Culture of Early New England*, New York: Oxford University Press, 1982.

Deschner, Karlheinz, *Kriminalgeschichte des Christentums*, Reinbek bei Hamburg: Rowohlt, 1987.

Dülmen, Richard van, *Theatre of Horror. Crime and Punishment in Early Modern*, Cambridge, England: Polity Press, 1990.

Eberle, Paul und Shirley, *The Abuse of Innocence: The McMartin Preschool Trial*, Buffalo, N.Y.: Prometheus Books, 1993.

Gardner, Martin, »The False Memory Syndrome«, *Skeptical Inquirer*, 17 (Sommer 1993), S. 370–375.

Hansen, Joseph, *Quellen und Untersuchungen zur Geschichte des Hexenwahns*, Hildesheim: Olms, 1901.

Harmening, Dieter, *Zauberei im Abendland*, Würzburg: Königshausen & Neumann, 1991.

Lamberg, Graf von, *Criminalverfahren vorzüglich bei Hexenprozessen im ehemaligen Bisthum Bamberg*, Nürnberg: Rieger & Wiessner, 1835.

Lea, Henry C., *A History of the Inquisition of the Middle Ages*, London: 1888.

Lea, Henry C., *Materials toward a History of Witchcraft*, New York: Yoseloff, 1957.

Levack, Brian P., *The Witch-Hunt in Early Modern Europe*, New York: Longman, 1987.

Looshorn, Johann, *Die Geschichte des Bisthums Bamberg*, Bamberg: Handels-Druckerei, 1906.

Macfarlane, Alan, *Witchcraft in Tudor and Stuart England*, London: Routledge & Kegan Paul, 1970.

Mackay, Charles, *Extraordinary Delusions and the Madness of Crowds*, New York: Noonday Press, 1974 (original 1841).

Merzbacher, Friedrich, *Die Hexenprozesse in Franken*, München: Beck, 1970.

Midelfort, E.C. Eric, *Witch Hunting in Southwestern Germany 1562–1648*, Stanford, Ca.: Stanford University Press, 1972.

Monter, E. William, *European Witchcraft*, New York: Wiley, 1969.

Monter, E. William, *Witchcraft in France and Switzerland: The Borderlands during the Reformation*, Ithaca, N.Y.: Cornell University Press, 1976.

Ranke-Heinemann, Uta, *Eunuchen für das Himmelreich. Katholische Kirche und Sexualität*, Hamburg: Hoffmann und Campe, 1989.

Richardson, James T. et al. (Hg.), *The Satanism Scare*, Hawthorne, N.Y.: Aldine de Gruyter, 1991.

Riezler, Sigmund von, *Geschichte der Hexenprozesse in Bayern*, Aalen: Scientia Verlag, 1968 (Nachdruck des Originals von 1896).

Robbins, Rossell H., *The Encyclopedia of Witchcraft and Demonology*, New York: Crown, 1959.

Sebald, Hans, *Hexen damals – und heute?* Bindlach: Gondrom, 1993.

Sebald, Hans, *Der Hexenjunge – Fallstudie eines Inquisitionsprozesses*, Marburg: diagonal-Verlag, 1992.

Sebald, Hans, *Witch-Children – From Salem Witch-Hunts to Modern Courtrooms*, Amherst, New York: Prometheus Books, 1995.

Sebald, Hans, »Hexengeständnisse – Stereotypische Struktur und lokale Farbe«, *Spirita*, Zeitschrift für Religionswissenschaft, Bd. 4, Mai 1990, S. 27–38.

Sebald, Hans, »Shaman, Healer, Witch«, *Ethnologia Europaea*, Bd. 14, 1984, S. 125–142.

Sebald, Hans, »Das Konzept des ›Anfangen-Könnens‹ im Fränkischen Jura«, *Jahrbuch für fränkische Landesforschung*, Bd. 48, 1988, S. 207–211.

Soergel, Philip, *Wondrous in His Saints: Propaganda for the Catholic Reformation in Bavaria*, Berkeley, Ca.: University of California Press, 1993.

Starkey, Marion L., *The Devil in Massachusetts*, New York: Time Inc., 1949.

Victor, Jeffrey S., »Satanic Cult ›Survivor‹ Stories«, *Sceptical Inquirer*, 15 (Frühjahr 1991), S. 274–280.

Victor, Jeffrey S., *Satanic Panics: The Creation of a Contemporary Legend*, Peru, Illinois: Open Court, 1993.

Weber, Hartwig, *Kinderhexenprozesse*, Frankfurt a. M.: Insel, 1991.

Namen- und Sachregister

Abgrenzung 218 f., 245
Akiki, Dale 224
Ariès, Philippe 11, 171
Arizona 15, 18
Arnold, Klaus 171 f.
Aristoteles 41
Althamer, Andreas 42
Amberg 94
Anomie 106
Aschaffenburg 51
Aschhausen, Johann Gottfried von
   114, 195
Augsburg 47 f., 95
Augustinus 34
Avalon, Frankie 208

Bakhtin, Mikhail 157
Baldung, Hans (gen. Grien) 148
Bamberg 26, 29–31, 36, 50, 102,
   111 f., 115, 118, 120 ff., 126, 139 f.,
   145, 155, 160, 163, 172 f., 176,
   183, 187, 194, 198
Bandura, Albert 229
Barrows 77
Baumann, Karin 185
Bay City Rollers 208
Bayern 38, 163, 195 f.
Behringer, Wolfgang 38
Berg, Marquard von 48
Besessenheit 52, 68, 70, 81, 83, 92 f.,
   206 f., 212, 214
Biberach, Hans von 49
Binsfeld, Peter 45 ff.
Blair, Linda 57
Bobingen 47 ff.
Bodin, Jean 104, 211

Booth, Elisabeth 68 f.
Bosch, Hieronymus 148
Brown, Agnes 82
Buckey, Peggy 225 ff.
Buckey, Raymond 225 ff.
Burroughs, George 74 f.

Calvin, Johann 26
Calw 96 ff., 101 f.
Carpsov, Benedict 167
Carry, Alice 83
Catalina 53, 213
Ceci, J. S. 231
Charcot, Jean Martin 211
Charles I. 91
Chattox, Familie 86–89
Chelmsford 81 ff.
Clark-Stewart, Alison 231
Clearwater 225
Coburg 172
Constitutio Criminalis Carolina 117
Corey, Giles 66
Cory, Martha 74, 206
Crispen, Johannes 98 f.
Cromwell, Lady 78 ff., 206

Deckert, Gordon 204
Demdike, Familie 86–89
Deschner, Karlheinz 36
Deprivation, sensorische 169
Desorganisation, soziale 40
Desorientierung, psychologische
   169
Device, Alison 87, 89
Device, Elisabeth 87
Device, James 87 ff.

Ursula Nuber

Der Mythos vom frühen Trauma

Über Macht und Einfluß der Kindheit

240 Seiten. Broschur. S. Fischer

Seit Freud gehen wir mehr oder weniger davon aus, daß Kindheitserlebnisse, vor allem traumatisierende, das Selbst und die Identität
prägen und späterhin zu psychischen Störungen führen können.
Diesen Glaubensgrundsatz stellt die Autorin grundsätzlich in Frage,
und es dürfte kaum zweifelhaft sein, daß ihr Buch allenthalben zu
Diskussionen führen wird. Kurz gesagt, weist die Autorin nach, daß
Einsicht in Kindheitserlebnisse, welcher Art auch immer, weder zur
Bewältigung noch zur Heilung beiträgt. Mehr noch: Die Autorin ist
der Meinung, selbst wenn es gelänge, die Kindheitserlebnisse zu
»bewältigen« (was immer das heißen mag), wäre das kein Vorteil,
sondern eher ein Nachteil. Denn Kindheitserlebnisse sind Bestandteil unserer Person, unseres Charakters, unserer Identität.

Selbst traumatisierende Kindheitserfahrungen haben nach Ansicht und Erfahrung der Autorin einen konstruktiven, ja kreativen
Wert für die betreffende Person oder können ihn zumindest haben.
Das bedeutet natürlich nicht, daß man das Kind traumatisierenden
Erfahrungen aussetzen sollte, um es zu fördern, sondern das heißt
vielmehr, daß es unsinnig und kontraproduktiv ist, solche Erlebnisse, wenn sie denn eingetreten sind, »auslöschen« zu wollen, in der
gutgemeinten Absicht, dem Betreffenden zu helfen. Es geht darum,
das Positive, Konstruktive und Motivierende solcher Erlebnisse
herauszuarbeiten und zu stärken. Von daher fordert die Autorin
eine neue Therapie, einen neuen therapeutischen Ansatz und neue
Therapeuten.

S. Fischer

Jared Diamond

Der dritte Schimpanse

Evolution und Zukunft des Menschen
504 Seiten. Leinen. 25 Abb. S. Fischer

Der Mensch als Spezies hat sich in seiner relativ kurzen Geschichte die Erde untertan gemacht. Was hat ihn vor rund 40000 Jahren zu diesem »großen Sprung nach vorn« befähigt und ihn von seinen nächsten Verwandten im Tierreich, den Schimpansen, so weit entfernt, im Guten wie im Bösen? Offensichtlich sein besonders funktionierendes Gehirn und seine Sprache, die einen besonders geformten Sprechapparat voraussetzt. Doch der Mensch ist deswegen noch kein höheres Wesen, das der allgemeinen Lebensevolution entlaufen wäre, sondern er ist weiterhin durch viele Fäden und Wurzeln mit seinem tierischen Erbe verbunden. Diese evolutionären Bindungen weist der Autor, »der beste auf dem Gebiet der Evolutionsbiologie« (Edward O. Wilson), in großer Detailfülle nach, und er tut dies auf so spannende und unterhaltsame Weise, daß der immense Wissensstoff leicht »verdaulich« wie ein guter Kriminalroman ist – wie ein Kriminalroman auch deswegen, weil der Autor die Schattenseiten menschlicher Existenz, vom Völkermord bis zur Umweltzerstörung, nicht ausspart. Lebenszyklus und Kultur, Sexualität und Geschichte, Aussehen und Partnerwahl, Kunst und Kommunikation – alles Menschenwerk läßt, wenn man nur genauer hinschaut, den »dritten Schimpansen« erkennen. Selten ist die Art und Weise, in der der Mensch einerseits »Schimpanse« ist, andererseits sich aber von ihm radikal unterscheidet, so eindringlich, dabei so verständlich und gescheit dargestellt worden.

S. Fischer

Margarete Mitscherlich

Erinnerungsarbeit
Zur Psychoanalyse der Unfähigkeit zu trauern
175 Seiten. Leinen. S. Fischer und Band 11617

Die Deutschen sind immer noch unfähig zur Trauer über die nationalsozialistische Vergangenheit und ihre unvorstellbaren Barbareien. Die bereits in den 6oer Jahren von Alexander und Margarete Mitscherlich gestellte Diagnose hat weiterhin ihre Gültigkeit. In dieser beklemmenden Aussage liegt die aktuelle Brisanz des Buches.

Die friedfertige Frau
Eine psychoanalytische Untersuchung zur Aggression der Geschlechter
209 Seiten. Leinen. S. Fischer und Band 4702

Mit Hilfe des psychoanalytischen Instrumentariums untersucht die Frankfurter Psychoanalytikerin das unterschiedliche Aggressionsverhalten der Geschlechter auf den verschiedensten Ebenen. Sie versucht, den psychischen und sozialen Hintergrund des unterschiedlichen Verhaltens auszuleuchten und die besonderen Sozialisationsformen sichtbar zu machen, aus denen sich die männlichen und die weiblichen Reaktionsweisen entwickeln.

Über die Mühsal der Emanzipation
192 Seiten. Broschur. S. Fischer und Band 12473

Die Mühsal der Emanzipation besteht in der tagtäglichen Konfrontation mit Geringschätzung und Unterdrückung, mit Verunglimpfung und doppelzüngiger Lobhudelei. Dieses Buch ist gleichsam ein Protokoll der emanzipatorischen Mühsal.

S. Fischer